プライバシー保護入門

中川 裕志

数理的基礎

法制度と

keiso shobo

はじめに—本書の読み方

　ビッグデータの利活用が重視されている。ビッグデータといっても、天体観測データなどの自然現象に関するものと、商品購買データのように人間の由来のものがある。後者は、ビジネス上の価値が高く重要性が広く認識されているが、個人の行動や遺伝子情報などプライバシーにかかわるデータであるだけに、プライバシー保護への配慮を忘れるわけにはいかない。そのような状況をふまえ、本書はプライバシー保護の入門書として、実務、制度、法務に携わる法制度系の方と技術系の研究者、開発者の双方の読者を想定している。

　以下に本書の内容の概略と読み方について説明する。まず、本書の構成は下の表のようになっている。

1章	2章	3章	4章	5章	6～9章	付章
導入	基礎概念	日米欧法制度	同意によるシステム	匿名性が崩壊するメカニズム	k-匿名化、差分プライバシー、質問監査、秘密計算などの技術	医療情報、遺伝子情報のプライバシー保護の概要
プライバシー保護をめぐる社会的出来事、法制度関連の知識のまとめと技術課題の提示				1、2節は数学を使わない直観的説明。3節は数式、数理モデルによる説明	各章1節は数学を使わない直観的説明。各章2節以降は数式、数理モデルによる説明	

　1章から4章の内容については、法制度系の方は、ご存知の方も多いと思うが、プライバシー保護の基礎概念の整理と法制度、および制度設計の話を技術的視点から概観したので、全体像を摑むために読んでいただきたいところである。一方、種々のプライバシー保護の技術の活用分野を探るための知識であるので、技術系の方には是非読んでいただきたい。

　技術を扱う5章から9章は、法制度系の方にも技術の概要を理解していただきたい

という意図の下、5章の1, 2節、6～9章1節は数式を極力使わず、その話題に関する直観的な説明を行った。法制度系の方にもこれらの節だけは目を通していただきたい。5章3節、6～9章2節目以降も、数理モデルではあるものの、統計学の基礎的素養のある方なら理解可能な記述になるように努めた。技術系の方には十分理解できる入門的な説明であるが、プライバシー保護技術にまったく馴染みのない方には目新しい内容かもしれない。これらの章の数理モデルを理解していれば、専門書、専門技術論文にもとりつきやすくなると期待している。

各章の具体的な内容は以下のようになっている。

1章はプライバシー保護に関連する最近の出来事の紹介である。
2章は法制度と技術の架け橋を目指し、制度と技術の基礎概念を説明している。3章は日米欧のプライバシー保護に関する法制度の動向を紹介している。プライバシー保護はインターネットの普及によって制度的にも大きく動いているが、必要最小限の概要を説明している。技術系の方には基礎知識として知っておいてほしい部分である。法制度系でご存知の方は飛ばしてもらってかまわない。
4章はパーソナル・データ・エコシステムの概論であり、プライバシー保護に関するプライバシー・バイ・デザインという基礎的なアイデアと、個人の同意に基づく制度設計の話題を扱っている。
5章から9章は技術の話題について説明している。
5章は、映画評価データベースの例で匿名性が容易に崩れることを数理モデルによって示している。
6章は、リンク攻撃と呼ばれるプライバシー攻撃法に対抗すべく開発されたk-匿名化を中心にまとめている。
7章は、雑音加算によってデータベースにおけるプライバシーを守る差分プライバシーの原理と簡単な応用例を記載した。この理論は数学的に深淵なところがあるが、米国の国勢調査でプライバシー保護に使用されるなど、重要な技術となってきている。
8章は、データベースへの質問応答から個人データが推定されることを応答拒否によって実現する質問監査技術の導入的説明を行った。研究進行中の技術なので、技術系以外の方は8.1節の概要だけで十分であろう。
9章は、暗号化を利用した秘密計算を紹介している。準同型性公開鍵暗号を用いた

例として、統計処理のプライバシー保護技術と質問意図を秘匿したデータベース検索の技術を説明している。準同型性公開鍵暗号の内容はブラックボックスにして、外からみた機能だけを理解していただければ、比較的理解しやすい内容になっている。

5章から9章の内容は、技術的にみればどの章のテーマも大量の研究の蓄積、関連論文が集積しているので、1つの章で書籍1冊に相当する。したがって、各技術に関するもっとも基本的なテーマに限定して説明した。興味のある方は、本書の記述を足がかりにして専門論文にあたっていただきたい。

付章は医療情報、遺伝子情報の話題を簡単に説明した。本書では数学的に込み入った記述は避け、概要だけを記したので、法制度系の方にも十分理解できるであろう。大きなトピックなので、独立した書籍に相応するべきであろう。最近は医療情報系の学会、情報系の学会でもトピックとして取り上げられることが増えているが、やや散発的なところもある。この分野でのまとまった著書の刊行を期待したい。

目　次

はじめに―本書の読み方　i

1章　序 ……………………………………………………………………… 1

1.1　Suica 騒動　1
   1.1.1　経緯　1
   1.1.2　転売における危険性　3
1.2　Google をめぐる判例　4
   1.2.1　日本における Google サジェストの訴訟　4
   1.2.2　EU 司法裁判所の判断　4
   1.2.3　日本における Google の表示差止仮決定　5
1.3　名簿業者問題　6
   1.3.1　ベネッセ個人データ漏洩事件の概要　6
   1.3.2　プライバシー保護からの問題点：名寄せ　7
1.4　プロファイリングとフィルターバブル　12
   1.4.1　顔画像認識と居場所認識の名寄せ　14
   1.4.2　フィルターバブル　15
1.5　本書の構成　18

2章　法制度と技術に関する基礎概念 …………………………………… 21

2.1　データ主体と個人情報　21
   2.1.1　個人情報の集め方　22
   2.1.2　散在情報と処理情報　23
   2.1.3　個人情報、個人データ　23

2.1.4　散在情報と処理情報——再考　24
2.2　プライバシー　25
　2.2.1　忘れられる権利と追跡拒否権の実装上の問題　26
2.3　個人情報の多様化　28
2.4　個人識別情報　35
2.5　機微情報　36
2.6　オプトアウトとオプトイン　37
2.7　個人情報分類の新たな視点　39
　2.7.1　時間的視点　39
　2.7.2　個人紐付けの視点　40
　2.7.3　行動観察とデータベース格納の可知/不可知の視点　40
2.8　データベースのレコード構造　41
2.9　匿名化　43
2.10　仮名化　45
　2.10.1　仮名化の基本アイデア　45
　2.10.2　多重仮名化　46
　2.10.3　多重仮名化における分野ごとの情報の価値の差異　48
　2.10.4　仮名の生成方法　50
　2.10.5　仮名化された個人データの開示、訂正、消去にかかわる問題　51
2.11　技術的対策の類型　52

3章　米国、EU、日本のプライバシー保護制度の現状　59

3.1　OECDプライバシーガイドライン　59
3.2　プライバシー・バイ・デザイン　61
3.3　米国の法制の概観　63
3.4　EUの法制の概観　66
3.5　越境データ移転　71

3．6　日本の状況　75
　3.6.1　個人情報および機微情報の定義　77
　3.6.2　匿名加工情報　79
　3.6.3　個人情報、匿名加工情報、統計情報の間の関係　80
　3.6.4　匿名加工情報と統計法　82
　3.6.5　個人データの移動　83
　3.6.6　個人データの開示と消去　84
　3.6.7　個人情報保護委員会設置　85
3．7　まとめと展望　85

4章　パーソナル・データ・エコシステム　89

4．1　同意の形骸化と説明責任　89
4．2　パーソナル・データ・エコシステム　93
4．3　VRM　102
4．4　個人のアイデンティティの確保　106
　4.4.1　SAML　106
　4.4.2　OpenID Connect　107
4．5　将来への課題　111

5章　リンク攻撃と拡大した疑似ID　115

5．1　リンク攻撃　115
5．2　疑似IDの拡大　118
5．3　拡大した疑似IDの数理　122

6章　k-匿名化をめぐる技術　135

6．1　k-匿名化　135
6．2　k-匿名化の数理　138

6.2.1　疑似 ID の一般化の数理モデル　138
　6.3　匿名化の評価指標　143
　　6.3.1　一般化の階層の高さによる評価指標　143
　　6.3.2　一般化によって減少した属性の種類数による評価指標　146
　　6.3.3　情報とプライバシーのトレードオフ評価指標　147
　6.4　k-匿名化のアルゴリズム　148
　　6.4.1　ボトムアップ型アルゴリズム　150
　　6.4.2　トップダウン型のアルゴリズム　154
　　6.4.3　クラスタリング型アルゴリズム　156
　6.5　l-多様性　157
　6.6　Anatomy　159
　6.7　t-近接性　162
　6.8　外部情報との突合　165
　6.9　濡れ衣　166
　6.10　開示、訂正、消去における技術的問題　170
　　6.10.1　開示要求　170
　　6.10.2　訂正要求　171
　　6.10.3　消去要求　171
　6.11　移動履歴のマルコフ連鎖化によるプライバシー保護　172

7章　差分プライバシー　177

　7.1　差分プライバシーとは何か　177
　7.2　差分プライバシーの数学的定義　180
　7.3　ラプラス・メカニズム　183
　7.4　指数メカニズム　188
　7.5　合成定理　190
　7.6　正規分布に従う雑音の加算　192

7．7　系列データへの応用　193

7．8　位置データへの応用　198

7．9　サンプリングと差分プライバシー　204

8章　質問監査 … 207

8．1　複数質問への回答の危険性　207

8．2　合計、最大値、最小値を求める質問の監査の数理モデル　209

 8.2.1　合計質問の監査　209

 8.2.2　最大値質問の監査　210

 8.2.3　オンライン・オフライン質問監査　212

8．3　確率的質問監査　213

8．4　課題　215

 8.4.1　記憶しておくべき質問　215

 8.4.2　適用範囲の狭さ　215

9章　秘密計算 … 217

9．1　秘密計算の概念　217

9．2　準同型性公開鍵暗号を用いた暗号プロトコル　220

 9.2.1　データマイニングのための暗号プロトコル　220

 9.2.2　質問を暗号化する情報検索プロトコル　223

 9.2.3　その他の応用と限界　226

9．3　秘密分散　227

付章　医療情報、遺伝子情報のプライバシー保護 … 229

A．1　米国における医療情報の保護の制度の発展　230

A．2　遺伝子情報の保護の事例　231

 A.2.1　ゲノムワイド相関解析　231

A.2.2　遺伝子名寄せ　233
　A.3　遺伝子情報保護技術　234
　　　A.3.1　差分プライバシーの応用　235
　　　A.3.2　秘密計算の応用　235

・事項索引　237
・謝辞　245

1章 序

本章では、まずプライバシー保護をめぐる最近のでき事のいくつかを紹介しつつ、そこに潜む法制度および技術的問題を探ってみる。

1.1 Suica 騒動

1.1.1 経緯

2013 年 6 月に JR 東日本が収集した乗降客全体の Suica の利用履歴を日立製作所が個人情報削除の処理をしたうえで、社外利用しようとする試みが公になった。当初、JR 東日本および日立製作所側は、駅の乗降履歴と利用者の年齢・性別のみを切り出して、氏名は削除し、氏名と 1 対 1 に対応する固有の Suica ID とは異なる ID[1] に振り直したうえでの販売であるから、個人の Suica 乗降履歴が特定できる個人情報ではなく、個人情報漏洩の危険もないと考えていたようである。

だが、このことが報じられると問題視する声が続出した。その結果、Suica 利用者からの要請があれば、要請した利用者の移動履歴データは利用しないという手続きを決めた。結局、売却する動きは途絶えている。このあたりの事情については [鈴木正朝、高木浩光、山本一郎 2015] に詳しく書かれている。

一般の声の真相は測る術がないが、

(1) Suica での自分の乗降履歴を別の目的で使うことは最初の契約には明記していなかったこと
(2) 日立製作所からさらに第三者に転売されると、自分の乗降履歴データがどのように使われるか見当がつかず、悪用されるかもしれないというおそれを感じさ

---

[1] これは後述する「仮名」である。

せること

というようなことから上記のように問題視されたと思われる。

この状況を個人情報保護法の観点からみてみよう。乗降履歴から個人が特定される可能性が高いとすると、個人情報の保護に関する法律（平成 15 年 5 月 30 日法律第 57 号）の 2 条「この法律において「個人情報」とは、生存する個人に関する情報であって、当該情報に含まれる氏名、生年月日その他の記述等により特定の個人を識別することができるもの（他の情報と容易に照合することができ、それにより特定の個人を識別することができることとなるものを含む。）をいう。」に書かれている個人情報と解釈できてしまい、同法 23 条「個人情報取扱事業者は、次に掲げる場合を除くほか、予め本人の同意を得ないで、個人データを第三者に提供してはならない。」（除外の場合の記述は省略）に抵触する可能性がある。ここで技術的に問題になるのは上記の「他の情報と容易に照合することができ、それにより特定の個人を識別することができる」という部分の解釈なので、以下に考察してみる。

上で述べた「異なる ID」に関して、異なってはいても同一の ID を使い続ける期間が 1 ヶ月などという長さになると、個人の行動履歴としてまとまったデータになってしまう。さらに乗降履歴の時刻の精度が年月日に加え時、分、秒の単位まで記載されていたとすると、個人の居場所を N 年 M 月 P 日 Q 時 R 分 S 秒に T 駅の改札口ということまで特定できる情報になっている。このため、女性 A の Suica 情報に記載された駅での特定の時刻における乗車が他人 B 氏から観察された場合、B は A 個人の特定が可能になる。仮に時刻の精度が 10 分単位くらいに落としてあったとしても、B が A を数日にわたってその駅で観察していれば、B は A を特定できるであろう。

加えて、Suica データから A の年齢と性別まで分かると、乗車駅と降車駅から自宅のある地域と通学先の学校のある地域が特定され、場合によっては A が通学する学校も特定されるかもしれない。つまり、高い時間精度ないしは長期間にわたる行動履歴は個人特定を可能にし、通学する学校などのプライバシー情報が漏洩する可能性もあるといえる。

あるいは、A が GPS によって測定された自分の位置情報をアップしてなにがしかのサービスを受けるようなソフトを自分のスマートフォンで使っていたとしよう。すると、このソフトの運営会社が収集したデータを外部データ、すなわち上記の個人情報保護 2 条に記載された「他の情報」と、Suica の時刻付き乗降記録と照合すれば、

スマホに登録したAの個人情報とSuicaの乗降履歴が連結してしまう。つまり、Suica情報から氏名が削除されていても氏名が復元してしまう可能性がある。

もう少し危ないケースとしては、上記の例のAがDV被害者であり、暴力的配偶者から逃れて知らない街に引っ越したにもかかわらず、行政や銀行の認識が甘くて暴力的配偶者に住所が特定され、被害が再発するというケースがある。このとき、上記のようなプライバシー情報の漏洩で乗降履歴から住居の最寄りの駅や通勤場所などが特定されることは、DV被害やストーカー行為の再発につながりかねず、最大限に防ぐ努力がされるべきことである。

こういった危険性が徐々に認識された結果かどうかは定かではないが、前述のように結局、JR東日本は有識者会議の判断に従い、Suica利用者がアクセスできる窓口を設置し、利用者からの求めがあれば、その利用者のデータをデータベースから外すことにした。

1.1.2 転売における危険性

Suicaや特定の店の購買履歴のように、個人の行動が他人から観察でき、かつその行動がデータベースに記録されているような場合、氏名の削除されたSuicaのようなデータベースが第三者に転売されるとどのようなことが起こりうるかを考察してみよう。

- **転売先**：上に述べたケースのようにBがAの行動を観察でき、かつ第三者に転売されたデータベースを検索できる立場にあったとすると、AのプライバシーがBに知られる可能性がある。データベースの売り手は買い手である第三者とBの関係を知る由もないからいちいち第三者をチェックできない。加えて、多数の第三者に転売されれば、プライバシー流出のリスクは高くなる。
- **再転売**：転売先がさらに転売を繰り返すとデータベースの保持者が増大してリスクは拡大する。加えて、転売を最初に行ったデータベース収集者が、転売先を把握しきれなくなる可能性があり、プライバシー流出がおきたとき、流出経路を追跡できなくなる可能性が高い。
- **利用期間**：このようなリスクは第三者がデータベースを保存している期間が長くなるほど高まる。よって、転売の場合に買い手の第三者の利用期間を定め、利用期間が過ぎたら廃棄するという契約が重要である。

別のデータとの突合：転売先で別のデータと照合する処理、いわゆる突合によってプライバシーが流出する可能性も転売先が増えると高くなる。なお、他のデータとの突合は 5 章にリンク攻撃として詳しく説明する。

なお、企業の買収や統合（M&A）によって、個人情報を記載したデータベースの所有企業が変わってしまうことがありえる。M&A が国境を跨いで行なわれると、規制する法律もかわってしまい、制御不能な状態に陥る。ただし、この問題は法律の問題と考えられるので、本書では扱わなかった。

1.2　Google をめぐる判例

Google で氏名を質問としたとき検索結果として表示されるページに、その氏名に対応する人物（仮に Y 氏とする）に関する好ましくない情報が表示されるケースはしばしば発生する。そのような事態において Y 氏が Google を相手どって自身に関する好ましくない情報の表示の削除を要求する裁判が最近いくつか起こった。順を追ってみていこう。

1.2.1　日本における Google サジェストの訴訟

Google 検索エンジンで質問を入力するボックスに自分の名前を入力すると犯罪を連想させる単語がサジェストされ、就職に支障をきたしたとして、日本で米国 Google 本社を相手どり、表示の削除を求める 2 件の訴訟が東京地裁で起こされた。2013 年の地裁判決では 1 件は原告の名誉毀損を認めたが、もう 1 件は Google の検索エンジンの公益性に鑑みて原告の訴えを退けた。両方とも二審に進み、東京高裁では 2014 年に Google の勝訴となった。高裁判決では「単語だけで男性の名誉が傷つけられたとはいえず、男性が被った不利益は、表示停止でサービス利用者が受ける不利益より大きくはない」という理由が示されたという。

1.2.2　EU 司法裁判所の判断[2]

スペインでは、自分の名前で Google 検索すると、10 年以上前にかかわった不動産

---

[2]　http://eumag.jp/question/f0714/01

関連の出来事に関連するページがしつこく表示されるとして、自分の情報の削除を求めて Google を訴えた裁判が起こった。スペインの裁判所では判断できず、EU 司法裁判所で審理した結果、2014 年 5 月に Google 敗訴が確定した。EU ではこれが最終審であり、かつこの判例が EU 全域で有効となった［宮下紘 2015］［中西優美子 2015］。

　この裁判では、プライバシー保護の観点から「忘れられる権利」によって削除要求を認めた。この結果、EU 域内では Google は利用者からの個人データ消去の要求に応じるようになった[3]。この問題が難しいのは、削除要求に自動的に応じて削除すればよいというものではない点である。例えば、政治家のような公人の過去の履歴は、たとえ当人にとって都合の悪い贈収賄のようなことであっても消去すべきではないだろう。つまり、プライバシーと知る権利のバランスで削除するか否かを判断しなければならず、専門家による極めて知識集約的な作業が必要になる。

　実際、Google 社に対して、数十万件の削除要求が寄せられ、かなりの件数が削除されている。このような判断業務は知的作業ではあるものの、典型的なパタンなものが多数であろうから、要求内容を分析して機械的に判断することができるなら、計算機による判断支援も可能だろう。要は判断が機械的に可能な典型的パタンか、人手による調査や判断が必要かの境界を求めたい。人手で判断したデータが膨大に存在するようになれば、機械学習の技術[4]で精度の高い境界線を求めることが可能になる。

1.2.3　日本における Google の表示差止仮決定

　犯罪にかかわっているかのような検索結果が、検索されたページの表題およびスニペットに表示されるのはプライバシー侵害だとして、日本人男性が Google の米国本社に検索結果の削除を求めていた仮処分申請で、東京地裁は 2014 年 10 月 9 日、検索結果の一部の削除を命じる仮処分決定を出した[5]。

　Google 日本法人は同年 10 月 22 日、「裁判所の決定を尊重して仮処分命令に従う」

3　ただし、2014 年時点では Google が対象となったメディアなどに削除記事を通知するとしているので、せっかく忘れかけた個人情報をかえって公に晒してしまう結果になった。

4　利用する技術は、1)テキスト処理、2)分類器学習である。分類器学習にはサポートベクターマシンが有力である。しかし、最近の技術の発展状況からみて、1)、2)とも深層学習の応用に期待がかかる。Google 社では、こういった技術に関しては世界トップレベルの研究者、開発者を揃えている。

5　朝日新聞デジタル 2014/10/10 5:00, http://digital.asahi.com/articles/photo/AS20141010000292.html

として検索結果を削除する方針を明らかにした[6]。また、削除対象の大部分が既に表示されなくなっていることを原告弁護人が確認した。これは、(2)のEUにおける削除要求に関する判例と類似しているが、「忘れられる権利」に基づく判例ではない。弁護人である神田知宏弁護士によれば、日本では「忘れられる権利」が確立されていないし、自己情報削除権も強い根拠にはならないと判断し、人格権の侵害という理由で争った［神田知宏 2015］。

指定した個人の情報やプロファイルを消去する手法の概要は2章で説明する。先取りしていえば、個人データが収集者のサイトにとどまっていれば、消去に関するかなりの部分は技術的問題となる。しかし、個人に関する情報がデータベースの転売などによって広範囲に拡散してしまった場合は、そもそもどこまで拡散したかを追跡することも困難な作業であるような状況なので、消去の問題は一般論としては技術的に解決できる範疇を超えてしまう。

1.3 名簿業者問題

1.3.1 ベネッセ個人データ漏洩事件の概要

2015年6月、ベネッセコーポレーション（以下、ベネッセと略記）から大量の顧客情報が漏洩していることが判明し、刑事事件へと発展した。捜査の結果、同社の業務委託先元社員が、顧客情報を不正に取得し、約3,504万件分の情報を名簿業者3社へ売却していた。漏洩したデータは、サービス登録者の氏名、性別、生年月日、同時に登録していた保護者およびその子女の名前、性別、生年月日、続柄、郵便番号、住所、電話番号などである。さらに一部のサービス利用者においては出産予定日、メールアドレスまで含まれていた。2015年7月、警視庁は、不正競争防止法違反の容疑で、ベネッセ社のシステム開発・運用を行っているグループ会社・株式会社シンフォームの業務委託先元社員を逮捕した。

この事件は、過去の情報漏洩事件と同様にコンプライアンス違反の問題とみなされており、ベネッセとしても社内対策として顧客情報を扱う部門におけるデータ処理ルールの策定や監査方法の改善をうたっている[7]。

---

6 共同通信 2014/10/22 17:47
7 http://www.benesse.co.jp/customer/bcinfo/01.html

1.3.2 プライバシー保護からの問題点：名寄せ

この事件をプライバシー情報の観点からみると、最も深刻なのは上記の個人データが複数の名簿業者に売却されていたことである。名簿業者に渡った個人データはダイレクトメールの宛先などに利用されると思われるが、これほど精密な個人に関する情報が野放しになるとすると、その悪用も視野に入れなければならない。

ダミーデータ除去

また、名簿業者は高度な IT 技術を持っている可能性が高い。例えば、ベネッセでは個人データに架空の個人のようなダミーデータを混在させていたと言われる。しかし、転売された個人データのデータベースからはダミーデータが削除されていたと言われている。常識的に考えて、このような削除処理のためには、個人データが実際のデータかどうかを判定する必要がある。

仮にダミーデータが「山田太郎、中央区霞ヶ関 1-2-3」などといい加減なものなら住所の架空性だけでダミーと判断できる。つまり、住所を郵便番号検索システムに入力すれば、対応住所なしという応答がでるのでダミーと分かる。しかし、住所などが現実に存在するものであったりすると、ダミーかどうかの判断はかなり難しい。

他のデータベースとダミーデータの突合

ダミー判断を助けるデータになるのは、実際の人名が入った別種のデータベースであろう。仮に漏洩したデータベース中に「山田太郎、現住所：ZZ 区 WW 町 2-3-4、勤務先：千代田区霞が関、40 歳」というデータがあったとしよう。一方、名簿業者が別の人名を含むデータベースを保持しており、この中に「山田太郎、東京都千代田区霞が関 1-1-1、XX 省 YY 課」があったとする。ここで別の人名を含むデータベースに対して、漏洩したデータの「山田太郎、現住所：ZZ 区 WW 町 2-3-4、勤務先：千代田区霞が関、40 歳」と対応しうるデータがあるかどうかを検索してみる。このような処理を 2 つのデータベースの突き合わせ、あるいは「突合」と呼ぶ。この突合によって「山田太郎」の勤務先が 2 つのデータベースとも千代田区霞が関であることから、高い確率でダミーではない実在の人物と判断できる。名簿業者から流出したデータベースからダミーデータが除去されていたということは、名簿業者は少なくともこの程度の技術と外部データベースを保持していたと推測すべきであろう。

見落としてはならないのは、上記の突合によって、「山田太郎、現住所：ZZ 区

WW 町 2-3-4、勤務先：千代田区霞が関、40 歳」と「山田太郎、東京都千代田区霞が関 1-1-1、XX 省 YY 課」を統合でき、「山田太郎」についてのより詳しい情報すなわち「山田太郎、現住所：ZZ 区 WW 町 2-3-4、勤務先：千代田区霞が関 1-1-1、XX 省 YY 課、40 歳」が得られてしまい、勤務先にダイレクトメールを送ることが可能になる。さらに、その勤務先から公務員であることが推定でき、およその年収も把握できるので、公務員向けの商品販売を行う業者にとって価値ある情報として、統合して作った新規のデータベースを高い価格で販売することもできるようになる。

名寄せ

上の例のように特定の個人 X に関するデータを複数のデータベースの突合などの手段によって統合し、X に関する精密で詳細な情報を構築することを「名寄せ」という。データベースの個人データにマイナンバーのような個人を一意に特定できる共通の識別番号つまり共通 ID が書かれているなら、この共通 ID を手がかりにすれば名寄せは容易に実現できる[8]。しかし、このような共通 ID が含まれないデータベースは多い[9]。また、外部のデータベースとして有力な Facebook、Twitter などのソーシャルネットワーキングサービス[10]（以下では SNS と略記する）も共通 ID は含まないと考えられる。したがって、共通 ID のない状態でどこまで名寄せができるかは、IT 技術の問題となってくる。

名寄せでさらに問題なのは推定データである。事業者が収集する個人情報には、

(1) 個人が事業者との同意の下に入力したデータ
(2) 個人の行動履歴や購買履歴など事業者が収集したデータ
(3) 上記の 2 項目のデータ、さらにはその他の情報源から得たデータを総合して個人の情報や家族構成、経済状況、健康状態、趣味などを推定したデータ

がある。同意の上での入力データや収集データは事実データ[11]であるが、推定データは間違いも多く、同意した個人の意図と異なる情報かもしれない。例えば、健康な

---

[8] 実際、マイナンバーは医療や年金を含む種々のデータベースにおいて個人データを共有し行政などの効率化を行う名寄せの手段という側面があるのではないか。
[9] まともな IT 事業者ならマイナンバーのような共通 ID と個人データは分離して管理するだろう。
[10] Social Networking Services
[11] もっとも、同意入力した個人が間違って記入すれば間違いはありうる。

人が誤って持病持ちと推定され、そのデータが保険会社に転売されたりすれば、保険加入の拒否などという事態を誘発しかねない。

　いずれにせよ、名寄せによって個人データを含む種々のデータベースが統合されると、自分の知らない間に、思いもかけない個人データの集積と統合が行われている可能性があり、さらに間違いまで含むという状況なので、悪用されると収拾がつかないことになる。

規制の困難さ［城田真琴 2015］
　米国において名簿業者はデータブローカーと呼ばれ公に知られた事業者である。最大手のひとつであるアクシオム社は全世界 7 億人についての個人情報をもつといわれている。9・11 の同時多発テロの実行犯に関連する情報、例えば住所、経歴などを同社の個人データのデータベースから 9 月 14 日には見つけ出して連邦政府に報告していることは有名である。

　名簿業者に関しては FTC（連邦取引委員会）によるプライバシー保護の観点から規制しようという動きはあるものの、上のアクシオム社の例にもあるように、実は官民あげて依存している米国では全く実効があがっていない。

名寄せ技術
　次に名寄せの技術的な側面を分析してみよう。アクシオム社では複数の企業から個人情報を含むデータを購入している[12]。ただし、2015 年時点の同社 CPO（チーフ・プライバシー・オフィサー）は、購入したデータを全て信頼しているわけではなく、サンプルチェックして作成する名簿の質の低下を防ぐと公言している[13]。同社では名簿作成の技術を明らかにしていないが、複数の個人データを含むデータベースの突合によって個人に関する精密かつ情報量の多い名簿を作成していることは明らかである。加えて、上記のようなサンプルチェックを行なっているということは、同じ個人のデータに矛盾性がないことを確認する高度に知的な処理を行なっているはずである。この処理はとても難しい。以下においていくつかの困難さと対策について説明する。

12　ただし、購入先の企業名は明らかにしていない。
13　http://wirelesswire.jp/2015/02/20400/

(1) 人名の異表記

英語だと姓名のうち、名や洗礼名はイニシャルにする場合（例えば J. J. Smith）とフルスペルにする場合（例えば John Jack Smith）は同一の人物の名前の異表記となる[14]。また、全て大文字の場合もある。日本語では、漢字、ひらがな、カタカナ、ローマ字表記、さらに結婚などによる姓の変更などがある。さらに本名と異なるペンネームや芸名が使われている場合も異表記の一種である。一方、逆の問題として、同じ名前が別人を指し示す同姓同名もかなりの割合で存在する。

(2) 属性情報の多重性

例えば、同一人物と思われるある個人の 2015 年 10 月の勤務先が別のデータベースで異なっていたとしよう。これは少なくとも 2 つのケースがある。一つは同姓同名の別人である場合であり、もうひとつは 2 カ所に同時に勤めていた場合である。この問題は、その人物に関する大量の個人情報を活用して解決することになり、ソフトウェアも複雑になる。

(3) 確率的な絞り込み

上記の例を解決するソフトウェアの開発は技術的にも非常に困難である。つまり、人名の異表記でみたように、英語における名前の頭文字表示とか、漢字表記と仮名表記のように規則として書き下せるものは、仮に規則数が膨大であっても労力をかければ異表記の識別はある程度は可能だろう。しかし、異表記の完全な解決、つまり同一人物の異表記を全て認識することは困難である。同一人物の名前の異表記規則を列挙するだけでも面倒だが、結婚などによる姓の変更、あるいは外国語での表記などまで含めると、対応する人物に結びつけるためは名前以外の属性情報を使うこと、あるいは別のデータベースの情報を使うことが必要である。したがって人名の異表記を解決する作業は、単なる文字列処理ではなく、大量の知識、外部情報を活用する大がかりなソフトウェア開発が必要になる。これは、外部情報源の多様さ、現象の種類の多さから機械学習を利用することも非常に難しい[15]。さらに、同一人物に結びつけられるのは確定的ではなく確率的である。

同一人物の異表記の認識は完璧にできなくても、名寄せされた個人データの内容

---

[14] 専門的には「表記の揺れ」として区別する場合もある。

[15] このような技術は自然言語処理という技術分野で研究されている。深層学習のような最新技術を使うにしても、研究の多くは単語間の係り受けの関係の推定など構文構造がターゲットである。この問題にみられるような多様な外部情報源を活用する機械的手法は未だ成功していないと考えられる。

の豊富さが減少するだけである。一方、同姓同名の問題は、完全に解決できないと、1名の個人データの中に同姓同名の異なる人物の個人情報が混在してしまい、データベースの質が劣化する。ターゲット広告の精度も落ちるし、個人からのクレームも誘発しそうであり、営業的被害もありえる。だが、同姓同名の異なる人物への仕分けも自動的に行なうのは非常に難しい技術である[16]。

(4) 有用な個人識別情報

以上のように氏名は異表記などの問題のため扱いにくい個人IDである。しかし、異表記の少ない個人識別情報が利用できれば名寄せの精度は向上する。このような情報としては個人に割り振られた番号が有力である。すなわち、パスポート番号、マイナンバー、米国であればソーシャルセキュリティ番号などである。クレジットカード番号や携帯電話番号などもある期間においては1人の個人に確定的に結びついているため有力である。こういった番号が付随する個人についてのテキストやデータがあるとほぼ100%名寄せに成功する。

以上述べたような分析からみて、公開されていないにせよアクシオムのような名簿業者のIT技術は非常に高いと推測できる。また、アクシオム社などの名簿業者は名簿そのものだけではなく、こういった名寄せのソフトの提供をビジネスにしている。

ところで、名寄せに成功すると、特定の個人の情報を種々の情報源から集めて統合することができるため、その個人に対する膨大で精密な個人情報のデータベースが形成できる。したがって、そうしてできた個人情報のデータベースは高値で取引できるので、名簿業者であるアクシオムなどが経済的には優良企業となることができるわけである。

ただし、名寄せについては次のような問題も内在している。同一の個人が複数の名前をもつ場合について考えてみる。この問題を典型的な芸名の場合を例にして説明しよう。本名と芸名が別々に名寄せされ、各々について個人情報が集積していたとする。もし、本名と芸名ともに実世界での同一人物を指す名前だったとすると、本名と芸名が名寄せされてしまうと、本人にとって不利益なことが生ずるかもしれない。例えば、芸名で知られている俳優としては人格者である人物が、若年時において犯罪を起こしていたことが本名に付随する個人データとして記載されていたとしよう。芸名と本名

---

[16] ここで説明した技術的問題は、自然言語処理という情報系の研究分野においても難問のひとつであり、100%完全な結果を出せる解決法はまだ存在しない。

の名寄せによって同一人物であることが露見すると、俳優という立場にとって不利益が予見できる。このように名寄せは、単純な個人データの統合であっても、本人のイメージを傷つける、あるいは矛盾した言動を明らかにするなど、副次的効果が大きい。このことを評価することはもはや技術の問題ではなく、さらに行政法である個人情報保護法の問題というよりは、民事的な被害の問題だろう。

日本ではベネッセ事件を受けて、改正個人情報保護法では個人情報取扱事業者が個人情報を他者に渡す場合には記録を義務付けている。しかし、少数の闇の名簿業者を取り締まるために、広範な個人情報取扱事業者が大きな負担を負わなければならないことになる。名簿自体が有用なデータ資源である限り、この問題に本質的な解決策を見いだすことは非常に難しい[17]。

一歩先を行く試みが上記の米国アクシオム社で開始されている。アクシオム社は 2013 年から同社が収集した個人データについて、該当する個人が閲覧、訂正ができる機能を公開し始めた［城田真琴 2015］。これは、4 章で述べるショーンベルガーの主張する事業者による個人に対する説明責任［Mayer-Schoenberger 2013］の実現形態のひとつかもしれない。さらに訂正が可能であると、正確さという意味で個人データの品質が向上するという名簿業者側へのメリットもある。

ただし、訂正を求める場合には個人 ID[18] の入力が必要になり、名簿業者にさらにデータが集まることになる。また、種々の情報源を総合して得た推定データは開示や訂正の対象でない。推定データは名簿業者の活動で作り出した付加価値であり、開示などは簡単ではないだろう。

1.4　プロファイリングとフィルターバブル

IT 事業者の提供する検索エンジン[19] や SNS[20] でインターネットを利用していると、自分で登録した個人情報以外に種々の情報が IT 事業者に収集されている。検索エンジンであれば、検索質問に使った単語や、クリックしたページの URL のログ、SNS であれば友達やフォロワー、「いいね！」をクリックした記事、書いた記事で使った

---

[17] 個人的にはホワイト名簿業者の育成が大切ではないかと思っている。
[18] 米国ではソーシャルセキュリティ番号。
[19] 例えば Google。
[20] 例えば Facebook。

単語などである。こうして、自分個人に関する膨大な量のデータがIT事業者によって収集蓄積される。すると、IT事業者は個人についてのプロファイルを作成できる。プロファイル作成の目的は、個人にメールで送るターゲット広告に記載した商品を購買する確率を上げるためである。場合によってはプロファイルを他社へ販売することもあるだろう[21]。ただし、このようなプロファイルを収集業者が他社に転売する可能性について、サービス利用者個人から事前に同意をとっていない場合は違法になる[22]。

個人の趣味や生活環境がプロファイルによって分かれば、事業者はそれに適合した商品の広告をその個人に送ることができる。例えば、小学4年生の子供がいることが分かれば進学学習塾の案内メールを送ることが考えられる。この状況の実情は［城田真琴 2015］が詳しい。ターゲット広告はメールに限らない。閲覧しているWebページの広告欄に現れる広告も個人のプロファイルに適合したものが表示される[23]。あるいは検索エンジンに対して同じ質問を入力しても個人の閲覧履歴に適合するような結果を上位に並べられる。つまり、検索結果は各個人に適合するようにパーソナライズされている。

検索エンジンやSNSのようなIT事業者の収益源は広告収入なので、彼らにとってプロファイリングやパーソナライズの技術は事業の心臓部である。最近は安価に遺伝子検査をするサービスも出てきているが、実は遺伝子情報もプロファイリングの重要な要素になる。つまり、個人の遺伝子情報からその人がかかりやすい疾病が分かれば、治療薬や予防薬の広告を個人にメールで送れる。ただし、危険なのは、保険に加入するときの価格を遺伝子情報に基づいて操作される、あるいは保険への加入が拒否されるなどという状況である。このように個人が健康、趣味など種々の側面でスコア化される状態について［城田真琴 2015］では警鐘を鳴らしているが、同時にその対策として自分の個人データを自分で管理するシステムを紹介している。この方法は本書でも4章で紹介している。

プロファイルをターゲット広告に結びつけるのは、ターゲットにしている個人のプロファイルだけを使うわけではない。Amazonで書籍を検索していると、「この商品

21　1.1節で書いたSuicaのデータの販売は実現しなかったものの、このようなケースの例である。
22　収集した個人データの利用がどの範囲まで許されるかは、サービス開始前に取り交わされる同意の契約文書による。しかし、利用法の範囲を抽象的に広く書かれている傾向があり、実際に事業者としては同意範囲を広くとりたいであろう。
23　筆者が沖縄で開催される学会のWebページを調べていると、すぐに沖縄の学会開催地近くのホテルの広告が表示されたことがある。

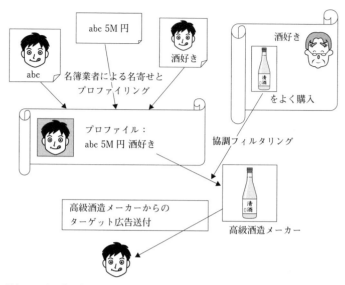

図中の 5M 円は収入額で 500 万円の意味である。

図 1.1 酒好きの人に、彼がまだ購入していない酒をターゲット広告

を買った人はこんな商品も買っています」という文が表示され、その下に多数の書籍が表示される。これは、自分の購入履歴のプロファイルだけではなく、似たような行動をする他人の購入履歴のプロファイルも使って推薦をしている。いわゆる「協調フィルタリング」と呼ばれる技法である。つまり、自分と似たプロファイルをもつ他人が購入した商品のうち自分がまだ購入していない商品があれば、それを提示する仕掛けになっている。一例を図 1.1 に示す。

以上述べたようなプロファイルを用いたパーソナライズの仕掛けはターゲット広告の性能強化においてとても効果がある。しかし、以下に述べるような非常に強い副作用もある。

1.4.1 顔画像認識と居場所認識の名寄せ

Facebook など SNS では自分の顔写真を表示している人が多いし、それ以外でも自分の顔画像に自分の名前がタグ付けされた情報は Web 上で多く発見できる。つまり、自分の顔認識のための画像データはかなり多数提供されている状態である。すると、

SNSを含む種々のメディアにおいて公開されている画像データの中から誰かといっしょに写っている画像が検索される可能性がある。幸いなことに現在の計算機の能力ではまだ画像から個人を識別する処理には膨大な時間がかかり、全世界あるいは全国で収集された膨大な画像データから当該の人物の顔写真と同じ人物の顔を識別することはあまり現実的ではない。

しかし、顔画像認識は少数の候補者に絞り込めれば十分な精度と速度で実行可能である。さて、GPSを用いるスマートフォンのアプリである時刻の自分の居場所が事業者に収集されることは多い。すると、プライバシー情報への攻撃者が、彼が持っている氏名と紐付いた顔画像データと、このアプリで特定された時刻、場所の近辺で写っている比較的少数の人の写真だけ調べて顔画像認識すれば、自分および会っていた相手と状況に関する情報は高速かつ高い精度で攻撃者に特定されてしまう。つまり、画像から、1人で行動しているのか、誰かと相談や会食をしていることも判明する。当然、会っていた相手も顔画像から誰であるかが分かってしまう可能性が高い。すると、相談や会食の相手が転職交渉中の相手会社の人事関連部署の人、競合他社の社員、はては浮気相手であるかどうかまで推定されてしまう。GPSによる滞在場所情報だけであれば、自分と相手は近くにいただけで、何か関係があったかどうかは分からないが、画像情報も総合されると、上で述べたように相手と自分の関係まで推測されうる。したがって、現在の技術レベルでも滞在場所や会っていた相手およびその相手との関係というかなり機微性が高い情報を事業者が入手することはできるわけだ。こういった事情も影響してか、EUでは滞在場所を個人情報とみなして保護する方向である[24]。

だが、滞在場所には例えば自動車の運転履歴も含まれるため、個人情報として保護されてしまうと自動車メーカが開発用データとして使えなくなる事態が想定できる。このように顔画像認識や居場所認識の結果の個人データは単純にプライバシー保護の問題ではなく、産業競争力にも影響が及ぶことを知っておくべきだろう。

1.4.2 フィルターバブル

個人のプロファイリングの副作用として引き合いにだされるのがフィルターバブル[25]である。フィルターバブルは［イーライ・パリサー 2012］によってその概念が

---

24 日本では滞在場所は個人情報とはみなされていない。
25 filter bubble

明らかになり、問題点が指摘されている。プライバシー保護に抵触するタイプの現象ではないが、社会的にみれば大きな問題かもしれない。

個人のプロファイルが分かると、そのプロファイルに適合する商品やサービスの広告をその人にメールで配信したり、ブラウザ上に表示することは、一般的に行われている。つまり、検索エンジンであれば、質問に対して、検索者個人のプロファイルに一致したWebページを上位の応答とする。もし、質問者が北海道に住んでいて、天候に関連する質問をすると北海道の天候のWebページが上位に表示される。これは質問者にとっては便利な機能かもしれない。

ところが、質問者が保守的だとプロファイルされると、政治や社会のニュースで保守的な論調の記事が上位に表示される。逆にリベラルだとプロファイルされると、リベラルな記事ばかり上位に表示される。つまり、質問者の思想や趣向に合致するWebページばかり上位に表示され、合致しないWebページは下位になってほとんど見つからないようになる。

SNSの場合だと、保守的だとプロファイルされていれば、保守的な人ばかり友達に推薦され、リベラルだとプロファイルされていればリベラルな人ばかり推薦される。ここでも、プロファイルされている個人と離れた思想の人は表示されない傾向が高い。

このようにプロファイリングによって、Web上で表示される情報がプロファイルに一致するものばかりになってしまう現象をフィルターバブルと呼ぶ。つまり、個人に提供される情報が個人のプロファイルというフィルターを通過したデータだけに囲まれてしまう泡（バブル）のような状況であることを表した用語である。

フィルターバブルは思想的な偏りを助長し視野を狭くさせるという問題があるが、多様な情報から隔離されるため新規なアイデアが生まれにくくなるという生産性の悪い状況を生み出す。これは、Webが当初描いていた「多くの人々に膨大で多様な情報を提供する」という主旨とは反対の状況になる。フィルターバブルの是非については［イーライ・パリサー 2012］を参考にされたい。

さて、問題はフィルターバブルを誘発する個人のプロファイルは前記の (1) 同意入力データ、(2) 観察データ、(3) 推定データのうち、最後の推定データが主役である点である。現在のところ、推定データに対しては開示要求、ましてや訂正要求に対応するIT事業者の存在は知られていない。

プロファイルが推定データである以上、100%の正確さはない[26]ので、自分についての誤ったプロファイルが使われてしまうことがありえる。例えば、自分に趣味とは

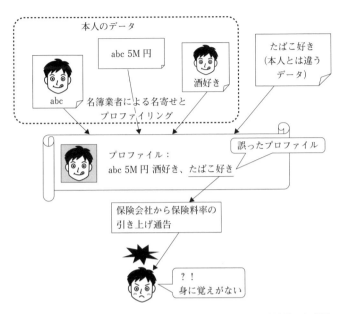

図1.2 誤ったプロファイル「たばこ好き」による身に覚えのない保険料率引き上げ通告

違う商品のターゲット広告ばかり送られてくるような事態が想定される。実際、このような事態は既に起こっている。だが、もっと深刻な事態も想定できる。アクシオム社が同時多発テロの実行犯のプロファイルを米国政府に提出したが、そのプロファイルが間違っており実行犯と全く関係のない人が友人とされていたりすると、その友人は当局に監視されるという濡れ衣を被ることもありえる。濡れ衣の例を図1.2に示した。

つまり、推定データから発生すると思われるフィルターバブルや誤解、濡れ衣はプライバシー保護と関係があるにもかかわらず、防ぎようがない。この対策のヒントは4章で述べる。

---

26 ［イーライ・パリサー 2012］によるとアクシオム社の個人データですら30%程度の間違いがあるそうである。

1.5 本書の構成

 本書の読者として法制度に係わる方々にとっては、まずここまで述べてきた事例の背景となる法制度について国内外の状況を概観し、個人が自己データを管理する制度、システムを見ておくことに意義があり、そのうえで可能なかぎり技術的内容を理解していただくことが有意義と考えられる。一方、技術系の読者にとっては、背景となる法制度を概観したうえで、個別技術や数理モデルと対応付けていただくと、それらの技術の意味解釈、システム設計、実装などを深い理解の下で行えるであろう。こういった意図の下、本書の2章以下は以下のような構成となっている。

 2章は、個人情報に関する法律的ないし技術的な基礎概念を説明する。従来、一般に考えられていた概念や用語とは一致しない部分も多いので、目を通していただきたい。3章は、日米欧のプライバシー保護法制の概略と傾向を述べる。4章はプライバシー保護における個人の同意の位置付けと、プライバシー保護の指針として名高いプライバシー・バイ・デザインおよびそれに基づくパーソナル・データ・エコシステム [Cavoukian 2012]、VRM などについて説明する。

 5章以降は技術および数理モデルについて説明している。5章はリンク攻撃と個人の特定の危険性の高さの数理モデル化を記す。6章では、その対策である k- 匿名化を導入する。7章では、データベースにおいて質問された属性値の全レコードの合計値などに雑音加算することによってプライバシー漏洩を防ぐ手法のひとつである差分プライバシーを説明する。8章はデータベースへの質問のうち、プライバシーの漏洩しそうな質問への回答を拒否する質問監査、9章は暗号技術を用いてプライバシー保護したうえでデータマイニングを行う秘密計算について説明する。付章は遺伝子情報と医療情報におけるプライバシー保護のまとめである。

参考文献

Cavoukian A. (2012). Privacy by Designand the Emerging Personal Data Ecosystem. Information and Privacy Commissioner Ontario, Canada, 参照先：http://privacybydesign.ca/content/uploads/2012/10/pbd-pde.pdf.

Mayer-Schoenberger V. (2013 年 13 月 12 日). IAPP Keynote: Responsible Use of Data. 参照先：YouTube: https://www.youtube.com/watch?v=40fSCZaLv_A

イーライ・パリサー（井口耕二訳）. (2012). 閉じこもるインターネット（原題：The

Filiter Bubble: What the internet is Hiding from You). 早川書房.
城田真琴. (2015). パーソナルデータの衝撃. ダイヤモンド社.
石井夏生利. (2014). 個人情報保護法の現在と未来. 勁草書房.
鈴木正朝、高木浩光、山本一郎. (2015). ニッポンの個人情報. 翔泳社.
宮下紘. (2015). ネット社会と「忘れられる権利」の意義と課題. ネット社会と忘れられる権利. 現代人文社, 2-19.
中西優美子. (2015). EUにおける個人データの保護権と「忘れられる権利」. ネット社会と「忘れられる権利」の意義と課題. ネット社会と忘れられる権利. 現代人文社, 20-40.
神田知宏. (2015). グーグル検索結果削除仮処分命令申立事件. ネット社会と忘れられる権利. 現代人文社, 111-139.

2章　法制度と技術に関する基礎概念

　本章は法制度と技術の架け橋を目指しており、前半2.1節から2.7節ではプライバシー保護の法制度にかかわる基礎概念を説明する。後半2.8節から2.11節ではプライバシー保護の基礎技術の概要を説明する。

2.1　データ主体と個人情報

　1章では「個人」という言い方をしてきたが個人データやプライバシーについて考えるときにはより精密な定義をしておいたほうが便利である。後に述べるEUのデータ保護指令では「識別された、あるいは識別されうる自然人」という概念を導入しているが、ひとまずこれを「データ主体」と呼ぶことにする。さらに「識別されうる自然人」とは氏名、社会的ID（マイナンバーのような個人識別番号）あるいは身体的特徴などによって直接または間接的に識別できる人間（＝自然人）とされる。生存している個人（＝データ主体）に関する情報を個人情報と定義する。

　Webサービスやアプリの利用者の場合は、データ主体は「サービス利用者」あるいは単に「利用者」と記述される。生産者と消費者という対比で考える場合は、「消費者」といわれることもある。あるいはさらに一般的に「生活者」という表現が使われることもある。

　プライバシーに関する文脈ではデータ主体は上で述べたように自然人、すなわち人間の個人と考えられる。しかし、プライバシーを企業や事業者における部外秘情報とみなすと、企業、事業者などもデータ主体とみなせる。例えば、ある企業がデータベースに投入した検索質問からその企業の研究目的をデータベースの管理者に知られてしまうことを避けたいという場面は多い。このために、質問を秘匿したままで情報検索をする場合は質問者の属する企業の開発目標などがプライバシーとみなせるので、企業をデータ主体とみなすことができる。ただし、この見方は一般的ではないので、

以後、データ主体は、原則として個人としてのデータ主体を意味することにする。

データ主体が関係する人や組織として「データ事業者」[1]が考えられる。検索エンジンやWebサービスの提供者が例となる。データ事業者はサービスを提供し、そのサービスの利用者であるデータ主体からデータを収集する場合が多い。Googleのような検索エンジン、Amazonのような推薦システム、あるいはJR東日本のようなSuicaを使ったデータ収集などはいずれもこのパタンになる。収集したデータを管理する必要があるため、データ事業者にはデータ管理者としての性質もある。さらに収集したデータをマイニングして有益な情報を取り出すところまで1つのデータ事業者の内部で行ってしまうケースがあり、GoogleやAmazonなどはそのような形態である。一方、収集したデータを第三者に販売ないし委託し、その第三者が入手したデータを用いてデータマイニングやサービスの提供を行うケースもあろう。JR東日本のSuicaデータ販売はこのようなケースを目指したものであった。

このようにして収集した個人情報を利用して構築されたサービスを提供すると、そのサービスの利用者から再び個人情報を取得するという循環によって成立しているビジネスが多い。さらにサービス利用者であるデータ主体が増えれば、収集できる個人情報が増大し、これがサービスの質の向上に寄与するという好循環を生む。検索エンジンも推薦システムのこの循環によって新しい価値を拡大再生産しているビジネスである。

2.1.1 個人情報の集め方

以上述べてきたような種別の個人情報を鑑みると、その出自には1章でも述べたように、次の3種類がある。

(1) データ主体の個人が端末などを介して自発的に入力するなどの方法でデータ事業者に提供した情報。例としては、サービスやアプリの利用開始時、あるいはアンケート入力においてデータ主体が入力する氏名、住所、年齢などがある。
(2) データ主体の行動の結果、あるいは行為の観察によってデータ事業者が収集する情報。Suicaの乗降履歴、AmazonなどのWebサイトでの購買履歴などがある。スマホアプリで収集される位置情報、在宅医療などで収集される健康情

---

1 以後、単に「事業者」ということもある。

報などもこのタイプである。
(3) 上記の方法で集積した個人情報全体、あるいは別の個人情報も総合して推計した情報。プロファイリングされた情報として利用されることが多い。

　(1)の場合においては、収集を行うデータ事業者はデータ主体の個人との間で何らかの契約を行う。(2)の場合は、購買、乗車などの個々の情報収集時にはいちいち契約行為を交わすわけではないが、サービス開始時、例えばSuica購入時あるいはAmazonの購入サイトの使用開始時には、以後の情報収集についての契約を行うことになる。しかし、(3)の場合の推計の処理、あるいは複数のデータベースを突き合わせる名寄せ処理[2]は、データ主体である個人の知らないところで行われることが多い。したがって、そのようなデータの存在自体をデータ主体が知らないことが多い。いわゆる名簿業者のデータベースはこの状態であると考えられる。

2.1.2　散在情報と処理情報

　個人情報と個人データという用語が使われるが、これらは異なる概念である。この差異を説明するために散在情報と処理情報という概念を導入する。「散在情報」とは情報の集合であり、組織化されていることは要請されない。「処理情報」は情報の集合というだけではなく、組織化されている。例えば、名刺が整理されずに箱に入っていれば散在情報であり、五十音順などの順番に整理されていれば処理情報である。電子的にいえば、何らかの属性情報をキーにしてデータベース化されていれば処理情報、そうでなければ散在情報ということになる。

2.1.3　個人情報、個人データ

　個人に関する情報全般を「個人情報」と呼ぶ。個人情報が何らかの属性情報によって組織化、すなわちデータベース化されている場合は「個人データ」と呼ばれる。つまり、個人情報は散在情報と処理情報に分かれ、個人情報かつ処理情報である場合が個人データになる。個人データのうち、個人情報を取り扱う事業者が保有し責任をもって管理しているものを保有個人データという。この関係を図2.1に示す。

---

[2] 1.3節で名簿業者が名寄せを行っているフシがあることを述べたが、その実態は明らかではない。

図 2.1　個人情報、個人データ、保有個人データの関係

2.1.4　散在情報と処理情報——再考

　上に述べたことを法制度と関連づけると、処理情報は個人情報保護法の規制対象になるが、散在情報は規制対象にならず、自由な利活用ができるという解釈が可能である。ところが、上記の名刺の例のような区分は検索エンジンが自由に使える現在では、不十分である。つまり、両者の境界を技術的に扱える形[3]で定義しないと、実用に耐えない。例えば、Google で名前を入力すれば一瞬でその名前に該当する人の情報が表示され、それを収集すれば個人情報を個人データとして取り出せる。その操作を繰り返せば、個人データからなるデータベースが作れてしまう。だから、Google の保存しているデータは処理情報だという主張が可能である。だが、個人情報からなるデータ集合は簡単に個人名を設定して検索できる。例えば、自分のメールボックスに入っているメールは個人名で検索できる。これでは現在、存在する多くの個人情報が処理情報ということになってしまい、利活用という観点からは都合が悪い。

　技術的にいえば、データベースとして個人情報が個人ごとにまとめられ、個人名という索引が付けられ整列したファイルが処理情報となるのは明らかである。個人情報保護の観点から防ぎたいのは、個人ごとにまとまるように整列されファイル化されたデータベースが、まるごと違法に販売、流通してしまうことである。この観点からすると、散在情報と処理情報の境界は、個人ごとの整列したデータベース、あるいはそれと同等[4]のデータベースとして販売や提供、移動ができるか否かにおくというアイ

---

[3]　あるいは処理プログラムを書けるような定義。

[4]　この「同等」ということの解釈は難しい。例えば、個人名をキーにしたハッシュ値の表（ハッシュテーブル）を作った場合、この表も個人データと併せて販売してしまうことが「同等」の意味となる可能性がある。

デアが有望ではないかと考えられる。

　情報技術者の視点からすると散在情報と処理情報は無意味な境界にみえるかもしれないが、膨大な人数の個人情報をファイル化して収集することはそれなりに大変な作業である。さらに、そのような収集をプログラムによって行った場合も、できあがった個人データのデータベースは個人情報保護法の規制の対象になるため、簡単には転売できない。

　付け加えるなら、個人ごとに整列されファイル化されてないデータの集合であっても、データベースに収録されている個人全員の同意がされていないならこれを全部まとめて販売や提供をしてはいけないということが望ましい。この規制によって、大規模な個人データ漏洩は相当に防げるのではないかと考えられる。

2.2　プライバシー

　1980年代以前、すなわちインターネットが大衆化する以前にはプライバシーとは人々が密集して生活している都市のような空間において「一人にしておいてもらう権利」という概念で捉えられていた。以下のように2つのフェーズに分解して考えることができる。

a. 個人の不可侵な領域[5]を設定。例えば、物理的には個人の身体、情報的には個人にかかわるデータ。例えば身体の不可侵さを示すため衣服を着用して身体的プライバシーを守っているという考え方である。
b. その領域内の一部ないしは全部を他人との同意に基づき、ある対価と引き替えに他人に知らしめることができる。

　aの設定は個人の意志に基づいて決まる。したがって、その個人にとっては、時間や場所によって異なり、状況依存的である。例えば、サラリーマン金融ショップに出入りしたことは、通常はプライバシーではないかもしれないが、その人が就職活動中だとかなり高いプライバシーかもしれない。

　bにおいては、同意に基づくという部分が本質的であり、同意に基づかない場合は

---

[5] 平たくいえば、個人にかかわる情報のうち他人に知られたくないものである。

プライバシー侵害となる。

インターネットが大衆化した後、プライバシーの焦点はインターネット上を流通するデータ主体の個人データに移ってきた。「一人にしておいてもらう権利」はインターネットにおける個人という文脈では、「忘れられる権利（the right to be forgotten)」あるいは「追跡拒否権（Do Not Track: DNT)」［石井夏生利 2014a］という考え方に変容する。

「忘れられる権利」は、検索エンジンによって自分のことが書かれている Web ページにアクセスできないようにさせることを検索エンジンに要求できるという権利である。したがって、忘れられる権利を行使することによって検索エンジン事業者に自分の情報が記載されているページへのリンクを切断させることができる。

「追跡拒否権」は検索エンジンに対して、自分に関する情報が記載されたページを現時点以降に収集しないように要請し実施させることである[6]。DNT は Google の裁判で問題になったプロファイリングに関していえば、プロファイル拒否権という見方ができる。

実は、多くの IT 企業が DNT について懸念していた。城田によれば［城田真琴 2015]、米国では 2010 年に FTC が DNT を提案し標準化作業が行われたにもかかわらず、マイクロソフトの IE がデフォールトで DNT をオン（有効）にした以外は各社のブラウザでは DNT のデフォールトはオフ（無効）である。かつ、消費者がブラウザで DNT をオンにしても無視されているそうである。つまり、IT 業界の多数は DNT を黙殺している。米国のこのような状況を受けて、新規に提案された個人データ保護の法律では 3 章で述べるように DNT を法的権利として明記し規律する方向になったという見方もできる。

この状況を図 2.2 に示す。

2.2.1 忘れられる権利と追跡拒否権の実装上の問題

図 2.2 において忘れられる権利を実現する「リンクを切る」ことの実装[7]方法は例えば、以下のようなものがある。検索においては、キーワードとそのキーワードが出

---

[6] 例えば、cookie を送り込んで個人のアクセス履歴を収集し、ターゲット広告を行なうような操作を拒否することである。
[7] 「実装」とは、具体的なシステムで目的のためにハードウェア、ソフトウェアを変更して、目的の実現を行なうことを意味する。

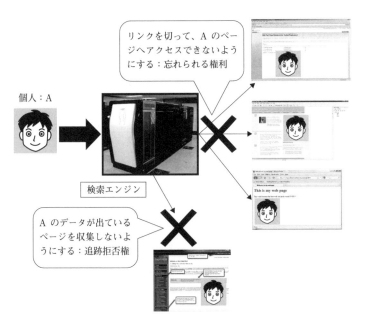

図2.2 忘れられる権利と追跡拒否権

現するWebページのURL[8]の対応表（インデックスファイルと呼ばれる）が、検索者の入力した質問中のキーワードからWebページを探し出すときに使われる。この対応表において、キーワードが出現するWebページのURLのうち、当該人物の名前が出現するものを削除すれば、キーワードから削除したいWebページへたどり着くことができなくなるので、「リンクを切る」ことが実現できる。リンク切りは、インデックスファイルが膨大だと、手間がかかる処理になるが、一度実行してしまえば、検索エンジンの検索速度に影響はない。ただし、以後、一度リンクを切ったWebページのURLをインデックスファイルに再登録しないようにしなければならない。

追跡拒否は、検索エンジンが世界中のWebページを収集[9]したときに、当該人物の名前が出現するWebページのURLはインデックスファイルに登録しないということで実現できる。検索エンジンは定期的かつ頻繁にクロールとインデックスファイル更

---

8 Uniform Resource Locator. インターネットにおけるWebページの住所。
9 クロールという作業である。定期的かつ自動的に行われるが、効率のよいクロールを行うプログラムが必要であり、検索エンジンの価値を維持するための心臓部である。

新を行なっている。追跡拒否を実現するには、現在だけでなく未来においても永続的に当該の氏名が収集した Web ページに出現するかを調べる処理が必要である。もし追跡拒否する氏名が大きな数に上ると、インデクスファイル更新の効率が低下するため、検索エンジンにとっては負担が大きい。

図 2.2 においては「忘れられる権利」と「追跡拒否権」は個人 A から検索エンジンに対する具体的要求である。しかし、もう少し抽象化して適用範囲を拡げようとすると、データ主体である個人が自身に関する個人データのコントロールをできる「自己情報コントロール」の概念をプライバシー権とする考え方になる[10]。「自己情報コントロール権」は具体的には自己情報の開示、訂正、削除を要求し、それを不当ではない対価で実現させることである。もし、これらの要求に応じられない場合は、その正当な理由を請求者に知らせなければならない。この権利は 3 章で述べるように 1980 年に制定された OECD プライバシーガイドラインの 8 原則のひとつで第 13 条に記載されている［石井夏生利 2014］。さらに自己情報コントロールの概念を拡大すると、自己情報がどのような目的に使われるかを知り、かつその目的に応じて自己情報の利用を許可あるいは拒否できることが射程に入ってくる。この考え方は 4 章のパーソナル・データ・エコシステムに反映されている。

2.3 個人情報の多様化

インターネットの大衆化以前には個人データが紙媒体あるいは電子媒体であってもネットワークからは切り離され孤立した状態であった。したがって、個人を特定するための情報すなわち「個人識別情報」としては（氏名、性別、生年月日、住所）を想定しておけば十分であると考えられていた。

このような状況だったので、個人情報を含むデータベースを匿名化するためには、個人識別情報すなわち（氏名、性別、生年月日、住所）を削除すれば十分であるとの誤解が蔓延していた。1 章で述べた JR 東日本の Suica 事件もこのような背景から派生したのではないかと考えられる。

ところがインターネット大衆化以後、個人データは旧来の（氏名、性別、生年月日、住所）を超えて多様化の一途を辿った。その結果、インターネット大衆化以前とは質

---

[10] 自己情報とはデータ主体である当該個人にかかわる個人データと考えられる。

的にも量的にも比べものにならないほど拡大した。以下で、現在存在し、場合によっては入手可能なものを列挙してみよう。

(1) 番号情報

旅券番号、免許証番号、携帯電話番号、クレジットカード番号、各種の会員番号、さらに新規に導入されるマイナンバー、はいずれも個人に付番された番号であるため、番号から個人を特定することが可能な個人データである。

(2) 物理的な履歴

個人のある時刻における居場所すなわち位置情報を教えてくれる GPS が一般にも利用できるようになったことを受けて、ある時刻の位置情報や位置情報の時間的シーケンスである移動履歴を利用できるアプリが数多く提供されるようになった。例えば、Google や iPhone では位置情報サービスのオンオフを切り替えられるようになっている。しかし、a) 自分の居場所を地図上で確認する、b) 友達の居場所を知り待ち合わせに役立てる、など多数の有用なアプリがスマホや PC の位置情報を利用しているため、位置情報のサービスをオンにし続けることが多い。すると、自分の位置情報や移動履歴はアプリのサービス業者には筒抜けになっているわけである。

当然、位置情報、移動履歴は氏名などとは分離して以下のような形で蓄積されている[11]。

$$(識別番号、(位置情報、時刻)の系列、その他の情報) \quad (2.1)$$

ただし、後に述べるように氏名をランダムな識別番号に置き換えたからといって、対応する個人を特定できないと安心するわけにはいかない。つまり、サービス業者が収集した個人の位置情報が式(2.1)の形式であっても、氏名を消してあるから第三者に渡して個人の特定がされないという保証はない。

(3) 情報的な履歴

情報の世界すなわちインターネットにおける行動履歴は、Web ブラウザの閲覧履歴が相当するが、これも個人情報である。ブラウザにおいてはクッキー[12]が個人の閲覧履歴を収集している。

---

11 ［高橋克巳 2014］の記述に大筋で沿った。
12 cookie

(4) 購買履歴

　古くからある個人の購買履歴はクレジットカード会社が保持しているクレジットカードの利用履歴である。これは個人のプライバシー情報に他ならず、クレジットカード会社内部で利用されていると利用者は信じ込んでいるふしがある。しかし、最近ではクレジットカード会社が利用者の購買履歴情報を他社へ販売することで利益を上げるというビジネスモデルが提案されている。クレジットカードの利用履歴は行動ターゲティング広告に利用できるという価値がある。つまり、購買履歴から推定される個人の消費性向に照らして、個人の興味を引く商品を扱う会社が個人宛に広告を出すモデルである。

　クレジットカード利用者は、購買履歴の販売においては利用者個人が特定できないような処理をすると期待したいところではある。しかし、上記の行動ターゲティング広告のメカニズムにおいては個人データが利用されていると考えたほうが辻褄があうようだ。

　購買履歴が収集されるビジネスのひとつであるポイントビジネス[13]とは、利用者がポイントビジネス会社と提携している販売店などで購入した商品にポイントを与えられる。利用者は獲得したポイントによって割引などの特典が与えられる。一方、ポイントサービス会社の収益はポイント獲得にかかわる利用者の購買情報を他社へ販売することによって得られる。ポイントビジネスに加入している利用者の個人データが、個人を特定できるデータとして販売される場合には問題がある。ポイントビジネスに加入する契約文書にこのような個人データの他社への販売が明記され、それに同意した上で加入しているなら法的な問題はない。しかし、その場合でも契約文書が十分に利用者に分かりやすいものになっていないと、同意に実効性があるかどうか疑問が残る。

　CCC社のサービスであるTポイントにYahoo! JAPAN独自のポイントを移行させる代わりに、Tポイントのウェブサービスにおける個人識別IDをYahoo! JAPANの個人識別IDに移行させることになった。これが利用者の同意なしに行われているとなると、加入時に同意する契約文書に利用目的の変更への同意が明記されていない場合、問題が生じるかもしれない。

---

[13] 例えばカルチュア・コンビニエンス・クラブ（CCC）社が展開しているTポイントなど。

(5) 監視カメラビデオと顔画像

　スーパーマーケットなどの商店、街路、駅など至る所に監視カメラが設置され来店者や通行人のビデオ映像が継続的に収集されている。これらは犯罪防止などの観点から必要性があるが、個人の顔が撮影されている場合は個人特定性の高い個人情報が収集されている。

　NICT[14]が大阪駅構内で通行人をビデオ撮影して人の流れを調査し、災害時の通行人の有効な誘導法を検討するという研究計画を2014年に発表した。撮影されたビデオ映像中に顔が映っており、さらに同一人物が追跡されることが計画されていた。顔を撮影された個人が駅構内での行動を追跡されることの気持ちの悪さ、肖像権やプライバシー権の侵害のおそれ、独立行政法人等の保有する個人情報の保護に関する法律に違反するのではないかという問題点が市民団体、市議会から出された。そこで、NICTの委託で調査委員会が立ち上がり、報告書［菊池浩明，石井夏生利、小林正啓、鈴木正朝、高木浩光 2014］が提出された。詳細は報告書を参照していただきたいが、報告書の主な論点は、以下のとおりである。

a）映像データは解析され、顔の特徴量情報が機械的に抽出される。抽出が終わると顔画像データは即刻消去される。抽出して利用されるのは、特徴量情報だけなので、肖像権で問題となる人格は含まれていないため、肖像権の問題はない。
b）特徴量情報の抽出直後に顔画像データは消去されるので、報告書によれば「（他の）人間がこれを閲覧する機会もないのであるから、法規範的にみる限り、画像撮影によるプライバシー権の侵害はないか、あるとしても些細なものであって、社会生活を営むうえで容認される範囲に属する。」と判断されている。
c）大阪駅構内のように多くの人々が行き来する空間では、移動履歴データだけから個人を特定することはほぼ不可能である。また、同じ人物であっても翌日は同一人物であると認識せずに、別人のデータとして扱う。ただし、この実験以外のカメラで撮影したデータの情報と移動履歴を統合すると、顔が復元でき、「この顔の人間が特定の日時にどのような行動をしたか」というデータを取り出せる可能性も残る。こうなるとプライバシー権が侵害された状況になる。
d）しかし、個人の行動データではなく、多数の人々の動き、すなわち人流デー

14　NICT：独立行政法人通信総合研究所

タという統計データの形にして保存、解析を行う場合は、上記 c) 項目の問題点はない。

e) 実験に用いるカメラは、それが実験データ取得の目的で撮影していることが、通行人に明らかに認識できる状態に置かなければならない[15]。

このように高性能なカメラを用いて撮影した顔画像は同一人物であることが機械的に認識できる技術レベルに達しているので、個人に固有の生体情報である顔画像は慎重に扱うべき個人データである。ただし、報告書によれば、NICT の計画では大筋において十分な考慮がされていたと判断されている。もっとも、個人の顔画像[16]データの追跡をすれば、その人の行動履歴データになってしまうので、行動履歴の項目で述べたものと同じ問題が生ずる。

(6) インターネットにおける住所

インターネットにおける住所相当の情報としては種々のものがある。我々に関連する情報を順々にみていこう。

a) IPアドレス：インターネットにおける物理的な住所、地球でいえば緯度経度のようなものと考えられる。パソコンやスマートフォンに付けられた一意性のある番号である。IPv4 と IPv6 の 2 種類あり、前者は 32 ビット、後者は 128 ビットで表現される。パソコンやサーバなどに割り振られているのは現在 IPv4 であるが、パソコンが個人所有のような形態で個人に属する場合、個人に到達する有力な情報であり、氏名や住所と同様の個人識別情報となる。なお、IPv4 の IP アドレスは数字列の無味乾燥なものなので、意味付けの分かる文字列にしたものを URL ということが多い。例えば、日本の学界関係なら ac.jp、政府なら gov.jp などである。

一方、IPv6 は IPv4 に比べて無限大と言ってもよいほど沢山の住所が表現できる。そこで、個人所有の電子機器、例えば腕時計や知的機能を持つ眼鏡[17]などもアドレスを持つ[18]。ただし、IPv6 の場合は、個人の身体に密着した機器あ

---

15 無断で撮影すれば盗撮ということになってしまい、プライバシー権の侵害となりうる。
16 当然、服装や歩き方などの様態も含む。
17 例えばグーグルグラス。
18 いわゆる Internet of Things :IoT の基本ツールとなる。

るいは家庭内の家電へのアクセスが可能なインターネット上の住所となるため、ひとたび悪意のある第三者が入手してしまうと、健康状態チェック機器のデータ改竄、家電へのいたずらや空き巣狙いなど危険性が高い。

　以上の理由により、プライバシー保護の対象として重要なデータである。
b）電子メールアドレス：インターネットにおいて電子メールは極めて個人への到達性の高い通信手段である。したがって、電子メールアドレスは住民票に記載される住所と同じような重要さを持つ個人識別情報である。

（7）ソーシャル・ネットワーキング・サービス

　Twitter（ツイッター）、Facebook（フェイスブック）、LINE（ライン）などのソーシャル・ネットワーキング・サービス（SNSと略称することが多い）の利用者は非常に多いため、プライバシー保護の観点から重視する必要がある。これらのソーシャルメディアにおいてプライバシーの危険性のある情報について考えてみよう。

　例えばFacebookでは、自分のプロフィールとして、氏名、誕生日、居住地、出身学校、勤務先などを記入するようになっているが、その全てを正確に記入している人ばかりではないようだ。これらは、極めて個人特定性の高い情報だから、ソーシャルメディアに記載して一般公開されている場合はそれなりの危険性が伴う。では、これらの情報を部分的に公開あるいは全く作り物の情報を記載したら危険性はないのだろうか。

　Facebookは自身のページにおいて、「Facebook内のプロフィール情報（性別、生年月日、地域、趣味など）、Facebookでの行動（ページへの「いいね！」、友達とのつながり）などによって、広告をターゲティング配信している」と記載している。つまり、氏名などを伏せておいても、自分のWebにおける行動（閲覧履歴や購買行動）は把握されている。そして、誰が友達であるかも多数把握されている。したがって、友達の公開している情報や行動履歴[19]を経由して自身の個人データが漏洩することもありうる。

　上記のFacebookのポリシーの副作用として、行動を利用したターゲティングでは、利用者に提示される情報が制限されるフィルターバブルという1.4節で述べた

19　同じ場所に旅行したとか、同じレストランで食事をしたことなどが、考えられる。

現象も注意に値する。

さらに、「サービスを広告主に提供する企業が、収集した情報の用途を制限する規約に同意することを条件に、その企業に対して、広告主が掲載したFacebookサービス上の広告の効果を測定する許可を与えています。」としている。つまりFacebookが収集した個人データは、契約で用途制限をしたにしても第三者に提供されていることを認識しておく必要がある。

(8) 生体情報

銀行のATMカードで認証に使われる指紋、静脈パタン、眼球の虹彩パタンなどの生体データもプライバシー保護が必要なデータである。生体情報の問題点は漏洩しても交換ができないことである。セキュリティ分野でも当然この弱点は意識している。対策としては、生体情報の精度を生体情報単独では個人特定ができない程度の肌理の粗いものにしておくことである。その代わり、通常のパスワードと組にして用いることにすれば、漏洩しても被害を食い止めることができるというわけだ。しかし、このような複雑な仕掛けが施されない場合はプライバシーの危険性はかなり高い。

生体情報とは言い切れないが、類似の情報に身体的な行動パタン情報がある。歩行の様態など、個人に特有の情報もある。ただし、これらも生体情報同様に取り替えができないという弱点がある。

(9) 医療情報

医療情報とは、診断、治療、経過観察などの医療履歴、年齢、性別、人種などの人口統計情報、健康診断等の検査結果、レセプトなどの情報を指す。近年、電子カルテの普及や電子医療データの利用が進む中で、患者のプライバシー保護の懸念も大きくなってきている。特に個人医療情報の一部は患者の社会的差別や精神的苦痛に結びつくため、外部への漏洩を避けるために細心の注意が払われてきた。例えば、検査結果データなどは当該医療機関外への持ち出しが厳禁されている。

医学研究のための医療情報収集は原則的に患者の同意に基づいて行われる。しかし、未成年の患者やガン罹患の統計のための情報収集では本人の同意を取ることが難しい。医療情報は医学や公衆衛生の向上のためにも重要であるため、公益性とプライバシーのバランスを取ることが課題となっている。

医療情報の取扱いについては様々な指針が設けられている［佐藤智晶2013］。米国における医療健康データ取扱いについては1996年制定の医療保険の相互運用と

説明責任に関する法律Health Insurance Portability and Accountability Act (HIPAA) に準拠する場合が多い。EU では医療情報は個人情報として定義され、EU データ保護規則に取扱いの規則が記載されている。日本では疫学研究や臨床研究など医療に関連する情報のいくつかについてガイドラインが存在する。

(10) 遺伝子情報

遺伝子情報は4種類の塩基が結合した分子が直鎖状に結合した DNA 鎖にコードされており、4種類の文字 A, T, C, G の配列で表現される。ヒトゲノムは主に細胞核のゲノムで構成され、核ゲノムは24種類の DNA 鎖に分かれた約31億塩基対からなる。これらの膨大な情報の中に、遺伝情報の単位であり、決まった場所（遺伝子座）にある遺伝子や個人固有の特徴を表わす情報が含まれており、これらの情報のみがデータとして取り扱われる場合もある。例えば、特定の遺伝子の位置の塩基が多種類ある場合である一塩基多型（SNP）の情報は特定の疾病への罹りやすさなどを表わすため、遺伝子診断や個別化医療に利用される。

遺伝子情報は米国では HIPAA プライバシールールが適用される医療情報として、EU では個人情報として扱われる。日本ではヒトゲノム・遺伝子解析研究に関する倫理指針に基づいて扱われる。また、遺伝子情報による差別[20] は 1997 年にユネスコによりヒトゲノムと人権に関する世界宣言が出され、差別が禁止された。多くの国でも法的な規制が存在し、例えば1990年制定のベルギーを皮切りに欧州各国では遺伝情報差別関連の法律が制定されている。米国では 1995 年制定の連邦法に始まり様々な議論を経て 2009 年制定の遺伝情報差別禁止法（GINA[21]）によって遺伝子情報に基づく差別、保険への加入条件や保険料の調整、遺伝子検査の要望、遺伝子情報の買収、などが禁止された。しかし、日本においてこのような法制度は存在しない。また、3章で述べるように遺伝子情報は、個人情報保護法においては陽に個人情報に分類されていないため、同法の対象にならない可能性すらある。

2.4 個人識別情報

英語では「特定の個人を識別すること」を identify という単語で表わす。特定の個人を識別することができる情報を「個人識別情報」[22] と呼ぶ。また、特定の個人を識

---

20 遺伝子による差別の具体例は付章に記した。
21 Genetic Information Nondiscrimination Act of 2008

別するとは個人を特定することなので、「個人特定」という言い方もする。

さて、前節で種々の個人情報を紹介した。これらが個人識別情報であるかどうかは以下の条件を全て満たす場合である。

条件1：個人または個人の所有物と密接に関係すること、
条件2：情報と特定の個人が1対1に対応すること
条件3：複数の事業者または複数のサービスで共通に利用されるものであること
条件4：情報源の個人が簡単に変更したり利用停止させたりできないこと

4つの全てを満たすものとしては、旧来から個人識別情報をみなされていた（氏名、性別、生年月日、住所）の4つ組に加えて、遺伝子情報、指紋や顔認識データなどの個人の身体的特性に関するものは個人識別情報と考えられる。スマートフォンの番号など、個人や個人の情報端末に付番された番号は条件4が成立しているかどうか微妙であるが、短期間であれば継続性があり、個人識別情報としての資格を持つであろう。

個人識別情報として法令で保護すべきかどうか議論が必要な個人情報も多い。その多くは、その個人情報単独では個人を特定できなくても、他の情報と組み合わせれば比較的「容易」に個人を特定できる性質をもつものである。法律的に個人識別情報とみなすべきかどうかは、この「容易」さを法律家あるいは立法に携わる人々がどう査定するかによる。当然、この「容易」さは技術的な側面を持つ[23]わけで、法律と技術の境界ないし架け橋的な意味合いを持つ。

2.5　機微情報

この節では機微情報について述べる[24]。機微とは分かりにくい表現であるが英語では sensitive（センシティブ）という用語が使われる。その扱いに配慮を要する情報という意味で「要配慮情報」いう説明的な用語も用いられる[25]。

機微情報の実例を列挙するなら、人種、信条、宗教、社会的身分、前科、前歴、病

---

[22] 特定の個人を識別することができることを「個人識別性」ということもある。
[23] 例えば、遺伝子情報もシーケンサとよばれる機器の一般化で容易に獲得できるようになり、個人識別情報とみなされるようになったと考えられる。
[24] 後に説明する図2.4のデータベースのレコード構造の一部に機微情報がある。
[25] 改正個人情報保護法では機微情報ではなく「要配慮情報」という表現を用いている。

歴などである。これらの例から機微情報とは、常識的にはその情報が知られると差別される可能性が高い情報と考えられる。

　しかし、差別される可能性を持つ情報はこれに限らない。例えば、個人の購買履歴を考えてみよう。もし、初等教育の教師がポルノ雑誌を購入したという情報が露呈すれば、父母からの文句が来るだろうし、教員組織の中では差別されるだろうし、ということになる。しかし、それ以外の職業の人がポルノ雑誌を購入しても表だって大きな差別を受けないのではないだろうか。

　別の例として、消費者金融への出入りの履歴を考えてみよう。もし、出入りした人が就活中だったり婚活中だったりしたら、不利益を被るかもしれない。しかし、同じ人でも就活中、婚活中といった時期でなければ、とりたてて問題になることはなく、差別的扱いもないだろう。

　実害の伴いそうな情報として住所もありえる。例えば、家庭内暴力で夫から逃れて別居している妻の住所は、万が一、夫に知られれば障害事件を誘発しかねない。したがって、このような妻にとって住所は最重要な機微情報といえよう。

　つまり、機微情報とは個人ごとに違うし、同じ人でも時間によって機微になったりならなかったりする。差別を誘発する情報として機微情報を包括的に定義することは原理的に困難であり、個人依存性、状況依存性が高い。こういった理由により、今のところ機微情報に関する肌理の細かい対応は不可能なので、前記の人種、信条、宗教、社会的身分、前科、前歴、病歴という例示しかできない。それ以外の機微情報の扱いについては個人ごとの対応をするしかないが、個人からの要望に基づいて機微性を判断するような個人情報収集の仕組みやインタフェースが技術的に重要になる。

2.6　オプトアウトとオプトイン

　個人情報の収集においてしばしば問題になるのがオプトアウトとオプトインである。
　オプトアウト[26]とは、個人が同意してデータ事業者によって行われている個人データの収集を、個人の側からの要請によってデータ事業者に中止させることである。
　これ自体は簡単な概念だが、問題はオプトアウト以前にデータ事業者に収集された個人データの扱いである。通常の解釈ではオプトアウト以前に収集された個人データ

---

[26] opt-out

は収集開始時における同意が有効であり、データ事業者が引き続き利用できるとする。つまり、オプトアウト以前に収集された個人データの削除や消去まではなされないので、これをデータ事業者に行わせるにはオプトアウト以外の要求を起こす必要があろう。あるいは、最初の契約時にオプトアウトしたときそれ以前の収集データを削除するようになっているかどうかを確認しなければならないので、データ主体の個人にとっては負担の重い不利な方法である。

一方、データ事業者の側にしてみれば、オプトアウト以前の収集データまで削除するとなると、削除や消去自体に手間がかかるだけでなく、それ以前のデータを利用して行った解析やサービスの根拠データが消失することになる。よってデータ事業者にとってはこのような削除、消去は避けたいであろう。

だが、データ主体にとってもっと深刻な問題は、同意した契約に記載された利用目的が変更されるケースであろう。利用目的変更を行う場合は再度データ主体の同意が必要であるということは3章で述べるように、OECDプライバシーガイドライン第9条、第10条に明記されている。しかし、利用目的の変更をデータ主体の同意なく行えるという法律ができてしまうと、データ主体は思いもよらない被害を受けかねない。例えば、データ主体が遺伝子情報の分析をしてもらうときの契約に第三者への提供や転売について記載されていなくても、データ主体の知らない間に第三者に提供されるかもしれない。第三者が保険会社であれば、保険料率を遺伝子情報によって設定してくるかもしれない[27]。あるいは、第三者が結婚相手斡旋業者（いわゆる婚活業者）だとすると、遺伝子情報を相手に提示して選別に使う可能性も否定できない。このようにデータ主体にとって、種々の危険性が伴うことになる。

オプトイン[28]とは、データ事業者との契約時に個人データの収集や利用を承諾した場合のみ、個人データの収集、利用が行われることである。もちろん、個人データ収集を承諾しなかった場合は、データ事業者のサービス自体を拒否されるかもしれない。このような不承諾なら契約不成立という契約を「付合契約」と呼ぶ。

付合契約はデータ事業者、とくにWebサービスアプリやソフトウェア購入において一般的にみられるものであるが、データ主体とデータ事業者の力関係が極端にデータ事業者側に有利なものになっている。この不平等性を解消しようというアイデアが4章に述べるトラストフレームワークである。以上で述べたことのうち重要な論点を

---

27 遺伝子情報を保険料率に反映させることの可否は別の法律によることになる。
28 opt-in

図2.3に図示する。インターネットの時代になり、個人識別情報や機微情報は従来よりもその範囲が拡大する流れになっているといえるだろう。技術的にいえば、この拡大を支援する技術、あるいは拡大されても有用な情報分析やデータマイニングができる技術の開発が課題となる。

図 2.3　個人識別情報、機微情報の拡大

2.7　個人情報分類の新たな視点

2.4節で述べた個人識別情報とみなせる条件1, 2, 4は個人データ本体の性質に着目していた。データベースに格納されているだけなら、プライバシー的な被害を受ける問題も生じない。しかし、条件3を念頭においた場合、個人データの格納されたデータベースの利用というプロセスについて検討する必要がある。当然ながら、利活用だけではなく、第三者移転や転売、さらに悪用についても考えなければいけない。そこで個人情報分類に関して以下のような視点が浮かび上がってくる。

2.7.1　時間的視点

ここで問題にしたいのは、データの時間軸上での性質である。

a）データ取得時刻の精度：例えば、Suicaの乗降履歴は、データの時間精度が秒の単位か、分の単位か、時間の単位かで役立ち方、あるいは悪用の可能性が変わってくる。

b）データが正しい期間[29]：例えば、勤務先などはしばしば変わる。したがって、データが正しい期間（開始時刻と終了時刻、勤務先であれば入社日時と退職日時）を含むかどうかが重要である。

29　これは条件2を時間という文脈から捉え直したものと考えられる。

c）データが時系列的に増加する場合、増加の間隔や頻度：データベースの管理の仕組みにも影響する。データ主体がオプトアウトした場合、それ以前のデータをどう扱うかという問題が生ずる。

こういった性質は、データを移転、転売する場合には価値に影響する。

2.7.2 個人紐付けの視点

データベースに個人の（氏名、性別、生年月日、住所）の4つ組あるいは、明らかに個人が特定できる個人識別情報が記載されている場合は、データベースの個人に関する記載内容が特定の個人についての記述であることが明示される。つまり、個人紐付けがされている。

氏名など4つ組の情報が削除された場合、情報の精度が粗い位置情報、移動履歴、購買履歴、Web 閲覧履歴、顔画像、など単独では個人特定が困難なことが多い。しかし、データ主体 A に関して、1)匿名の移動履歴と、2)ある店舗での匿名化されていない購買履歴を突き合わせると、A が特定の時刻にその店舗におり、かつその近隣時刻にその店舗の近辺にいたことが知られてしまう。このように、上記の4つ組で、氏名を削って（性別、生年月日、住所）にしても、匿名化されていない外部データベースと突き合わせると個人識別ができる可能性が高い。ソーシャルメディアも外部データベースとして使えるわけであり、紐付け以上に豊富な個人情報が把握できる可能性がある。このように個人紐付けは、データベースの形式的性質[30]だけでは決まらないので、技術的検討を要する点である。

2.7.3 行動観察とデータベース格納の可知／不可知の視点

位置情報、行動履歴、購買履歴で典型的に付随する性質として、個人の行動が外部から観察可能かどうかという視点がある。例えば、データ主体 A さんがコンビニである商品を T ポイントカードで購入しているところを観察されたとすると、T ポイントのデータベースに A さんの購入履歴が格納されていることが観察者に知られる。あるいは、A さんが Suica を所持していることを知られると、Suica の顧客乗降履歴データベースに格納されていることが分かる。このようにデータ主体の行動ないしカード所持などが観察されると、それらに関するデータベースにデータ主体のデータが

---

[30] ここで形式的性質とはデータベースのレコードがどのような属性集合からなるかということを意味している。

格納されていることが知られる。これを可知と呼ぼう。仮にデータベースで（氏名、性別、生年月日、住所）の4つ組が削除されていたとしても、可知の場合にはデータ主体についての観察情報を持つ攻撃者[31]はデータベースにデータ主体[32]の個人データが格納されていることを知ることができる。特に位置情報、行動履歴、購買履歴の場合、位置や時刻の精度が高いと、観察情報を持つ攻撃者は個人データをデータベース上で特定することも可能である。こういった個人データを知った攻撃者がストーカーであると、単に気持ちが悪いだけでなく、実被害も想定される。

逆にあるデータ主体の個人データがデータベースに格納されているかどうかを攻撃者に知られていない不可知の状態を考えてみよう。攻撃者がデータ主体の行動を観察していないなら不可知のことが多いだろう[33]。不可知ということは、さらに観察以外で得た情報を使ってもデータベースへの格納の有無が知られないことを意味する。不可知の場合は、仮に複数の個人データのデータベースを突き合わせても名寄せはうまくいかない。なぜなら、複数のデータベースに同一のデータ主体のデータが格納されているかどうか分からないので、仮に2つのデータベースで、次節において述べる疑似IDの突合を行っても、対応する個人が見つかった状態かどうかが確定できない。よって、極めて信頼性の低い名寄せ結果しか得られない。

2.8　データベースのレコード構造

本章の以下の部分では、プライバシー保護の技術的な基礎概念について説明する。

これ以後の技術的議論を進めるためには、個人データが格納されたデータベースの個人に対応するレコード[34]の属性を分類しておく必要がある。

属性としては、個人ID、疑似ID、機微情報、その他の情報、を持つとする。

(1) 個人ID[35] とは個人を一意的に識別できる属性情報であり、日本であればマイ

31　当然、観察者自身が攻撃者になることもありうる。
32　仮にデータ主体の氏名を知らなくても、物理的にデータ主体の自然人とつながってしまう。
33　このことからプライバシー漏洩はデータ主体の近辺にいる人、あるいは家族など近親者から起こることが多い。このことは、プライバシー保護において意外に盲点になっているかもしれない。
34　レコードをタプル（tuple）と記述している論文も多い。データベース理論ではよく使われる用語である。
35　個人識別子ともいう。

ナンバー、米国であればソーシャルセキュリティナンバーなどである。つまり個人識別情報の条件2「情報と特定の個人が1対1に対応すること」を満たす情報である。氏名は重要な個人データだが、同姓同名は頻繁に起こるので、単独では条件2の1対1対応を満たさない[36]。

(2) 疑似ID[37]とはいくつかの属性のデータの組であり、それらが合わさると1名しか該当者がいない、すなわち一意になる可能性がある。例えば、(性別、住所、生年月日時刻) の属性の組のデータが分かると、実質的には1名しか該当者がいないことになるであろう。これ以外にも Suica の乗降履歴、特定のクレジットカードでの買い物履歴も長期間にわたってデータが収集されると、疑似IDになる。遺伝子情報も短い断片ならいざしらず、ある程度の長さの塩基配列になると疑似IDとみなせるであろう。例えば、2値情報の単位スニップが30個あると、ある人の遺伝子情報に一致する遺伝子情報を持つ人は2の30乗分の1であり、10億分の1の確率でしか一致しない。

(3) 個人ID、疑似IDのいずれでもないが、他人に知られたくない情報が2.5節で述べた機微情報である。

(4) その他の情報は、個人ID、疑似ID、機微情報のいずれでもない属性集合の情報である。例えば、短期間における購入商品などが対応するであろう。

以上をレコードの形で示すと以下のような形になる。

個人ID		疑似ID			機微情報			その他の情報	
氏名	マイナンバー	性別	住所	生年月日	宗教	前科前歴	病名	商品	見た映画

図 2.4　個人データのレコード構造

この章の以下の部分では、図 2.4 のレコードの内容を持つデータベースの第三者への移転、あるいは第三者らの情報検索においてプライバシー保護を行う諸技術について概観する。

---

[36] そこで、従来から (氏名、性別、生年月日、住所) を合わせて1対1対応を満たす個人識別情報と考えてきた。ただし、住所は条件4の変更の困難性を満たさない。
[37] 疑似識別子ともいう。

2.9 匿名化

　図2.4のレコードで実世界の個人を直接特定するデータは個人IDなので、以前は個人IDを削除すれば匿名化されると安易に考えられていた。この考え方によれば、個人IDをレコードから削除すれば個人データではなくなる。

　しかし、これではあまりに安易すぎることが認識され、いわゆる基本4情報と呼ばれる（氏名、性別、生年月日、住所）を全て削除すれば、匿名化されると思われている[38]。

　このコンセンサスについてもう少し詳しくみてみよう。基本4情報から氏名を除いて（性別、生年月日、住所）としたらどうであろうか。実はこの3つ組のデータだけでも高い確率で1名に絞り込める。米国では、（性別、生年月日、住所の郵便番号）だけで全国民の85%が1名に絞り込めるという推定もある。

　上記の3つ組以外でも同じような状況が発生しうる。例えば、1.1節で説明したSuicaの乗降履歴は長期間にわたる履歴になると、同一の履歴を持つ人は極めて少なく、履歴だけで1名に絞りこめる確率が高い。あるいは遺伝子情報であると2.3節で述べたように高い確率で1名に絞り込むことができる。

　では、1名に絞り込めると何が問題なのであろうか。氏名あるいは個人IDと性別、生年月日、住所を含むレコードを持つ他のデータベースと個人IDを削除したデータベースを（性別、生年月日、住所）を用いて突き合わせれば、氏名などの個人IDが復元されてしまう。したがって、（氏名、性別、生年月日、住所）を削除すれば個人IDを復元できないと考えた結果が上記のコンセンサスである。長期間にわたる購買履歴、行動履歴や遺伝子情報があり、それらに基本4情報の1部分さらには個人に関する情報、例えば生活習慣などが付随していたとしよう。すると、1名に絞り込んだ後に、上記の付随している情報と基本4情報の1部分を突合することによって個人IDまでたどり着く可能性が高い。この状況を図2.5に示す。つまり、遺伝子情報や行動履歴から生活履歴や個人ID以外の基本4情報を割りだすことに成功すれば、個人IDまで連結してしまう。

　1.3節で説明したベネッセから流出した個人の氏名が入ったデータベースは、まさ

---

[38] 以前はマイナンバーがなかったので削除すべき属性に入っていなかったが、普及すれば当然削除対象になる。

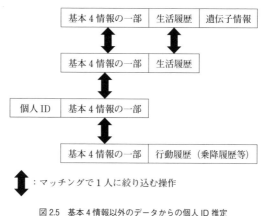

図 2.5　基本 4 情報以外のデータからの個人 ID 推定

にこの個人 ID を含む他のデータベースとして使われてしまう可能性がある。

このような状況にかかわる用語を導入しておこう。以上述べたように個人データを匿名化したデータから突合など何らかの方法で特定の個人を識別してしまう処理を「再識別」とよぶ。

提供元基準と提供先基準

匿名化されたデータベースを第三者に提供する場合に提供元と提供先のどちらで匿名性を確保するかという問題がある。

提供元で匿名性を確保することは比較的容易である。(a) もっとも緩い匿名化の基準としては提供元が提供するデータベースだけを用いてデータベースに格納されているレコードに対応する個人を特定できなければよい。例えば、前記の（氏名、性別、生年月日、住所）を削除するような処理でも十分である可能性が高い。(b) もう少し強い匿名化の基準は提供元が保有している他のデータベースを利用しても特定の個人を識別できないという基準である[39]。ただし、提供元の保有しているデータベースも刻々と変化ないし増加するので、(b) の基準は結局、最大限の努力をしても提供時点での匿名性でしかない。

提供先での匿名性の維持、すなわち再識別の不可能化は技術的には非常に難しい。

---

[39] 2.10 節で述べる仮名化の場合、(a) 個人 ID と仮名の対応表、(b) 仮名と個人 ID 以外のレコードからなるデータベースへ分割した場合は、(a) の対応表は使わないことが前提となる。

つまり、あらゆる外部情報を考慮しても特定の個人を識別できないことを担保しなければならないからである。妥協点としては疑似IDを使っても特定の個人を識別できないという方法だが、この技術的詳細については6章で述べる。したがって、提供先での匿名性の確保は契約あるいは法律によって担保することが必須である。後に述べるFTC3条件はこのような枠組みのひとつである。

2.10 仮名化

2.10.1 仮名化の基本アイデア

図2.4の個人IDあるいは疑似IDの一部ないし全部を削除した個人のレコードについて考えてみよう。データベースの管理者は、個人IDや疑似IDが削除されたレコードと個人IDとの対応を知らないと困ることも多い[40]。そこで、個人IDの代わりにランダムに発生させた番号あるいは英数字文字列などを割り振ることにする。この番号あるいは英数字文字列などを「仮名」(かめい)[41]と呼ぶ。仮名の生成方法については後で述べる。データベース中の全レコードの個人IDを仮名で置き換える作業を仮名化と呼ぶ。

仮名化と匿名性の関係では連結匿名性という概念が重要になる。まず、仮名化を行った場合、図2.6のようにデータベースを(a)個人IDと仮名の対応表、(b)仮名と個人ID以外のレコードの2つに分割する。

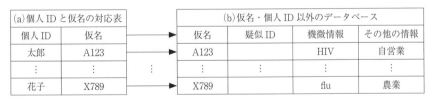

図 2.6　データベースの分割

図 2.6 のような分割されたデータベースにおいて、(a)個人IDと仮名の対応表、(b)仮名と個人ID以外のレコードからなるデータベースが揃っている場合を「連結可能匿名性」と呼ぶ。この場合、疑似ID、機微情報、その他の情報と個人IDが仮名

---

[40] 例えば、警察や司法当局からの捜査要請など。
[41] pseudonym

を経由して結びついてしまう。もし、(a) 個人 ID と仮名の対応表が完全に消去された場合は、(b) 仮名と個人 ID 以外のレコードからなるデータベースの仮名を使っても突き合わせる相手側がいないので、個人 ID を見つけることができない。これを「連結不可能匿名性」と呼ぶ。例えば、医療においては検査データを採取する場合、研究利用する場合は連結不可能匿名性を満たすこと患者に伝えて検査の同意をとっている。(a) の個人 ID と仮名の対応表を保持し、連結可能匿名性を達成したい場合は、(a) の対応表と (b) のデータベースを分離して別組織で管理し、各々へのアクセス権限を持つ管理者も別人にしておくという管理体制は必須である[42]。やむを得ない理由で組織内であっても、少なくとも別の組織とみなせる別の部門で管理することなどが要請される[43]。この管理が不十分だと、誤った漏洩、あるいは不正な横流しが起きる可能性がある[44]。

2.10.2 多重仮名化

仮名化という仕掛けを導入すると、技術的には一歩進んだ安全性を考えることができる。

図 2.7 は太郎がある書店に来店したときの購買履歴である。この図のように太郎が複数の仮名を持つ多重仮名化ができる。すると右側の (b) 仮名・個人 ID 以外のデータベースには、仮名が A123 の人は 10 月 9 日にポルノ雑誌を購入したという情報しかないこと、(B243、N645 は A123 と同一人物であることが分からないことから、(b) のデータベースからは A123 が太郎に対応することを知ることが困難である。B243、N645 についても単独のレコードだけからは太郎を特定しにくい。つまり、太郎に多数の仮名を付けると連結不可能匿名化がかなり強力な匿名化になる[45]。あるいは時間経過に沿ってデータ収集するなら、仮名の変更頻度を高くすれば安全性が増す。もっとも安全なのは、(b) のデータベースで 1 レコードごとに仮名が全て異なるように仮名を付け替えることである。逆に仮名の変更頻度が低い、あるいは固定した仮名を使い続けるという状態で (b) のデータベースを作った場合、個人特定の危険性は高

---

[42] 対応表を使うのは、刑事事件の操作協力のときくらいしか考えないということだろう。
[43] もちろん別の部門ならよいというわけではない。相当な理由と責任が生ずるであろう。
[44] ベネッセでの顧客データ漏洩事件はまさにこの管理体制の不備に大きな原因がある。
[45] もちろん、その病院に 10 月 9 日、風邪で退院した患者が太郎だけなら、外部からの観察や外部データベースを使うことによって A123 が太郎であることが特定される可能性もあるので、完全な匿名化ではない。

くなる[46]。図2.7の例で、太郎の仮名が全て同じだったとすると、3回にわたって各時期の購入書籍が分かり、1月にアイドル誌、3月に週刊誌XXを持ち歩いていることが知れれば、10月の購入書籍も推定されかねない。

図2.7 多重仮名化

多重仮名化は、仮名化された個人データを受け取った事業者[47]が個人識別を行なうために個人の一意的絞り込みを行なったかどうかを、監督機関がチェックするときも役立つ可能性がある。多重仮名化した場合、図2.8の左側のデータベースに示すように、個人（図の場合は太郎と次郎）のデータは個人名と仮名の対応がランダムにシャッフルされており、仮名とデータ（図の場合はデータ1からデータ6）の対応は付かないようにされている。多重仮名化されたデータのうちデータ管理者が（仮名・データ）のデータベースだけを別の事業者（図ではB）に供与する。Bは名寄せを試みる場合には、まず同一人物のデータを図の最右のデータベースのように個人ごとに集

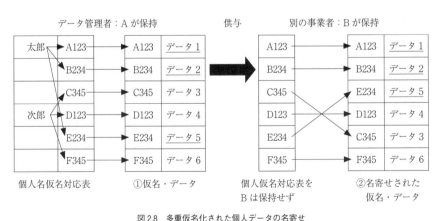

図2.8 多重仮名化された個人データの名寄せ

---

46 ちなみにSuicaの事案では1ヶ月同じ仮名を使うとしていたため、危険性が高いと危惧された。
47 ここでは名簿業者を想定している。

2.10 仮名化

める処理を行なう。個人情報の監督機関は、業者Bがこのような並べ替え処理をしているかどうかをチェックして、業者の違法行為の糸口を見つけることが可能であろう。

このように頻繁な仮名変更は匿名化の強化に役立つが、データ主体である個人の継続的な個人データが重要である場合には、データの価値を損なう。例えば、医療データにおいては、特定の個人の医療データあるいは健康状態のデータを継続的に収集し、分析することによって病気を特定したり、処方薬を選定したりすることが効果的であり、場合によっては必要である。したがって、頻繁な仮名の付け替えはデータの価値を損なうことになる。

2.10.3 多重仮名化における分野ごとの情報の価値の差異

大雑把には仮名化における仮名の更新頻度が頻繁になると個人を識別される可能性が低くなるが、データの利用価値が下がるという一般的傾向がある。しかし、データの利用価値は仮名の更新頻度に反比例するだけではなく、利用目的にも依存する。表2.9にいくつかの具体的ケースについてこの状況をまとめてみた。

プライバシー保護の法制度の観点からすると、同一の仮名を使い続ける場合の仮名化された個人データから元データにおける個人を識別することは違法になる可能性が高い[48]。ただし、仮名の更新が頻繁になると個人識別能力が低くなる。極端なケース

情報カテゴリー	仮名の更新頻度	利用価値
医療情報	更新なし	患者個人の長期病歴や生活習慣とかかる病気の関係を分析できる
	更新あり	個人の追跡調査できず。短期間の流行把握は可能
運転履歴	更新なし	個人ID収集に同意あり→個人の車の状態を把握して修理アドバイスや運転癖の指摘
		個人ID収集に同意なし→車と運転癖との関連のデータ分析
	低頻度	交通流の長期的傾向把握（都市設計などに使える）
		1ヶ月単位くらいだと、曜日ごとの交通流把握が可能で、交通規制などに役立つかもしれない
	高頻度	短い時間の間の交通流の把握のみ
購買履歴	更新なし	個人ID収集に同意あり→行動ターゲティング広告
		個人ID収集に同意なし→不明
	低頻度	個人の長期間にわたる購買傾向。春にXを買った人は夏にYを買う傾向という知識を抽出するようなデータマイニング
	高頻度	個人の短期的な購買傾向把握
	1データごとに更新	特定の品物の売れ行き調査

表2.9 仮名の更新頻度と利用価値のケーススタディ

として1データごとに仮名を付け替えるとなると[49]、疑似IDがなければもはや個人データと主張することは困難になってくる。また、使用目的も平均値などの統計量の獲得が中心になる。したがって、自由な流通が可能かもしれない。

仮名化は仮名の更新まで考えると、その位置付けは表2.10のようになる。個人データないし匿名加工情報と非個人データとの境目を更新頻度で与える方法と、同一仮名ごとのデータ数で与える方法が客観的には分かりやすい。しかし、その境目はさらにデータの性質や利用目的にも依存することを意識しておくことが制度設計においては肝要である。

仮名更新頻度	更新なし	少ない更新	境界	多い更新	1データごと
法的位置付け		個人データ		非個人データ	
個人に関する同一仮名のデータ数	全データ	大	境界	小	1データ
法的位置付け		個人データ		非個人データ	

表2.10 仮名の更新頻度、同一仮名のデータ数と法的位置付けの関係

医療データ以外の個人データは利用が医療機関に限定されていないし、場合によっては第三者に提供、転売される可能性もある。そこで、連結不可能匿名性を持つ仮名化から個人IDを探し出せるかどうかについてまとめておく。

(a) 住所、性別、生年月日のような疑似IDから個人IDに到達できる可能性は高い。これについては5.1節に詳述する。

次に疑似IDを使わない場合について考えてみる。

(b) 疑似ID以外のデータ、例えば購買履歴、位置情報、行動履歴などから個人IDに到達する可能性は5.3節に述べる。疑似ID以外のデータの場合は、購買履歴などのデータが長期間累積するほど個人IDを割り出される危険が高まる。したがって、仮名の変更の頻度が高くなるほど、個人IDへの到達可能性は低くなる。

---

48 EUのデータ保護規則改正案の議会修正案では仮名データの個人識別を禁止している。また、日本の改正個人保護法では、仮名化された個人データが匿名加工情報と位置付けられると、他の情報と照合して個人識別することは違法となる。ただし、仮名化が匿名加工情報とみなされない可能性が高い。

49 この場合はむしろ「無名化」というべきかもしれない。

(c) 1 データ毎の仮名更新、すなわち無名化では疑似 ID 以外のデータから個人 ID に全く到達できないというわけではない。もちろん、購買履歴にしても、1 回の購買行動から個人 ID に到達することは不可能に近い。ただし、位置や時刻まで分かっていると、それらを統合して個人 ID を割り出すことは可能である。1) 別のスマホアプリなどで位置と時刻が収集されている場合には、それらと突合できる。2) 購買現場を知人などに見られた場合[50] も、データと個人が対応付けられてしまう可能性がある。こういった理由もあって、EU では位置情報は個人情報であるという考え方が採用されている。

2.10.4 仮名の生成方法

ここで後回しにしてあった仮名の生成方法について述べる。技術的にはかなり厄介な部分がある。仮名は個人 ID そのものではないが、元の個人 ID と 1 対 1 対応していなければならない。このような性質を持つ仮名の生成には、通常、個人 ID などのデータを入力値とする一方向性のハッシュ関数の値（ハッシュ値）が使われる。例えば、

$$\text{「太郎」} \rightarrow \text{ハッシュ関数の適用} \rightarrow \text{"fbx13dgx45kp……"} \quad (2.2)$$

のようにハッシュ値は長い文字列になる。例えば、アスキーコードの 1 文字がハッシュ値では 64 バイトになる。つまり異なる文字列は、ハッシュ値としても異ならなければ 1 対 1 にならないため、長い文字列になることが必要である。ハッシュ関数は一方向性なので、式 (2.2) の矢印を逆方向に辿ることはできない。つまり、文字列 "fbx13dgx45kp……" から「太郎」を計算することができない。「太郎」から N 個の仮名を作るときは、異なる N 個の数 α_i ($i=1, \cdots, N$) を用い、「太郎」$+ \alpha_i$ にハッシュ関数を適用してハッシュ値を作る。したがって、下手をすると、こうして作られた複数の仮名が同一名前から作られたことを見破られるおそれがある。詳しくは [El Eman & Arbuckle, 2015] の 9 章が参考になる。

ハッシュ値を使うと、個人 ID と仮名の対応は、データベース提供元においては、仮名生成に用いるハッシュ関数の定義と上記の α_i を記録しておけばよい。しかし、α_i の管理が甘いと仮名化を破られる可能性があるので、多重仮名化は管理に注意が

---

[50] 実は、家族などからプライバシーが漏れやすいのは、しばしば自分の行動を観察されているからである。

必要である。一方、仮名化されたデータベースの提供を受けた側、すなわち提供先では、仮名とデータを組にして記録しておかなければならないため、管理するデータベースの量は大きくなる。一方、1データごとに仮名を変更する無名化はデータ量的な困難を生じさせるように思えるが、無名化されたデータを提供された側からすれば、無名化は単純に個人 ID を削除した場合と同じ情報しかない。したがって、無名化では、仮名は不要になり、データ量は増えない。さらに、個人 ID 削除なら自動的に連結不可能匿名性が達成されている。つまり、個人 ID 削除は仮名化の極端な場合であるが、管理の容易さから魅力的な方法ともいえる。

2.10.5 仮名化された個人データの開示、訂正、消去にかかわる問題
同一のデータ主体にかかわる個人データに全て同じ仮名が付与されている場合

　同じ仮名の個人データは1人の個人情報であると既に分かっている。図 2.6 の右側の(b)仮名・個人 ID 以外のデータベースが第三者にわたって、第三者によって情報付加や変更がなされている場合に開示、訂正、消去を第三者に要求しても漏洩の危険性はほとんど増加はしない。

多重仮名化の場合

　図 2.7 のように多重仮名化されている場合、第三者に渡った太郎の個人データの開示要求を第三者に行なうために太郎に対応する仮名全部（図 2.7 だと、A123、B234、N645）を第三者に示して開示要求すると、これらの仮名が同一のデータ主体のものであることが漏洩してしまい、多重仮名化していた意味がなくなってしまう。これを防ぐには、a)開示要求を一度にしないで、個別の仮名ごとに五月雨式に行なう、b)太郎の仮名だけではなく、太郎以外のデータ主体の仮名も混ぜて開示要求を行なう、というような注意をしなければならない。

　訂正や消去の要求は開示の a)の1データごとの五月雨式な要求は有効だが、短い期間に次々と要求することは危険である。一方、b)の他人に混ぜるという方法は使えない。なぜなら、他人のデータを誤って訂正したり消去したりするわけにはいかないからである。どうしても他人のデータに混ぜて訂正、消去したいなら、時間遅れはあるが、多人数の訂正、消去要求が集まってからまとめて要求する。ただし、時間遅れの程度が予想しにくい。

2.11 技術的対策の類型

以上述べてきたようなプライバシー漏洩を防ぐ根拠は、個人情報保護法のような法制度、企業など組織体の構成員のコンプライアンスなどである。ただし、Suica のケースのように個人データを積極的に利活用したいということになると、個人情報保護法に抵触せずに利活用を行うには 1) データ主体の同意を中心にする個人データ利用システム、2) 有効な匿名化処理の適用、の 2 方向がある。1) については 4 章で述べる [Cavoukian 2012]。2) については 5 章以降で説明するので少し導入説明をしておこう。匿名化のための IT 技術として考えられてきた方法は、概略、以下のようなカテゴリーに分類される。

- データベース自体の摂動
- データベースの検索結果の摂動
- データベースの検索行動の監視

ここで「摂動」[51] とは、与えられたデータに何らかの細工を施して別のデータに変更することを意味する。ただし、単にデータを変更するのではなく、元のデータに対して、変更された後のデータが保存している情報や統計的性質が理解され制御されていることも要請されている。

以上の各カテゴリーを簡単に説明する。

個人名	住所	年齢	性別	年収
山田太郎	千代田区霞が関 1-1-1	34	男	6,800,500
↓摂動				
	千代田区	30 代	男	6,950,700
削除(匿名化)	詳細の消去	切り捨て	摂動なし	雑音加算

図 2.11 データベース自体の摂動

---

51 英語の perturbation の和訳。「摂動」は必ずしもよい訳語であるとは言えないが、多くの日本語文献で使われているので、この節だけでは使うことにした。後の章では意識的に使用を避けている。

(1) データベース自体の摂動

データベース自体の摂動とは、図 2.11 のようにデータベースの個人データを表すレコードにおける住所や年齢などの個々の属性の値の一部あるいは全部を摂動することである。図の最下行に摂動の方法を記載した。当然、氏名など個人を明確に識別できる情報は消去されている[52]。このように摂動しても、千代田区在住の男性の年収のおおよその期待値は把握できる。

データベース自体の摂動で個人名を削除しているが、住所、年齢、性別は正確に記述されているとしよう。このとき、住所、年齢、性別の組に関して同一の値を持つ人がデータベース中に 1 人だけに絞り込めるとする。このように 1 人に絞り込むことを識別ということもある。もし、住所、年齢、性別と個人名の組になったデータが別の情報源[53]から入手できたとすると、削除した個人名が推定されてしまう。そうなると、データベースに記載された別の情報（図 2.11 では年収）が個人名とリンクしてしまい[54]、プライバシーが漏洩する。データベースに年収以外に病歴や犯罪歴などの機微情報が記載されていると、それらも漏洩してしまう。このような状況を緩和するために、住所、年齢、性別の情報の精度は落とす方法がある。例えば、図 2.11 のように住所の番地を削除、年齢を 10 歳単位に丸める摂動を行い、その結果得られたデータベースにおいて同じ住所、年齢、性別になる人が k 人以上存在する状態、すわなち k-匿名性[55]が保証できれば、個人名に直接リンクできない。このようなデータベース自体の摂動がプライバシー保護の分野でしばしば言及される k-匿名化[56]である。ただし、k が小さく、例えば k=2 なら 1/2 の確率で個人にリンクされるため、安全ではないと考えられる。k-匿名化の技術的詳細については 6 章で述べる。

(2) データベースの検索結果の摂動

データベースの検索結果の摂動とは、個人データを含むデータベースへの検索質問への回答を摂動して、摂動した結果を質問者に渡すことである。例えば、「千代田区在住の 35 歳の人の平均年収を知りたい」という質問に対してデータベースの

---

[52] 個人名の削除を匿名化ということが多いが、既に述べたように匿名化はもう少し複雑な概念である。
[53] 米国では、個人名、住所、年齢、性別を含む選挙人名簿が公開されている。
[54] 無理に日本語に訳せば「紐付く」となるであろう。
[55] k-anonymity
[56] k-anonymization

全レコードを調べて得た回答が 5,650,034 円だったとき、質問者に返す回答は雑音 30,056 円を加える摂動をするなら、5,680,090 円になるし、切り捨てという摂動なら 5,600,000 円となる。

ところで、「X 県 Y 市 Z 町在住の人の年収の最高額を知りたい」という質問について考えてみよう。1 名だけ突出して 10 億 5000 万円という高額年収の人がいたとすると、その人の名前は何らかの別の方法で質問者が知ることができそうである。その上で、この質問に正しく回答すれば、その高額年収者の年収が漏洩してしまう。たとえ 1000 万円という雑音を加算しても、高額年収者にとってはかなりクリティカルな個人情報が漏洩したことに変わりはない。1500 万円以上の年収の人の年収は全て 1500 万円としてしまうトップコーディングという方法がある。あるいは、わざと 2 番目あるいは 3 番目の高額年収者の年収を回答するような摂動もありうる。

(3) データベースの検索行動の監視

データベースの検索行動の監視とは質問者がデータベースに投入する質問および応答の内容からデータベース中の個人データが漏洩するかどうかを監視する方法論である。つまり、その質問に回答するとデータベース中の個人データが漏洩する危険がある場合は回答を拒否するなどの措置をとる方法である。例えば、直前の「X 県 Y 市 Z 町在住の人の年収の最高額を知りたい」という質問は個人データ漏洩のリスクが高いと推論される場合には回答を拒否する。

あるいは検索結果の摂動で雑音加算をする場合、雑音の平均値がゼロであると、多数回同じ質問をして平均すれば、ほぼ真の回答を得ることができそうである。そのような場合には、同じ質問者からの同じ質問には 2 回目以降は回答を拒否するという方法もありえるが、これも検索行動の監視の一種である。

(4) 暗号化による個人データの保護

個人データを暗号化した場合の法律的分類と技術的問題について述べておく。

法律的には個人データを暗号化鍵で暗号化しても依然として個人情報だとみなされる。当然のことだが、暗号化された個人データは復号鍵で復号すると元データ[57]に戻り、元の個人データが復元する。したがって、暗号化された個人データは復号鍵が存在する限り、個人情報とみなされる。鍵管理がしっかりしていれば、暗号化によって漏洩には強くなり安全性を高くできる。つまり、暗号化はあくまで安全性

---

[57] 暗号分野では元データを「平文」と呼ぶ。

の向上のための手段とみなすことになる。ただし、暗号が破られなければという条件が付く。

　暗号化では非対称暗号である公開鍵暗号がしばしば使われる。公開鍵暗号は暗号化と復号に公開鍵と秘密鍵という２種類の鍵のセットを使う方法である[58]。公開鍵を用いると暗号文を作成することができるが、その暗号文を復号して平文を再び得ることは秘密鍵を持つ者にしかできない。公開鍵は多くの人が入手して暗号化に使えるが、秘密鍵は原則的に１名しか知っている人はいない。したがって鍵の管理が容易である。公開鍵暗号はさらに確率暗号と呼ばれる強い安全性を持つ暗号に発展できる。確率暗号では暗号化の際に乱数を用い、同じ鍵を用いて同じ平文を暗号化しても乱数によって異なる暗号文になる。よって、暗号文から平文の情報が推定できず暗号文は推定攻撃に対して安全である。

　暗号が破られることは、１）暗号化の実装にバグがある、２）鍵管理に失敗する、３）アルゴリズム上の問題、から発生する。１）はしばしばニュースになる。２）はシステム上の問題もあるが、従業員がコンプライアンスを破る場合にも発生しうる。このように破れる可能性があることからも、個人データは暗号化されても法律的には個人情報とみなし、個人情報保護に関連する法律の規律を受けなければならない。もし暗号化された個人データが個人情報でないとすると、個人情報にかかる法的規制が外れてしまい、どういう扱いを受けても文句が言えなくなってしまうという問題がある。

　さらに第三者に移転された場合、復号できなければデータ処理はできないので、暗号化された個人データと秘密鍵を併せて移転する必要がある。つまり、個人情報が移転したとみなす。秘密鍵が存在しなければ、元データは復元できない。よって、暗号化の場合、データの廃棄は復号化された平文が存在しなければ、秘密鍵の廃棄によって執行されたとしてもよい。

　元データが氏名などの基本４情報を削除するなどの方法で個人情報とみなせないデータになっていれば、暗号化されたデータも個人情報ではない。まとめると、暗号化は個人情報を非個人情報化する手段ではなく、あくまで安全管理のための手段である。

　公開鍵暗号において、もし秘密鍵が漏洩すると、データベース全体の内容が一度

---

[58] ちなみに暗号化と複合化を同じ鍵で行える対称暗号を共通鍵暗号という。

に漏洩する可能性が高く[59]、危険性が大きいことも念頭におく必要がある。

(5) 準同型性公開鍵暗号による秘密計算

公開鍵暗号の一種である準同型性公開鍵暗号を用いると暗号化したまま加算などの演算ができる。準同型性公開鍵暗号のうち、加法準同型性公開鍵暗号は次の性質を持つ。

> データ x と y を公開鍵で暗号化した結果をそれぞれ E(x)、E(y) と書くと、E(x)・E(y) = E(x+y) が成立し、暗号化したデータの乗算がデータを加算した結果の暗号化になっている。

この性質を利用すると、簡単な統計演算（基本的には加算と少ない回数の乗算）なら、復号せずに計算可能である。ただし、最終的な結果を得るためには、秘密鍵を使って復号しなければならないので、そのときに元データが持ち主以外に漏洩しないためには、特殊な計算プロトコル（データのやりとりの方法）が必要である。

例えば、会社 A がある製品を 1 個 X 円で M 個販売し、別の会社 B が同じ製品を 1 個 Y 円で N 個販売したとしよう。競合会社なので自分の販売状況は相手に知らせずに、業界全体でこの製品はどのような価格で販売されているか、すなわち (X・M+Y・N)／(M+N) を知りたい。このようなことが準同型性公開鍵暗号を使うと可能である。

あるいは、質問者がデータベースに質問をするとき、質問自体をデータベースを管理する側に知らせたくない場合がある。例えば、創薬会社が化学物質のデータベースを検索すると、どのような検索をしたかは会社の開発方針に関する企業秘密であり、データベース管理者にも知られたくない。そこで、質問もデータベースも公開鍵で暗号化してしまい、検索結果も暗号化した状態で獲得し、質問者だけが持っている秘密鍵で復号化すれば、質問は漏洩しない。この状況を図 2.12 に示した。

暗号化や復号化は計算時間が大きいため秘密計算の実用化は容易ではないが、プライバシーの保護は暗号と同程度に堅固である。そこで、暗号化、復号化を適用す

---

[59] データベースのレコードごとに異なる鍵で暗号化すると安全度が上がりそうにみえるが、大量に存在する鍵の束の管理が難しくなる。仮に鍵の束を暗号化して守ろうとしても、鍵の束の暗号化のための鍵が漏洩することもある。そうなると、一挙に漏洩してしまうので、安全性が高まっているとは言えない。

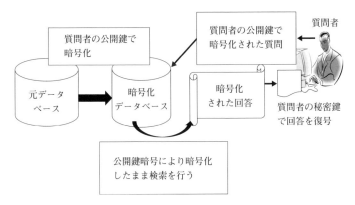

図 2.12　質問の漏洩を暗号化によって防ぐシステム

るデータを小さくしたりして、適用の回数を少なくする工夫をすると有望な方法と考えられている。秘密計算の詳細は9章で説明する。

以上で述べてきたようなプライバシー保護の技術的対策を医療データに対して適用する例や問題点について［El Eman & Arbuckle 2015］がまとまった知識を与えてくれる。

本書では触れることができなかった話題として、個人情報利用における公正性、中立性の確保という問題がある。例えば、奨学金の応募において、採用か不採用の判断において個人情報が公正に使われ、中立性が確保されているかどうかという問題がある。特定の人種だと採用人数が極端に減るというのは公正、中立でなかった可能性がある。しかし、その人種の応募者が元々少なければ公正、中立だといえそうである。公正性、中立性に関しては、公正性、中立性個人情報のうち、人種などの機微情報、あるいは性別などが論点になる。この公正性や中立性の個人の属性ごとの判断において基礎になる数理モデルの研究が欧米では進行している。詳細は［神嶌敏弘 2014］をご一読いただきたい。

参考文献

Cavoukian A.（2012）. Privacy by Designand the Emerging Personal Data Ecosystem. Information and Privacy Commissioner Ontario, Canada, 参照先：http://privacyby design.ca/content/uploads/2012/10/pbd-pde.pdf.

El Eman K., L.Arbuckle（笹井崇司訳）.（2015）. データ匿名化手法. オライリー・ジャパン．
菊池浩明、石井夏生利、小林正啓、鈴木正朝、高木浩光.（2014）. 映像センサー使用大規模実証実験検討委員会調査報告書. 独立行政法人情報通信研究機構.
高橋克巳.（2014）. 個人の移動履歴の保護―プライバシーリスクを明らかにした利活用―. 情報処理 55（12）, 1373-1381.
高崎晴夫.（2014）. 個人情報保護にかかわる法制度をめぐる EU の状況. 情報処理 55(12), 1337-1345.
城田真琴.（2015）. パーソナルデータの衝撃. ダイヤモンド社.
神嶌敏弘.（2014）. データマイニングと社会的公正性・中立性. 情報処理 55(12), 1368-1372.
石井夏生利.（2014）. 個人情報保護法の現在と未来. 勁草書房.
石井夏生利.（2014a）. アメリカのプライバシー保護に関する動向. 情報処理 55(12), 1346-1452.
佐藤智晶.（2013）. 米国と欧州における医療情報法制をめぐる議論. 東京大学政策ビジョン研究センター・ワーキングペーパー PARI-WP No.9, 1-15.

3章 米国、EU、日本のプライバシー保護制度の現状

本書は制度と技術の架け橋という立場なので、技術側の方も法制度について大筋を知っておくことは必要であると考える[1]。そこで本章では、プライバシー保護に関する法制度の概要を説明する。法制度については［石井夏生利 2014b］が詳しいが、以下の解説記事には短いながらも要点がまとめられているので参考にしていただきたい［堀部政男 2013］［高崎晴夫 2014］［石井夏生利 2014a］［森亮二 2014］。

3.1 OECD プライバシーガイドライン

1980年に制定された OECD[2] プライバシーガイドラインは各国のプライバシー保護法制の基本となっている。ガイドラインの7条から14条に相当する事項をプライバシーガイドラインの8原則と呼び、個人データの扱いに関して、概ね以下のような内容となっている。

OECD プライバシーガイドライン
 第7条：収集制限の原則
  適法かつ公正な手段により、データ主体（個人）への通知と同意[3]を得た上で収集すること。
 第8条：データ内容の原則
  利用目的に沿ったものであり、利用目的に必要な範囲内でなければならない。
 第9条：目的明確化の原則

---

[1] 逆に法制度に詳しい方にとっては周知のことかもしれないので、次の章に進んでいただいてもかまわない。
[2] 経済協力開発機構。米英仏独など34カ国が加盟している。日本は1964年に加盟。2015年時点で中国、ロシアは加盟していない。
[3] notice and consent

データ収集以前に収集目的は明確化されていなければならない。

第 10 条：利用制限の原則

　第 9 条で明確化された利用目的を変更するためには、データ主体の同意が必要である。

第 11 条：安全保護の原則

　個人データの紛失などの危険に対して適切な安全保護措置が必要である。

第 12 条：公開の原則

　個人データの存在、性質、利用目的、データ管理者へのアクセス方法が公開されなければならない。

第 13 条：個人参加の原則

　これは、自己情報コントロール権に関するものであり、データ主体である個人は、データ管理者が自己に関するデータを保有しているかどうかを、適切な期間内に過度にならない料金で確認できる権利を持つ。いわゆる開示請求であり、拒否された場合は拒否理由を請求できる。かつ、自己のデータの修正、消去をさせる権利も持つ。

第 14 条：責任の原則

　データ管理者は上記 7 条から 13 条の原則を実施する責任を有する。

　日本においても 2003 年 5 月に成立した旧個人情報保護法は、OECD のガイドラインに沿う方向であった。

　OECD のガイドラインが制定された 1980 年から 30 年以上の時間が過ぎ、インターネットの普及、流通する個人データの質量は劇的に増大した。さらに、インターネットによる個人データの国境を越えた流通、すなわち「越境」が散発的発生からむしろ日常的に発生するようになった。企業の扱う大量のデータも国籍の違う企業に買収される場合には、大規模かつ組織的な越境も起こる。例えば、Google の検索エンジンを使うと、我々の検索履歴が海外のサーバに蓄積されているかもしれない。また、日本の著作権法が Web サイトのデータのコピーの蓄積を違法としてきたため、日本の企業であってもサーバは海外に設置する状況であった[4]。

---

[4] 幸い、著作権法は 2011 年に改正され、国内のサーバに Web サイトのデータのコピーを蓄積することは違法ではなくなった。しかし、一度、海外に移転してしまったデータは容易に国内に戻っては来ないだろう。

さて、このような現状を鑑み、ガイドラインの改定の必要性が認識され、2011年に改訂作業が開始され、2013年7月に改正された。改正されたOECDプライバシーガイドラインを以後「改正ガイドライン」と呼ぶ。1980年のガイドラインで示された8原則はそのままの形で残ったが、これは原則の普遍性を示している [石井夏生利 2014b]。改正ガイドラインで追加された主な項目は以下のようになる。

(1) 越境制限：既に大量の個人データが越境している実情を踏まえ、a)プライバシー保護できなかった場合の潜在的リスクの考慮、b)データの機微性の考慮、c)データ受領側における安全なプライバシー保護措置という条件が満たされれば、越境制限を緩和すべきであるとしている。
(2) 執行協力：越境データに関して、越境元、越境先、つまり国家間でのプライバシー保護の執行協力を求めている。そのためにも国際標準となるようなプライバシー保護の評価指標を求めている。
(3) プライバシー執行機関の整備：改正ガイドラインでは、法的、制度的、技術的知見を備えた機関であることを求めている。また、筆者の私見であるが、民間企業だけでなく政府自体が膨大な個人データを保有している以上、執行機関は独立性があり、執行権限を持つものでなければならないであろう。
(4) 一貫したプライバシー法整備：国内における一貫性のないプライバシー法の乱立は避け、一貫性のある法体系を求めている。日本においては、種々の組織、例えば独立行政法人、各自治体に独自の個人情報保護法があり、その数は2000個に及ぶ。この状態では改正ガイドラインに抵触しそうである。
(5) 技術向上：プライバシー保護技術の向上の努力をすること。
(6) 差別禁止：データ主体が不当な差別を受けないこと。

3.2 プライバシー・バイ・デザイン

プライバシー・バイ・デザイン[5]（以下PbDと略記する）[Cavoukian 2009] はカナダのオンタリオ州プライバシーコミッショナーだったアン・カブキアン博士が提案したプライバシーの扱い方に関する基本的考え方で、最近の米国の消費者プライバシ

---

[5] Privacy by Design

一権利章典、EU のデータ保護規則改正案など各国のプライバシー法制度に取り入れられてきている。

PbD は以下の 7 つの原則よりなる。

原則 1：プライバシー保護に関しては、事後の対策ではなく、事前に予防措置をとるべし
原則 2：プライバシー保護はデフォールトであるべし
原則 3：プライバシー保護の仕組みは制度やシステムの設計時に組み込むべし
原則 4：プライバシー保護はゼロサムではなくポジティムサムである
原則 5：プライバシー保護は個人データの生成から廃棄までの全期間において実施すべし
原則 6：プライバシー保護の仕組みを可視化、透明化すべし
原則 7：プライバシーは利用者中心の仕組みにすべし

原則 1, 2, 3 は個人情報を扱うシステムの設計時に考慮すべき原則である。原則 5, 6 はシステム運用における原則であり、原則 6 はサービス利用者の自己情報について公開、訂正、削除などを求める自己情報コントロール権につながるものである。原則 7 は根本原理といえる。

分かりにくいのは原則 4 である。原則 4 で対象になるのはデータ事業者、サービス利用者であるデータ主体である。プライバシー保護はデータ主体に有利にすると、データ事業者には不利になるというゼロサムのように思われている。しかし、カブキアンは、プライバシー保護対策をしっかり行うことは事業者、利用者の双方の利益になると主張している。つまり「ポジティムサム」である。プライバシー保護をなおざりにしたり、軽視、敵視したシステムにしておくと、プライバシー漏洩[6]あるいは予期せぬプロファイリングでデータ主体に被害が及ぶ可能性[7]がある。結果として対策コストや補償コストが膨大になったり、事業者の評価が落ちて客離れを招くなどの事態が起こる可能性があり、事業者にとっても不利益になる。よって、しっかりしたプライバシー保護対策は、双方にとって利益があるということで「ポジティムサム」というわけである。事業者はえてして、ゼロサム的に考え、プライバシー保護対策を回避

---

[6] 例えば 1 章で述べたベネッセ個人データ漏洩事件。
[7] 例えば 1 章で述べた EU と日本における Google 訴訟と判例。

する傾向が強いことへの警告になっている。

3.3 米国の法制の概観[8]

米国ではプライバシーについては 1980 年のハーバードローレビューの Samuel D. Warren と Louis D. Brandeis の論文から始まるといわれ、判例などを通してプライバシー権の概念が形成されていった［堀部政男 2013］［高崎晴夫 2014］。しかし、連邦全体に適用されるプライバシー保護の法律には至らず、各州における個別の法制度、あるいは個別分野ごとの法制度によっている。個別分野ごとの法制度による立法をセクトラル方式と呼ぶ。また、民間部門においては自主規制によっている。

民間部門の個人情報の扱いを規律する方法として連邦取引委員会（Federal Trade Commission: FTC）のプライバシーポリシーである FTC3 条件が有名である。これは以下のような 3 つの条件からなる。

1. データ事業者はそのデータから個人が識別されないような加工[9]、すなわち非識別化を確保するために合理的な措置を講ずるべき
2. データ事業者は、そのデータを非識別化された形態で保有及び利用し、そのデータの再識別化[10]を試みないことを、公に約束すべき
3. データ事業者が非識別化されたデータを他の事業者に提供する場合には、それがサービス提供事業者であろうとその他の第三者であろうと、その事業者がデータの再識別化を試みることを契約で禁止すること

個人識別が可能なデータと、ここで説明した非識別化のための措置を講じたデータの双方を保有及び利用する場合には、これらのデータは別々に保管しなければならない。

データ事業者が FTC3 条件に違反した場合の罰則執行は FTC 第 5 条による。FTC には法的執行機能があり、実際は仲裁あるいは課徴金などの処置が採られる。

FTC3 条件の 3 番目において非識別化されたデータを提供された事業者が再識別化

---

8 本節の執筆にあたっては［石井夏生利 2014a］を参考にした。
9 仮に個人識別情報が削除されていても個人が識別されることはありうることに注意。
10 個人を識別できる状態のデータに変更すること。

するとは、その事業者が入手した他のデータと突合などの処理をして再識別化することを意味する。

2012年2月にオバマ大統領がConsumer Data Privacy in a Networked World: A Framework for Protecting Privacy and Promoting Innovation in the Global Digital Economy（ネットワーク社会における消費者データプライバシー：グローバル化したディジタル経済において、プライバシーを保護しイノベーションを促進するための枠組み）[White House 2012]に署名した。この中に「消費者プライバシー権利章典（Consumer Privacy Bill of Rights）」と呼ばれる以下の原則が記載されている。

消費者プライバシー権利章典
第1原則：個人のコントロール
　消費者は、事業者がどのような個人データを収集し、何の目的で使うかに関してコントロールする権利を持つ。
第2原則：透明性
　消費者は、プライバシーとセキュリティに関する理解容易な情報を入手する権利を持つ。
第3原則：状況の尊重
　消費者は、個人データを提供した状況に整合[11]する方法で、事業者が個人データを収集、利用、開示することを期待する権利を持つ。
第4原則：セキュリティ
　消費者は、個人データが安全かつ責任ある方法で処理される権利を持つ。
第5原則：アクセスと正確性
　消費者は、個人データが不正確だった場合に生じるリスクとデータの機微性に対して適切な方法で、個人データにアクセスし、修正する権利を持つ。
第6原則：焦点を絞った収集
　消費者は、事業者が収集し蓄積する個人データを適切な範囲に制限できる権利を持つ。
第7原則：説明責任
　消費者は、事業者が個人データを扱うにあたって、消費者プライバシー権利章

11　つまり、消費者が個人データ提供において同意した条件に従う形でなければならない。

典を厳守する適切な措置を事業者にとらせる権利を持つ。

　これらは消費者が自分自身のプライバシーすなわち個人データにかかわる権利を記した原則なので、当然、データ収集や収集した個人データを用いたサービスを行っている事業者に対する要求の形式となっている。第1, 3, 5原則は消費者の自己情報コントロール権を記載している。第3原則は開示要求を行える権利である。第2原則は事業者のプライバシーポリシーを容易に入手できることを意味する。これらの原則は本章で述べたプライバシー・バイ・デザインの考え方を色濃く反映している。オバマ大統領が署名した前記のConsumer Data Privacy in a Networked World［White House 2012］は、上記7原則を関係者の多くが関与するマルチステークホルダープロセス、およびFTCへの執行権限付与などによって実施できる連邦法による立法化を目指した。その結果、2015年になって消費者プライバシー法案［Administration Discussion Draft 2015］が提出された。立法化の目処は不明であるが、将来の米国におけるプライバシー保護に関する連邦法あるいは州法も含む法制全体の議論の出発点になると思われる。

　連邦法ではないが追跡拒否（Do Not Track）についてはカリフォルニアで州法として2013年に制定された。事業者がインターネットを経由して個人データを収集する際には、追跡拒否の方法を明記したプライバシーポリシーを掲示することを求めている。また、第三者経由で個人識別情報を収集する場合には、データ主体の個人に収集してよいかどうかを選択できるようにしなくてはならない。

　米国には、GoogleなどのWebサービスの巨大な事業者が存在するため、プライバシー保護法制度が日本に比べて緩いと思われがちだが、ここまで述べてきたように、そのようなことはない。例えば、日本にはFTC第5条のような執行権限に対応するものはない。また、米国では類似の被害をまとめて提訴するクラスアクション[12]があるが、日本には存在しない。Webサービスの場合、あるサービスにおける個人データの侵害に関する被害者全員を把握することは極めて困難なので、クラスアクションは被害者側の有力な法的手段になる。さらに州法レベルではカリフォルニアの例にもあるようにより厳しい先進的な法律も立法化されている。したがって、実質的には米国のほうがはるかに厳しいといえる。一方で、GoogleなどのWebサービス事業者

12　クラスアクションは、同一の商品の被害者群、すなわちクラス、に属する者の一部が、クラス全員の同意を取り付けなくても、そのクラス全体の代表として訴えを起こす訴訟である。

は連邦政府とは緊張関係にあるといえよう。なお、Google の場合は米国の連邦政府だけでなく、EU との間にも緊張関係[13] が続いている。米国連邦政府は、米国の主要産業である Web サービスや IT 関連事業を保護する立場であるとともに、消費者の権利擁護という立場も重視し、政策を探っていると思われる。

3.4　EU の法制の概観

　米国に比べて EU でのプライバシー権は発展が遅れた。しかし、EU ではナチスによる個人迫害の教訓によって個人のプライバシーは人権のひとつと考えられるようになった［高崎晴夫 2014］。EU の法制を考える上で見落としてはならないのは、このプライバシーは人権という原則である。アメリカの IT 企業、例えば Google が EU を席巻するような現状に対して、EU はプライバシー権を外交手段と考えているとみなせる。ただし、EU では「プライバシー＝人権」なので、これに正面切って対立することは普遍的な価値観の衝突になってしまい、好ましいものではない。米国は EU との間でセーフハーバー協定を結んでいた。したがって、米国の事業者はセーフハーバーの協定に従うなら EU 居住者の個人データを米国の本社に転送できる。しかし、スノーデン事件、そして米国国家安全保障局（NSA）による IT 企業からの個人データをも含む情報を収集するという PRISM 計画が発表されるなどという事態を受けて、セーフハーバーの見直しの議論も高まり、2015 年 9 月に EU 司法裁判所がセーフハーバー無効の決定[14] を下した。

　以上のような現状を踏まえ、EU におけるプライバシー保護の法制の要点を説明する。なお、EU においてはプライバシー保護の法律を「データ保護指令（Data Protection Directive）」、「データ保護規則（Data Protection Regulation）案」と呼んでいる。

　EU の法制においては、3.1 節で述べた OECD のプライバシーガイドラインが基礎になっている。1980 年の OECD プライバシーガイドラインの制定と時を同じくして、

13　EU は EU 域内での Web サービスが Google などの米国企業に席巻されている状態を憂慮し、立法化などの手段で対抗しようとしている。例えば、1 章で述べた Google に対して「忘れられる権利」に基づいてリンク削除を命じた EU 司法裁判所の判決は、そのような動きの一例であると位置付けられる。大雑把に言えば、プライバシー関連の法制度改正などは EU の外交戦略のひとつと位置付けることもできる。

14　http://curia.europa.eu/jcms/upload/docs/application/pdf/2015-10/cp150117en.pdf

欧州評議会（Council of Europe）は、「個人データの自動処理に係る個人の保護に関する条約」（「第108号条約」）を採択した。この条約は欧州評議会の加盟各国のプライバシー法制の基礎となってきた。そのうち、日本との関係で特に重要なのが以下の2つの項目である。

第3章第12条：個人データの越境移転の制限
　　ここではEUからみて、個人情報保護制度が十分なレベルの国であると認定されない国に個人データを越境して移転することを禁止している。この「十分なレベル」はしばしば「十分性」と呼ばれる。
第3章12条2項：独立性のある監督機関が必要
　　プライバシー保護に関する法律に基づく調査、介入の権限を持つ政府から独立した機関が必要であるとしている。日本はEUから上記の十分性のある国だと認定されておらず、その原因のひとつは独立性のある監督機関が存在しないことにあると言われてきた[15]。

ついで、EUでは1995年に，「個人データの取扱に係る個人の保護及び当該データの自由な移動に関する欧州議会及び理事会の指令」（「データ保護指令」（Data Protection Directive））が採択された。これは、EU加盟各国に対して、このデータ保護指令に沿う形で国内立法を促す指令であり、実効性のある法令は各国ごとに異なるが、立法ではこの指令を遵守しなければならない。

その後、インターネット環境の改善と情報流通や経済のグローバル化を踏まえ、2010年からデータ保護指令の改正作業が始められた。改正案は「個人データの取扱いに関する個人の保護と当該データの自由な移動に関する欧州議会及び理事会の規則」（以下「データ保護規則」（Data Protection Regulation））と呼ばれ、専門委員会（LIBE委員会）で採決され、種々の修正を経て2014年3月に欧州議会で可決された。ただし、成立するためにはEUの閣僚理事会での承認も必要である。指令と違って規則は各国の個別法を上回りEU全体で直接効力を持つ法律であることを重視し、慎重な扱いになっている［高崎晴夫 2014］。つまり、国Aで、事業者Bに対して訴訟が起こり、審理が始まると、国Aとは諸条件が異なるA以外のEUの国にあるBの支

15　日本において旧個人情報保護法下では個人情報保護の扱いは主務大臣制であり、個別の案件によって監督官庁が異なる。監督官庁は当然ながら政府から独立した機関ではない。

社も国Aでの裁判結果に拘束されうるので、問題視されている。ただし、日本とのかかわりの深い十分性の問題などは旧法に準じて盛り込まれているので、以下では最新のEU法制度という意味で「データ保護規則」に関する重要な部分を説明する。なお、「データ保護規則」に関しては［石井夏生利 2014b］第2章、［JEITA情報政策委員会 2012］に詳しい解説がある。以下で「データ管理者」というのは個人データを収集し管理している人あるいは組織であるが、同時に単なる管理者ではなくデータ事業者であることも多い。

データ保護規則
第3条　域外適用

　　EUの域外事業者であってもEU居住者であるデータ主体の個人データを扱う管理者にはEUの法制度が適用される。

　　この項目はEU域外の事業者、当然日本の事業者にとって非常に影響が大きい。例えば、EU域外のクラウド事業者がEU域内で収集した個人データを自国のサーバに越境して転送する場合はEUの法制度に従わねばならない。違反すればEUにおける裁判になるであろう。これを避けるには、EU域内での事業にはEUの事業者のクラウドを使用する、あるいはEU域内のクラウド事業者を買収するような方法になり、EU域外の事業者にとっては経済的に大きな負担になる。

　　あるいは、EU域外の自動車メーカがEU域内でEU居住者に販売したとしよう。その車をEU居住者が運転した移動履歴は次の第4条の位置情報に相当するので個人識別情報とみなされるため、EU域外に持ち出すことができない。これでは、運転による移動履歴を研究開発に役立てることが困難になる。

第4条　個人識別情報

　　氏名、住所、生年月日など通常の個人識別情報の他に、肉体的、生理学的情報[16]、遺伝子情報、位置情報、オンライン識別子（IPアドレス、Cookie）、精神的[17]、経済的[18]、文化的、社会的[19]アイデンティにかかわる情報などが追加され

16　身長などの身体的特徴、病歴などであろう。
17　思想、信条、宗教などのことであろう。
18　収入などのことであろう。
19　母国語、出生地、学歴、職歴などが考えられる。

た。

　個人の位置情報、あるいはその連続である移動履歴は上記4条により個人識別情報として氏名などと同じ扱いを受けるため、上記の第3条の域外適用と併せて域外持ち出しができないわけである。ただし、個人特定能力がありうる購買履歴は直接言及されていない。

第7条　同意の条件

　データ主体が、データ管理者がデータ主体の個人データを処理することに同意するにあたっての条件として、データ管理者の説明責任、データ主体の同意撤回の権利、などを規定している。

第9条　特別な種類の個人データの扱い

　いわゆる機微情報の扱いである。人種、政治的思想、宗教、信念、労働組合への加入、遺伝子情報、健康、性生活、刑事上の有罪判決に関連する個人データの扱いを原則禁止している。

第15条　データ主体の自己情報へのアクセス権

　これはいわゆる自己情報の開示請求権である。具体的には利用目的、利用期間、第三者に移転した場合はその受領者などの情報を管理者から受け取る権利などが含まれ、強い権利になっている。

第16条　訂正権

　データ管理者が管理するデータ主体個人の自己情報に誤りがある場合に訂正させる権利である。

第17条　忘れられる権利および削除権

　データ主体の同意撤回や保存期限が過ぎた場合などは、特段の理由がなければ、データ主体はデータ管理者に個人データを消去させる権利を持つ。また、「忘れられる権利」は、データ主体の個人データに関して、データ管理者が責任を負う範囲での公開を差し止めること、例えば頒布の停止やリンクの消去、をデータ主体が要求する権利である。ただし、「忘れられる権利」の執行には表現の自由や公共の利益を勘案しなければならない。

第18条　データ主体のデータポータビリティの権利（データ移転の権利）

　データ管理者が管理しているデータ主体の個人データを、データ主体が管理されているそのままの形式で入手し、他所で利用する権利を持つとしている。すなわちポータビリティであるが、筆者の考えでは、これはデータ主体がデータ管理

者に自己の個人データの独占権を認めないことにつながる。後述するトラストフレームワークを機能させるために必要な権利である。

第19条、20条　プロファイリングを受けない権利

　プロファイリングの定義を述べた後で、19条ではデータ主体がデータ事業者にダイレクトマーケティング目的でのプロファイリングに異議を申し立てる権利を述べ、20条ではデータ主体に累が及ぶようなプロファイリングを受けない権利を持つことを述べている。

第23条　プライバシー・バイ・デザインとプライバシー保護・バイ・デフォールト

　この項目はプライバシー・バイ・デザインを取り込んだ条文である。すなわち、第1項でデータ主体の権利の保護を保証する技術的、組織的な措置の導入を指示している。第2項では、管理者はデフォールトとして、個人データが利用目的に必要な場合のみ処理されうること、利用目的の達成に必要な最小限のデータ量と保持期間とすること、不特定な人からのアクセスを不可能とすること、が要請されている。

第31条、32条　個人データの侵害通知

　31条はデータ主体の個人データへの侵害が発見されたとき、データ管理者あるいはデータ事業者から51条から54条に記載される監督機関への通知を行うこと、および32条は当該データ主体への通知を遅滞なく行うことを義務付けている。

第33条　データ保護影響評価

　データ管理者やデータ事業者に対して、収集した個人データの処理において当該のデータ主体の権利や自由に与える影響評価を義務付けている。例えば、個人の趣味、病歴、遺伝子データなどのファイリングなど、対象となる処理が列挙されている。

第41条　十分性認定がなされた国へ越境移転が可能

　EU居住者であるデータ主体の個人データは、欧州委員会が十分性があると認めた国だけには越境移転できるとしている。日本は十分性が認定されていない。さらに42条、43条など越境データ移転についての記載があるが、これらは日本との関係が深いので、次節で説明する。

第46条、47条　独立した監督機関の必要性

　EU加盟国の政府から財政を保証され、かついかなる他者からも独立に判断が

できる委員で構成された監督機関が必要であるとしている。日本が十分性を認定されていない理由のひとつは、従来このような監督機関が存在していなかったこととされる。

第51条から第54条　監督機関の任務と権限

　監督機関はデータ主体からの苦情の処理を行う。データ管理者や事業者の個人データの扱いに関する調査権、訂正、消去などの命令が下せ、違反者を司法当局に訴える権利を持つ。違反者に対する処罰は最終的に司法に委ねられるが、立ち入り調査や是正命令も含め、それを司法に委ねる前の処置については強い権限を持っている。

第56条から第72条　協力および一貫性

　EU全域での統一した立法であること、加盟国の協力などを記述している。このことが、原則を示し立法自体は個別の国の国内法によるという現在のデータ保護指令を一歩進めてデータ保護規則としている根拠と考えられる。

第73条から第87条　救済、処罰などに関する規定

　訴訟手続きの共通ルール、損害賠償請求権などが記載されている。行政的制裁に関しては違反の程度に応じて制裁金が課される。軽度の違反としてはデータ主体の権利（アクセス要求など）の無視などでは25万ユーロあるいは全世界売り上げの0.5%、重度の違反としてはデータ保護影響評価の不実施、監督機関の活動の妨害や不服従などで2000万ユーロあるいは全世界売り上げの4%の制裁金の額となる。

3.5　越境データ移転

　個人データの国境を越えた移転、すなわち越境データ移転は、国として十分性が認定されていない日本の場合、日本国籍の企業の海外活動において特に注意を払う必要がある。いくつかの例を挙げて問題の所在を明らかにしよう。

例1：コマツではKOMTRAXというシステムを開発、提供している。このシステムはコマツの製品であるブルドーザなどの重機から、各種のセンサー情報、GPSを利用した位置情報や運転情報を別の場所にあるサーバに集約し、故障対策、開発研究に資するものである。重機から収集された運転履歴などのデータを衛星通

信を介してオンラインで収集している先進的なシステムである。問題は 2 つある。ひとつは位置情報や運転履歴が重機の運転者の位置情報すなわち個人情報になってしまい、EU のプライバシー保護法制の対象になる可能性が高いことであり、もう一つは、データ収集サーバが EU 域外例えば日本にある場合、生データの移動は個人データの越境移転に該当しうることである。すると、コマツとしては KOMTRAX のために EU にデータセンターを建設しサーバを設置するという対策が必要になる。下手をすると、重機などの製品開発も日本国内で行いにくくなる。

例 2：EU に輸出している自動車メーカについて考えてみよう。GPS の位置情報を利用したカーナビはナビゲーションのために使われている。一方、自動車の走行中にセンサーで測定したセンサーデータや、走行履歴は、(a) 故障部品あるいは老朽化ないし摩耗した部品を知る手がかり、(b) 新製品の設計、開発の基礎データ、として自動車メーカには重要な情報源である。ところが、走行履歴は運転者の位置情報、行動履歴であり個人情報とみなされると、KOMTRAX の場合と同様に越境移転ができない。サービスだけなら EU 域内に支社を作ればよいが、開発データを日本に持ち込めないことは開発メーカとしては非常に不利であろう。

例 3：クラウドで個人データを扱う場合、EU の居住者の個人データは、越境制限のため EU 域内のクラウドを使わざるをえない。ただし、EU のデータ保護法制における域外適用が日本本社の企業の支社に適用されるとなると、EU の現地データ事業者を買収して使えばよいと言い切れない。さらに日本本社に何らかの事情があっても個人データを送ることはできない。

例 4：ヨーロッパの航空会社の航空機の乗客名簿を日本に持ち込むことも拒否されうる。日本の航空会社であっても、EU 居住者の乗客名簿は日本国内で保持し続けられるかどうか疑問である。事故やテロなどで緊急の場合にも即応できない可能性がある。

例 5：EU 居住者の遺伝子情報は日本に持ち込めない。したがって、日本の製薬会社が遺伝子創薬を行う場合、日本人の遺伝子情報しか使えず、人種による差異を調べるコホートの分析ができない。結果として、創薬会社は研究所を EU 域内あるいは EU から十分性の認定された国に設置せざるをえなくなってきている。これは、日本において生命科学の高度な教育を受けた科学者の雇用が増えず、国家的な損失になっているかもしれない。

このように十分性がなく、個人データの越境移転ができないことは大きな問題だが、では十分性はどのような条件を満たせば交渉の余地があるのだろうか。1998年に採択された「第三国への個人データの移転：EUデータ保護指令に関する第25条及び第26条の適用」（WP12と呼ばれる）に記載されている［石井夏生利 2014b］。WP12の評価基準[20]によればこの問題のポイントは以下のようになる。

- 目的制限原則：移転された個人データの利用目的は移転の目的と矛盾してはいけない。
- データ内容および均衡の原則：個人データは最新のものでなくてはならない。
- 透明性の原則：移転先の国におけるデータ管理者の身元などの情報が提供されること。
- 安全性の原則：データ事業者が個人データの扱いによって生じるリスク対策をたてること。
- アクセス・訂正・異議申立ての権利：データ主体が自身の個人データの開示、訂正をさせる権利、および扱い方に関する異議申立ての権利を持つ。
- 再移転の制限：移転された個人データを再移転する場合は、その移転先が十分性を満たさなければならない。つまり、第三国へ移転する場合は、その国もEUの十分性を満たさなければならない。ところが、米国はEUの十分性を認定されていないので、米国に移転させることはできない。従って、仮にEUから移転された個人データを日本が持ち、これをさらに米国の要請によって米国に再移転しようとする場合、外交的に微妙な問題があるといえよう。
- 機微データ：機微データを扱う場合はデータ主体の明示的な同意が必要。
- ダイレクトマーケティング：この利用目的の場合、常にオプトアウトできるようにすること。
- 自動処理による個人に関する決定：データ主体は当該決定の論理を知る権利を持つ。
- 以上の条件に加えて、監査の立場にある者は、データ事業者への検査制度、抑止力、データ主体への支援、援助、救済を行い、仲裁の制度も持たなければならない。

---

[20] 加えて、追加的諸原則、および「手続き・執行の仕組み」。

この文言には独立したプライバシー保護機関の必要性は直接書かれていないが、外部監視制度を持つことが前提にされた表現になっている。従来、日本では個人情報保護に関しては主務大臣制であり、独立した保護機関が存在しなかったことが十分性を得られない大きな理由とされてきた［堀部政男 2013］。2015年の個人情報保護法改正により独立性[21]のある保護機関である「個人情報保護委員会」の設置が決まっている。

ただし、十分性認定は EU が完全な裁量権を持つため、先例をみても、いろいろな条件を言い出されて非常に時間がかかる、ないしは却下されることが多い。

さて、十分性が認定されない場合は、個人データの越境に方策がないのだろうか。実は、個別の組織のデータ管理者や処理者が個人データを第三国に越境移転する方法が EU データ保護規則案第 42 条と第 44 条に記されている。

第 42 条　標準契約条項[22]、拘束的企業準則[23]による越境移転が可能

標準契約条項は EU データ保護指令 26 条 4 項に基づく。標準契約条項の詳細は［武田一浩　他 2010］に記載されている。詳細は略すが第 29 条作業部会文書 WP12 の十分性の条件に類似している。ただし、(1) 移転先の国の法令が標準契約条項の妨げにならないことを保証しなければならない、(2) 移転先国の独立監督機関から承認を得る必要がある、(3) 裁判はデータ発信国すなわち EU 域内の国で行うことになる。

一方、拘束的企業準則とは、EU 域内に支社を持つ多国籍企業に対して企業内でデータ流通を許可する枠組みである。例えば、多国籍企業の EU 内支社の従業員情報を、EU 以外の国の本社に送るためには、拘束的企業準則の認定が必要になる。どのような項目について規則があるかは第 43 条に記載されている。おおよそは十分性認定にかかわる WP12 に似ているが、違反した場合は EU 域内の支社が責任を負う。詳細は［JEITA 情報政策委員会 2012］を参照されたい。

標準契約条項、拘束的企業準則ともに、事業者自身が EU 当局と交渉しなければならないため、EU の法律家の助力を得る必要がある。時間と知識と労力と資金が必要になるため、大企業にとってすら難事であり、中小企業やベンチャー企業単独では実

21　三条委員会と呼ばれ、各省庁と同格であり、その委員は国会の承認が必要である。
22　Standard Contractual Clauses. モデル契約条項（Model Contract Terms）とも呼ぶ。
23　Binding Corporate Rules.

質的に不可能ではないかと思われる。標準契約条項を取得した事業者があっても、他者との差別化のため、交渉のノウハウを教えるようなことはしない。したがって、日本としては産業育成策の一環として国家的支援が必要なことではないかと思われるが、明確な支援制度の存在は不明である。

上記のいずれにも該当しない場合でも、データ主体の同意が得られれば越境移転はできることを記載したのが次の第44条である。

> 第44条 データ主体がデータ移転に関するリスクなどを含む十分な説明を受けた上で同意すれば、当該データ主体の越境移転が可能

いずれにしても、十分性の認定がされないと、EU居住者の個人データを扱う可能性のある企業は金銭的にも労力的にも負担が大きく、スピーディな事業展開にも障害がある。

ちなみに中国は国策として自国民の個人データの越境移転を全く許していない。

3.6 日本の状況

まず、日本における個人情報保護法はプライバシー保護法ではないことを念頭におかないと全体像がみえにくい。EUはプライバシーを人権と考えたところが出発点である。よって、データ保護指令、同規則のようなオムニバスな法制度が目指されたと思われる。

一方、米国では、プライバシーの定義において先進的な見識をもったうえで、米国の基幹産業のひとつであるIT産業の活動とプライバシー保護の接点を探る立場であるようにみえる。したがって、プライバシー保護全体を視野に入れた法制ではなく、個別分野に対する法制（セクトラルな法律）、自治の度合いの高い州レベルでの法律ができ、最終的な議論と執行はFTCの場になるという大枠だと理解できる。

ところが、日本では、インターネット以後のプライバシーのあり方自体が国民に意識も理解もされなかったため、プライバシー保護の法律という土台を自力で作れなかった。そのためOECDガイドラインをお手本にして輸入した法律であるという側面が強い。このため、どうしても形式的な記述と整合性から出発する。侵害されてはじめてその実体がみえてくるプライバシーよりは、個人情報のほうが氏名などの基本4

情報などとして形式的に定義しやすい。このため、個人情報保護法という建て付けになったと思われる。この結果、プライバシー保護をめぐる本質よりは、形式的に定義された個人情報の扱いに焦点があたることになる。日本人の法令遵守のモラルの高さもあって、個人データを扱う事業者側は形式的な法令の遵守に動くため、安全側をみて拡大解釈をする傾向がでてしまい、かえって個人データの利用の萎縮ということに陥りがちである。結果として、個人情報保護法は厄介ものという感覚が根付いてしまっているようにみえる。以上の背景の下に日本の法制の流れを概観してみる。

日本では、2003年個人情報保護法が成立した。正式名称は「個人情報の保護に関する法律」で6章59条と付則よりなる。条文の詳細については脚注のURL[24]などを参照してほしい。

2003年成立の個人情報保護法はOECDのガイドラインを参考にしているが、EUからは十分性がないと考えられており、EU居住者の個人データを日本に移転することはできない。十分性がない理由としては個人情報保護に関する独立監督機関の不在などが上げられている［堀部政男 2013］［石井夏生利 2014b］。日本人は遵法意識が高く、法を厳格に守ろうとするため、国民には非常に制限がきつい法律と思われている。しかし、諸外国と比べて2003年成立の個人情報保護法は非常に緩いと海外からはみなされており、調査によっては法律の厳しさは世界の国との比較で100位以下ともいわれる。このような認識のギャップが個人情報保護法に対する誤解となって蔓延している節もある。

2013年6月、政府のIT総合戦略本部は、「世界最先端IT国家創造宣言」を決議し、パーソナルデータの取扱いについて、その利活用を進めるための事業環境整備を進めることとし、「パーソナルデータに関する検討会」（以下「パーソナルデータ検討会」）を設置した。

当初、個人情報保護法改正が明確に意識されていなかったらしいが、第1章で述べたSuica事件の発生などに触発され、2013年秋には、「パーソナルデータ検討会」で個人情報保護法の改正が検討会の目的として設定され、さらに技術の観点からの検討を行うために、下部作業部会として「技術検討ワーキンググループ」を設置した。2014年7月には大綱、2014年12月には法案骨子案が発表された［森亮二 2014］。2015年3月には改正案が国会に上程され、2015年9月には改正案が成立した。以下

---

24 http://law.e-gov.go.jp/htmldata/H15/H15HO057.html

では、重要と思われる改正点を中心に説明する。

3.6.1 個人情報および機微情報の定義
新2条1項および2項にて個人情報の定義を明確化した。

2条1項（略）
　一　生存する個人に関する情報であって、当該情報に含まれる氏名、生年月日その他の記述等（略）により特定の個人を識別することができるもの（他の情報と容易に照合することができ、それにより特定の個人を識別することができることとなるものを含む。）

新2条2項で個人情報の一部である個人識別符号を以下のように規定している。

2条2項
　この法律において「個人識別符号」とは、次の各号のいずれかに該当する文字、番号、記号その他の符号のうち、政令で定めるものをいう。
　一　特定の個人の身体の一部の特徴を電子計算機の用に供するために変換した文字、番号、記号その他の符号であって、当該特定の個人を識別することができるもの
　二　個人に提供される役務の利用若しくは個人に販売される商品の購入に関し割り当てられ、又は個人に発行されるカードその他の書類に記載され、若しくは電磁的方式により記録された文字、番号、記号その他の符号（略）特定の利用者若しくは購入者又は発行を受ける者を識別することができるもの

すなわち、身体的特徴のうち個人が容易に特定されるものを追加した。例えば、指紋、顔画像などが相当すると考えられる。また、個人を容易に識別できる番号、符号も追加された。例えば、クレジットカード番号などである[25]。ただし、携帯電話やスマホの番号は買い換えが容易であるということから含まれていない。これらは個別消費者をターゲットにした広告では有用であるため、これに関連する業界にとっては個

25　マイナンバーも理論上はこの個人識別できる番号であろう。

人情報とみなしてほしくないものだろう。

二号で示された符号には1章で述べたSuicaの番号が当てはまる。仮に無記名式のSuicaであっても、その利用した乗降履歴が同一な人はほとんどいないと考えられるので、「識別することができる」に当てはまりそうである。まして、記名式Suicaなら当然、カード番号などは個人情報になるであろう[26]。

この条文の一号で「特定の個人の…」という条文になったことが解釈をややこしくしている。特定をデータ主体が既に知られているという意味で解釈すると、基本4情報や個人IDと紐付いていない限りは個人情報ではない。しかし、「特定」を「多数の中から一意に定まる」という意味で解釈すると、氏名を削除したくらいでは、疑似IDによって多数の中から一意に定まり、個人識別も可能になる可能性が高いので、非常に広い範囲の特徴が該当する。

そこで気になるのが、遺伝子情報である。遺伝子情報は身体的特徴だとみなせるだろうが、第1項には遺伝子情報が個人情報に含まれるとは明記されていない。たしかに、遺伝子情報は単なる記号列[27]であり、単独では個人に辿り着くことができないという到達不可能性がある。しかし、個人に辿り着く別の手がかりとリンクしたとたんに、個人情報となってしまう。遺伝子情報ビジネスを行おうとする事業者にとっては個人情報の定義に入れてほしくないだろう。遺伝子情報は単独の記号列では価値が低いが、個人と紐付くと、ビジネス的に極めて重要、場合によっては罹りやすい病気など機微な情報となりうる。したがって、事業者としては、遺伝子情報と個人情報と紐付けて価値を高めたいところだろうが、そうなると、ひとたび漏洩してしまったときにはプライバシー上の問題が発生する危険性が高い。上記の番号情報に比べて厄介なのは、指紋や顔画像と同様、漏洩したからと言って変更ができないこと、影響が個人だけでなく、その親族、子孫にも及ぶことである。こういった理由で、遺伝子情報に関しては別扱いが必要ではないかという意見がある。

一方、機微情報については新2条3項にて「要配慮個人情報」という用語を用いて人種、信条、社会的身分、病歴、犯罪の経歴、犯罪により害を被った事実などが、差別の要因になりうるという理由から陽に定義された。しかし、上記以外にも要配慮個

---

[26] ただし、前段で「政令で定めるもの」とされているので、Suicaが除外される政令でもできれば状況は違うだろう。
[27] 4つの塩基の記号ATCGからなる記号列。

人情報は個人ごと、場合ごとの個別性があり、定義をしきれない。そして、「その他本人に対する不当な差別、偏見その他の不利益が生じないようにその取扱いに特に配慮を要するものとして政令で定める記述等が含まれる個人情報」として別のところで定義する余地が残されている。また、新第17条2項において、要配慮個人情報は本人の同意なく取得することを禁じている。

3.6.2 匿名加工情報

改正案ではデータ主体である個人の同意を得なくても第三者に移転し、データ処理してよいカテゴリーのデータとして匿名加工情報を導入した。新2条9項によれば匿名加工情報とは、概略、個人情報の一部の削除ないしは復元できないような置き換えを行うことによって、特定の個人を識別することができないように個人情報を加工して得られる個人に関する情報であって、当該個人情報を復元することができないようにしたものと定義される。ただし、匿名加工情報から個人識別が完全にできないことまで要請しているわけではない。

匿名加工情報は第三者に移転されるにあたってデータ主体の個人から同意を取り直すという手間をかけずにデータ処理でき、その利活用に役立てるという目的に沿って導入された概念であると思われる。改正の議論の始まったころは、k-匿名化[28]という匿名化手法のパラメタであるkをどのような値にしたらよいかなどという議論があった。しかし、下部作業部会の「技術検討ワーキンググループ」では、全てのデータに対応できる匿名化手法はないという結論を報告した。

そこで、技術的に匿名化を維持するのではなく、法令によってその使用方法を規律する道が採られた。すなわち、新36条5項では、個人情報取扱事業者は当該匿名加工情報の元になった個人情報に係る個人を識別するために、当該匿名加工情報を他の情報と照合してはならないと規定している[29]。このように他の情報における個人情報と名寄せして新規の価値を生み出すような照合の処理が禁止される。もちろん、個人単位でのプロファイリングもできない。つまり、「個人情報に係る個人を識別するため」という部分を広く解釈すると、利用範囲は著しく狭くなる。日本の事業者は律儀

---

28 k-匿名化の技術については6章で詳述する。
29 日本の場合、法律的に安全側の処理をすることが多い。そうなると前段の条件である「個人情報に係る個人を識別するため」という部分を広めに解釈することになり、他の情報と照合することを忌避することが多くなる。その場合、匿名加工情報は有効利用できないという可能性が高くなる。

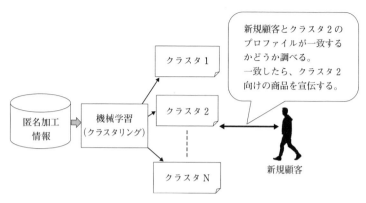

図3.1　クラスタリングと商品推薦

な解釈を好む傾向が強く、利活用の萎縮はおおいに考えられる。

　わずかながら役立ちそうな場合としては、匿名加工情報のデータに対して類似する人々のグループを抽出することであろう。機械学習の技術としてはクラスタリングと呼ばれるものであり、標準的な技術として確立している。こうしてできたグループに対して、グループとしてのプロファイルを作ることは統計情報の抽出である。例えば、映画や食事の好みが似ている人をグループにすると、そのような好みがプロファイルになる。このようなプロファイルを使って、新規顧客に対して、マッチングするプロファイルを探して、グループを同定できれば、そのグループに対する商品推薦をできそうである。この様子を図3.1に示した。

　新2条9項における匿名化の操作は個人情報を復元できないという目的は記載されているが、具体的操作は記述されていない。新2条9項では、この点を個人情報保護委員会にて定めた基準によるとしており、先送りしている。技術の進歩や人々の意識を勘案すると問題を先送りにせざるをえなかったと推察されるが、技術開発の側に立てば、今後、種々の新技術を開発する余地が残されたともいえる。

3.6.3　個人情報、匿名加工情報、統計情報の間の関係

　匿名加工情報は具体像がみえないため、他の類似の情報との関係を探っておくことが今後予想される政令での定義においても重要である。匿名加工情報は個人情報の一部を削除、置き換えをして作成するので類似の情報として個人情報がある。一方、個人情報の復元を行わなければ第三者に移転できるという点からは統計情報と類似して

図 3.2 個人情報、匿名加工情報、統計情報

いる。この関係を図 3.2 に示す。

　理想的には図 3.2 の A の部分、すなわち個人情報かつ匿名加工情報である情報は存在しないことが望ましい。このことについて考察してみよう。携帯電話番号は改正案では個人情報ではないので、匿名加工情報の内容の一部として含まれていてもよい。匿名加工情報を受け取った第三者がこの携帯電話番号を使ってある個人に連絡をとって氏名を聞き出したとき、これを他の情報と照合したのではないとしてしまうと、匿名加工情報を使えば、法律に違反せずに個人情報にたどり着く可能性がある。つまり、個人に到達できる情報が個人情報でないと規定されると、それらは匿名加工情報に含まれることになる[30]。したがって、個人情報の形式的定義を狭くすれば、A の部分が拡大する傾向があるといえよう。

　別の例として「仮名化が果たして匿名加工情報か？」という問題を考えてみよう。2 章で述べたように仮名化は単純な仮名化、多重仮名化、仮名の更新頻度の大小などいろいろな場合がある。ある店舗における購買履歴データが仮名化されたとしよう。仮名が長期間変更されない場合、定期的に同じ商品を購入する人が特定でき、店員がこの情報に接すれば仮名の主である個人までたどり着いてしまう[31]。つまり、仮名化により匿名加工情報になるなら、図 3.2 の A の部分は空ではない。ただし、仮名が頻繁に更新される、あるいは 1 レコードごとに全て異なる仮名だとこのような仮名の主の個人への到達可能性は極めて低い。このような例を考えると、仮名化データが匿名加工情報かどうかは一律に決められない。したがって、2 章の仮名化の節で述べたように、適用分野ごとに仮名化の方法への要求基準が異なるべきであろう[32]。換言すれば、仮名化データが匿名加工情報かどうかは分野ごとに個別の政令を作るセクトラル

30　このような例が一般人の常識として正しいものかどうか判断に迷うところである。
31　実体としてのデータ主体の個人が分かっても氏名までは分からないかもしれないが、手がかりはいくらでもある。
32　6 章で述べるように、k- 匿名化という匿名加工においても、パラメタ k をどのような値にすべきかは、分野、目的、要求される個人識別の難度によって異なる。

方式が適しているかもしれない。

ちなみに EU のデータ保護規則（改正案）では、仮名化されたデータ（仮名データ）は、「追加情報の利用が伴わなければ特定のデータ主体に帰属させることができない個人データである。かかる追加情報は別に管理されており、不帰属を確実にする技術的措置、組織的措置が講じられなければならない」と位置付けられている。ここで「帰属」とは新2条9項でいう個人情報の復元に対応すると考えると、匿名加工情報に似た位置付けになっている。

次に匿名加工情報と統計情報の関係をみてみよう。統計情報として常識的に、ある事象に関する「多数」のデータの平均値、分散などを想定する。多数のデータであるがゆえに個別データ（個票データ）は復元できないという直感により、個人情報ではないと考えられる。しかし、この「多数」の大きさについての明確な基準がない。例えば、内部にk人存在する領域においてk人の滞在場所の平均値すなわち重心が個人情報かどうかを考えてみよう。k人が半径5メートル以内の近い場所に居たとすると、重心をとっても個人の居場所は十分な精度で判明する。$k=5$ 程度でも、店舗や駅など混雑する場所では個人の滞在場所が明らかになる。氏名など基本4情報が削除されているとしても滞在場所が高い精度で分かってしまう。あるいは非常に稀な症例の患者のデータ、年収10億円以上の人のデータなども基本4情報を削除した状態でもデータベース中に1名しか存在しないこともある。このような例は、個人情報の一部の削除、置き換えで作られているので、匿名加工情報とみなすべきであろう[33]。つまり、図3.2のBの部分は空ではない。

したがって、上記の居場所情報の例のk、あるいは1章で簡単に説明したk-匿名化のkの値の大小は匿名加工情報と統計情報の境目を決めるパラメタのひとつになる。もちろん、事態はパラメタkだけで決まるほど単純ではないが、詳細は6章で述べる。

3.6.4 匿名加工情報と統計法

匿名加工情報の具体像を考えるにあたって参考になるのが統計法で定める匿名データである。2007年5月に成立した統計法は公的統計に関する法律である。その35条、36条に匿名データの作成、提供について記述されている。ただし、匿名データの具体像は、匿名データの作成・提供に係るガイドライン（制定2009年2月、改正2012

---

[33] 何らかの補助情報があれば個人が識別でき、個人情報になるかもしれない。

年8月）に詳述されている。ガイドラインに記載されている匿名データの匿名化処理の目的は調査単位及び統計単位（個人、世帯及び事業所等）等が特定または推定されないことである。

具体的加工法としては、

1) 識別情報の削除
2) 匿名データの再ソート（配列順の並べ替え）
3) 識別情報のトップ（ボトム）・コーディング：ある値以上／以下のデータはまとめて「ある値以上／以下」と記述する。
4) 識別情報のグルーピング（リコーディング）：例えば、年齢であれば10歳ごとにグループ分けし、「20歳から29歳」という記述とする。
5) リサンプリング：一部のサンプルデータだけを提供することによって個別データの値の特定をしにくくする。
6) スワッピング：順番を適当に入れ替えて個別データの特定をしにくくする。
7) 誤差の導入：元データに適当な大きさの誤差（すなわち雑音）を加える。

などの組み合わせとされている。また、同じ事例の数は2以下にならないことも要請されている[34]。つまり、目的を明示し、そのための手法は、上記1)から7)の方法を目的に応じて適宜組み合わせることになっている。技術の発展と目的への適応性を考慮したものになっているといえよう。

この匿名データは、今後、匿名加工情報の内容を決めていくにあたって参考になるものだが、これ以上に優れた内容を出せるかどうかはこの件に対応する個人情報保護委員会にかかっている。

3.6.5　個人データの移動

(1) トレーサビリティ：新25条では「当該個人データを提供した年月日、当該第三者の氏名又は名称その他の個人情報保護委員会規則で定める事項に関する記録を作成しなければならない。」としている。この記録は厳密に解釈すると、八百屋

---

34 「2以下にならない」というのは論理的には一意に特定できないことを保証するが、同じ事例が2個あるいは極少数であれば実質的にはかなり一意特定できる可能性がある。こういったことを考慮して、匿名化方法の是非の最終判断は目的に合わせて決めるとされていると思われる。

が隣の肉屋からお得意さんの顧客の名前を聞いたときにも、八百屋、肉屋の双方で記録義務が生じてしまう。事務手続きが膨大になってしまい、ビッグデータの活用どころではなくなってしまう可能性が指摘されている。

(2) **データ越境**：新24条では、個人データを個人情報保護の制度が日本と同程度の水準以下の国に越境移転することを禁じている。これは、EUの十分性に対応する規則である。ただし、外交問題を内包している。すなわち、米国から同程度であることの認定を求められた場合が問題である。なぜなら、米国はEUから十分性を認定されていない。よって、米国の要求に応ずると自動的にはEUからの十分性認定は得られなくなる。

新24条には、上記の同等性認定を回避する措置として、個人情報保護委員会で定める規則を満たすという条件をあげている[35]。この条件がEUの標準契約条項の日本版となるわけである。

(3) **第三者提供の厳格化**：新23条では、本人同意を得ない第三者提供（オプトアウト規定）の届出、公表等を義務づけ厳格化している。これによって、名簿業者へのデータ提供は公表されることになり、闇名簿業者対策になると考えられている。しかし、新23条ではない状況で個人情報を第三者提供する場合、たとえ同意があっても提供の記録を残さなければならないという義務が新25条、新26条で「当該第三者の氏名又は名称その他の個人情報保護委員会規則で定める事項に関する記録を作成しなければならない。」として課される。これは新23条でカバーしない場合を対象にしているため、名簿業者対策とは必ずしも直結するものではない。トレーサビリティの項で述べたように、IT事業者のみならず零細業者や個人への負担が大きい。さらにはクラウドを使う場合はどう解釈するかなど運用における問題点がある。

3.6.6　個人データの開示と消去

(1) **消去**：新19条は、不要になった個人データを遅滞なく消去するという努力規定である。
(2) **開示要求の請求権**：新28条によって自己データの開示請求権が明記されたが、旧法でも存在したという解釈もある。開示請求権は、自分のデータの利用方法に

35　この条件は2015年4月時点でできていない。

ついて疑義がある場合にその開示を請求できるものであり、自己情報コントロール権のひとつとみなせる。また、個人データの不正な利用、目的外利用などを発見する機会を生み出す可能性があり、重要な権利と考えられる。

3.6.7 個人情報保護委員会設置

EUの十分性認定が受けられない原因のひとつであった独立な監督機関の不在が、新第5章59条から70条で規定される個人情報保護委員会の設置によって解消する可能性がある。しかし、これまでみてきたように、改正案では法律の多くの部分を個人情報保護委員会の判断に先送りしているため、同委員会の責務は極めて大きくなってしまったと言わざるを得ない。

3.7 まとめと展望

プライバシー保護の法制度を EU は外交上の手段と考えているフシもあるが、EU も一枚岩ではない。特に英国は EU で審議中のデータ保護規則には好意的でないらしい。英国はオープン・データ・ポリシーを採用しており、個人情報に近いデータも公共性があれば公開している。例えば、都市において洪水の危険性が高い地域の公開などがある。

日本人の間では、個人情報保護法は町内会名簿すら規制の対象になり、まして企業活動を著しく阻害するものだという意見をしばしば聞く。一方、Web 企業に購買履歴などを通じて個人データが集積していることに関しては、ポイント還元されるから文句はない、あるいは不正な使い方はされていないだろうという妙な信頼感、あるいはたかだか広告メールが少し増えるだけくらいなものと、問題視しない傾向が強い。しかし、ベネッセ事件のような大規模漏洩があると嫌悪感をむき出しにする。ようするに、かなり情緒的なプライバシー観を持っているように見受けられる。一方、EU はプライバシーを人権と考えているので、日本人のプライバシー観とはやや隔たりがあるかもしれない。また、米国には Google、マイクロソフト、Amazon、Facebook、Twitter といったグローバルな IT 企業があり、経済を支える力になっているため、企業活動とプライバシー保護の間の緊張関係は高い。プライバシー関連の情報を扱う事業者もかなり注意深く行動している［城田真琴 2015］。日本の場合、インターネットにおけるプライバシーに関する出入口の PC やスマホの OS を米国企業に押さえら

れているので、プライバシー法制を米国と大きく異なるものにしにくい。域内7.5億人の人口を持つEUを無視するわけにはいかないが、プライバシー保護の法制や規制に関しては米国と歩調を揃えるという戦略もありうる。つまり外交政策、産業政策としての側面に留意しつつ制度を考えなければならない。

ここまで議論してきた法制度は、主にデータベースを直接利用して結果を得るデータマイニングや、データベース自体の移転（販売など）を想定している。別の見方によれば、データベースに質問して検索結果を利用する場合は想定されていないようにみえる。

しかし、このようなデータベース検索型のサービスは有望である。なぜなら、ビッグデータはあまりに巨大であるが故に、データそのものを移動することが困難になってきているからである。例えば、ブログ1ヶ月分を蓄えると、そのデータを使ったデータマイニング処理はブログデータが蓄えられているサーバでしか行えない。なぜなら、この程度の大きさであっても、サーバ同士を直結するバス接続[36]ですらデータを別のサーバに移動するには数日以上かかってしまうからである。

したがって、ビッグデータとはデータ収集サイト内で処理すべきものであり、第三者は精選した結果だけを使ったほうがデータ移転にかかわる移動コスト、個人情報保護制度上の問題が少なく、負担が少ない。また、時々刻々データが集積するような場合、最新のデータはデータ収集しているサーバにしか存在しない。となると、データベースが格納されているサーバに検索や計算を依頼し、結果だけを受け取るほうが効率も精度もよい。また、プライバシー保護の観点からしても、安全性は高いし、システム的にも投資が少ない[37]。とはいえ、それでも個人情報が漏洩する危険もある。このようなタイプの危険へのプライバシー保護に使える数理モデルが7章に述べる差分プライバシーや8章に述べる質問監査である。

ところで、遺伝子情報が簡単に入手でき、購買履歴や行動履歴など膨大な個人情報があるとき、データ主体の自分に関する情報を公開することによって、今までになかったような質の高いサービスが受けられるという考え方がIT企業や情報処理技術の研究者の間にはある[38]。技術進歩は急速であり、データ収集時には予想もできなかっ

---

[36] 8ビットあるいは16ビットを並列にデータ送受信する接続方法。
[37] 投資とはサーバというハードウェアのコストだけを意味するわけではない。システムメンテナンス、セキュリティ対策など人的コストへの投資も膨大である。
[38] このような考え方は一理あるところだが、えてしてプライバシー保護を邪魔者扱いする風潮があることには注意する必要があるだろう。

た個人情報の使い方や利用目的が生まれる可能性がある。したがって、個人情報を扱う IT 事業者側は、個人情報収集時に同意した契約には記載されていない新しい利用方法や利用目的が生まれると、再度同意を取り直すという面倒な手続きなしに個人情報を使いたいところだろう。

　実際、今回の個人情報保護法改正においてもデータ主体の同意なく利用目的を変更できるという条項を作ろうという動きが活発だった。2014 年 12 月の法案骨子案では同意なく利用目的を変更できる項目が入っていた。しかし、この項目は明らかに OECD プライバシーガイドラインの 8 原則のうち第 10 条に違反している。法律改正の目的のひとつが EU からの十分性認定を得ることにあるとすれば、目的に反するという声が大きくなり、改正案では消えた。

　このような動きをした人々は、プライバシー保護によってサービスの質が下がることや、新規サービスが制約されることを好まない。プライバシー保護とパーソナルデータを活用したサービス、ビジネスは対立するものなのか？　この問いかけに対する答えの一つが次章で述べるプライバシー・バイ・デザインである。

参考文献

Administration Discussion Draft: Consumer Privacy Bill of Rights Act of 2015. (2015). Retrieved from http://www.whitehouse.gov/sites/default/files/omb/legislative/letters/cpbr-act-of-2015-discussion-draft.pdf

Cavoukian A. (2009). Privacy by Design: The 7foundational Principles. 参照先：www.privacybydesign.ca: https://www.privacybydesign.ca/content/uploads/2009/08/7foundationalprinciples.pdf

JEITA 情報政策委員会. (2012). EU データ保護指令改定に関する調査・分析報告書. JEITA.

White House. (Feb. 2012). Consumer Data Privacy in a Nertworked World : A Framework for Protecting Privacy and Promoting Innovation in the Global Digital Economy. http://www.whitehouse.gov/sites/default/files/email-files/privacy_white_paper.pd f.

高崎晴夫. (2014). 個人情報保護にかかわる法制度をめぐる EU の状況. 情報処理 55(12), 1335-1344.

城田真琴. (2015). パーソナルデータの衝撃. ダイヤモンド社.

森亮二. (2014). 日本の個人情報保護法改正の状況. 情報処理 55(12), 1353-1360.

石井夏生利. (2014a). アメリカのプライバシー保護に関する動向. 情報処理 55(12), 1344-1452.

石井夏生利. (2014b). 個人情報保護法の現在と未来. 勁草書房.

武田一浩他. (2010). モデル契約の概要. 著：消費者庁、国際移転における企業の個人デー

タ保護措置調査報告書、95-119.

堀部政男. (2013). プライバシー・個人情報保護論議の世界的展開と日本. 情報処理、54(11), No.11, 1106-1114.

4章 パーソナル・データ・エコシステム

4.1 同意の形骸化と説明責任

「ビッグデータの正体」[マイヤー＝ショーンベルガー＆ケネス・クキエ 2013] の著者であるショーンベルガーが IAPP[1] の 2013 年の Keynote Speech で事業者の提供するソフトウェアや Web サービスにおけるプライバシー情報収集に関する利用規約への利用者の同意の形骸化について述べている [Mayer-Schoenberger 2013]。

彼によれば、Web サービスに参加、あるいは Web アプリやソフトのダウンロード時に、サービスやソフトの利用者は「同意します」を儀式的にクリックするが、契約文書を読んだ人は非常に少数である。しかし、契約文書をまともに読んだらどのくらいの負担になるのだろうか。例えば、少し古いデータだが 2008 年の調査では、このような契約文書（プライバシー・ポリシー）を読み通すと、年間 244 時間（＝30 日間のフル仕事）になってしまう。現在の状況ではこの負荷はもっと増えているだろう。儀式的なクリックをクリック・トレーニングと呼ぶことが一般化するほどである。契約は当事者双方が契約文書を十分理解したうえで合意して成立するものであるといわれるから、同意の儀式的なクリックは法律的には、契約が成立しているか疑義がある。

ショーンベルガー [Mayer-Schoenberger 2013] によれば、事業者の提示するプライバシー・ポリシーはサービスやアプリの利用者に自己情報の開示の度合いを選ぶ権利を与えていない。さらに第 3 者への利用者データの転移の状況も教えないという。そして、「同意」しなければサービスやアプリは使えないというある意味非常に不平等な契約になっている[2]。

ショーンベルガーは [ショーンベルガー＆クキエ 2013] において、ビッグデータ

1　The International Association of Privacy Professionals
2　2章でも述べたように、このような契約を「付合契約」と呼ぶ。

の本質として、収集したデータの有効な利用法が収集以前には分からず、収集してみてはじめて思いつくことが多いことを述べている。したがって、個人からデータ収集するときに提示する契約には具体的な利用方法が列挙しきれないため、

1) 新規の利用法が見つかったときには同意を取り直す、あるいは
2) 利用法を抽象的に記述し[3]、できるだけ包括的な利用法、すなわち曖昧な記述の契約文書にする、

という方法で対処することになる。実際の手間を考えると、2)が多いだろうが、そうなるとただでさえ理解しにくい契約文書が曖昧になってしまい、利用者はますますまじめに読まなくなる。

　個人情報を収集した事業者が、収集した個人情報を使うに当たって個人との間で取り交わす「通知と同意」[4]は本来、有効なサービスやアプリの利用者であるデータ主体にプライバシー保護を与えるという枠組みであるはずだった。しかし、このように形骸化してしまった現状では全く非効率であり、実質的に機能していない。この状況はデータ主体である利用者が提供する個人データの利用権をサービスやアプリの利用と引き換えに全て手放しているような状況を生みがちで、利用者にとってプライバシー保護の観点からみて非常に不利なものである。プライバシー保護が本来の目的だったとすると、形骸化した同意ではないアプローチが必要である。ショーンベルガーは、事業者が収集し利用する個人データのプライバシー保護は契約文書の同意によるのではなく、事業者の説明責任[5]によるべきだと主張している。

　事業者の説明責任を実効性のあるものにするためには次の2点が必要である。

(1) 法令による保証
(2) 利用者への分かりやすい説明

　法令による保証を執行できるのは、独立したプライバシー保護の監督機関であり、日本であれば個人情報保護委員会が相当することになるだろう。米国の場合は当然、

3　多くの場合は分かりにくく記述されることになる。
4　notice and consent
5　accountability

連邦取引委員会（FTC）であろう。

　利用者への分かりやすい説明の内容としてまず考えられるのは、個人情報が実際どのように利用されたかの説明である。処理プロセスを調査して個人データの利用履歴を洗い出すのは、事業者にとっても非常に手間がかかることである。むしろ、個人データ取得時にどのような使い方をするかを説明しておくことが肝要である。この説明がきちんとされていれば、個人データを提供したデータ主体がその利用法に対して疑念をいだいた場合に説明を求めることも容易である。その場合は、論点が明確になって事業者側にとっても調査も説明もやりやすい。もちろん、法令に準拠するなら自己情報の開示要求になる。結着が付かない場合は監督機関、日本であれば個人情報保護委員会の裁量に委ねられるのが望ましく、これによって説明責任の法令による保証を行う[6]。

　ここで問題となるのは、個人情報の取得時にデータ提供を行うデータ主体にデータ収集を行う事業者がどのような説明を行い、データ提供の同意を取り付けるかである。そのために事業者が利用者に対して提供する通知と同意のインタフェースの設計が鍵になる。

　2.1節で述べた個人データの集め方のうち、データ主体の自発的入力を念頭においた場合のインタフェース設計の方策が情報処理学会のディジタルプラクティス2015年1月号にいくつか提案されている。

　この特集中の［佐藤慶浩 2015］では、データ主体の個人からデータ収集した事業者がデータ主体の個人に製品宣伝などの連絡をするために、連絡先情報を顧客情報管理データベースに格納して運用する場合のデータプライバシー対策を紹介している。データ主体本人からの訂正や削除の要求、同意の取り下げ要求[7]、などに対応できるように、データベースにおいては個人から得た同意内容や利用履歴を個人ごとに管理しておく必要がある。さらに、宣伝や本人へのお知らせを行うメディアごと[8]に同意の内容を別個管理するような肌理の細かさも推奨されている。

　しかし、［佐藤慶浩 2015］は同意に関してはその内容に加えて、同意の仕方にも注意が必要であるとしている。これには少なくとも暗黙的と明示的の2種類が存在する。

　明示的同意取得とは、事業者がデータ主体の個人に同意を表明するための行為を求

6　それでも結着がつかないなら訴訟ということになる。
7　つまりオプトアウト。
8　電話、FAX、郵便、電子メール、SNSのメッセージなど。

め、その行為をした場合に同意取得したとすることである。Webであれば、同意のチェックボックスをクリックした場合などである。行為がされなければ同意取得は失敗したことになる。明示的不同意取得は、デフォルトは同意にしておき、不同意の場合のみデータ主体が不同意を表明する行為をすることになる。例えば、「同意しません」のボタンをチェックするような行為が相当する。

　暗黙的同意取得とは、データ主体が行為をしなかった場合に同意取得したとすることである。例えば、デフォルトを同意にしておき、不同意の場合は何らかの意思表示行為を要求する。データ主体の意思表示行為がなかった場合は同意とみなす。逆に、デフォルトが不同意であり、データ主体がそれを覆す行為をしなければ暗黙的不同意取得になる。

　明示的にせよ暗黙的にせよ同意／不同意を取り消すためにはデータ主体は取り消しのための行為をする必要がある。暗黙的同意／不同意は取り消す行為がない場合は継続する。ただし、ややこしいケースとして暗黙的同意／不同意を暗黙的不同意／同意で覆せるかという問題がある。次のような例を考えてみよう。遺伝子検査事業者に対する個人の遺伝子情報鑑定の申込みで

□あなたの遺伝情報を研究目的以外に使ってよい場合はチェックしてください

という項目があり、チェックしなかったとすると、この時点では暗黙的不同意となる。しばらくして、この業者がポリシーを変更し、

□あなたの遺伝情報を研究目的以外に使ってはいけない場合はチェックしてください

という項目が提示されたとしよう。これにチェックしなかった場合は暗黙的同意になってしまう。このような暗黙的同意の場合、遺伝子情報を研究以外の目的、例えば提携保険会社の料率に反映させることが適法かどうかというケースが考えられる。判断が困難であるが、そもそもこのような暗黙的に同意／不同意の入れ替えをするような同意インタフェース自体、極めてデータ主体の個人に不親切であり、利用者への分かりやすい説明という原則に反している。

4.2 パーソナル・データ・エコシステム

　ショーンベルガーの事業者の説明責任にプライバシー保護の重点をおくべきだという主張は、形骸化している利用契約への同意は軽くみるという点が問題であるとして、プライバシー・バイ・デザインの提唱者のカブキアン等はこれに異を唱えた [Cavoukian, Alexander, El Emam, and O'Connor 2014]。つまり、1）データ事業者の善意に期待するのは危険、2）プライバシー侵害の大部分は隠蔽されており、発見されるのは氷山の一角、3）業務に多忙を極める監督者ないし監督機関にさらなる負荷を追わせることは物理的にも困難、だと主張している。

　筆者は1）の論点は日本のまじめな事業者には当てはまらないと期待しているが、海外の事業者のサービスも多く使われている状況からして、事業者の善意に期待するだけでは問題は解決しないと思われる。2）の論点はおおいにありそうだと思われる。3）の論点は監督機関、日本でいえば個人情報保護委員会の状況[9]を考えればさもありなんと思われる。

　カブキアンの主張は、ショーンベルガーの説明責任の考え方の対極をなすものであり、プライバシー保護の全体的仕組みの中にデータ主体である個人を参加させ、中心的役割を与えるべきだというものである。この主張はショーンベルガーの言い分、すなわちデータ主体が唯一自身の個人データの収集さらに利用に対して権利行使をできる「同意」を軽視ないし無視していることへの、カブキアンのアンチテーゼとして位置付けられる。上の1）、2）、3）の論点を踏まえてカブキアンの主張を見直すと、ビッグデータにおいてプライバシー保護に役立つことは、個人データは常に<u>データ主体である個人の管理下</u>におき、これによって事業者の<u>個人データの収集を最小</u>に押さえることとしている。カブキアンは、この考え方をパーソナル・データ・エコシステム[10]（以下 PDE）という概念としてまとめた。

パーソナル・データ・エコシステム（PDE）[Cavoukian, Drummond 2013]［佐古 2015］
　PDE とは、個人、および事業者や組織が、新たなツール、技術を用い、下記のポ

9　発足当初の委員会業務および実務の専従人数は非常に少ない模様である。
10　Personal Data Ecosystem

リシー(a)、(b)によって、個人データを活用する枠組みと考えられる。
(a) データ主体である個人が自身の個人データの管理を行う。
(b) 事業者は、データ主体からの許諾によって、PDE の枠内でそのデータ主体の個人データを使用する。

PDE の構成要素は以下のものである。

(1) パーソナルクラウド[11]

　　PDS（Personal Data Store）あるいは PDV（Personal Data Vault）とも呼ばれる。データ主体の個人データを格納しておくクラウドサーバにおけるデータ管理システムである。利用者からみれば Dropbox や Google ドライブのようなイメージである。ただし、Dropbox や Google ドライブは、その利用規約は Dropbox 社や Google 社によって一方的に決められている。一方、パーソナルクラウドでは、利用規約は利用者も含む PDE 参加全員が合意した規約であり、ひとつの事業者だけで決められるものではない。

　　Google Drive や Dropbox 側が許容する利用契約の範囲内で利用者側ができることを駆使してパーソナルクラウドとして活用することもありえないことではない。ただし、1)個人データの秘匿性を確保するために利用者独自の鍵で個人データを暗号化しておくこと、2)他の PDE 参加者とのデータ共有の仕組みは、Google Drive や Dropbox が提供する共有の仕組みを利用するにしても、独自の契約と共有プロトコルを使う、ということになる。

　　複数のパーソナルクラウドが PDE に参加している場合は、データ主体が自身の個人データをパーソナルクラウド間で移転することもできる。場合によっては利用者個人のスマホや PC の中にデータを置くタイプのパーソナルクラウドも可能であろう。

　　まとめると、以下の A)、B)により、個人データのデータ主体本人による自己管理が行われることになる。

　A）パーソナルクラウドへのデータ入力はデータ主体の個人の決めたポリシーあるいは PDE のポリシーに則らなければならず、データ主体と契約したデー

---

[11] Personal Cloud

タ事業者に限られる。データはデータ主体の鍵で暗号化されていることが安全性の点からは望ましい。

B) パーソナルクラウド内に格納されている個人データを事業者が利用するためには、その事業者はPDEの参加メンバーでなければならない。つまり、PDEのポリシーを遵守することが要求される。また、データ主体である個人はそのような事業者から個人データ利用の要請があったときは、個人の判断で諾否を決めることができる。すなわち「同意」原則に則っているわけである。

以下の諸項目は、このような個人データの動きを支援、管理するための仕掛けである。

(2) 意味的データ交換[12]

個人データをPDEに参加している事業者が使用するためにはパーソナルクラウドからデータを読み出す必要がある。この読み出しを実現する取り決めのひとつがXDI意味的データ交換プロトコルである。XDIはOASIS (Organization for the Advancement of Structured Information Standards)[13]において、2004年に設立されたXDI技術委員会によって開発されてきている。

データは、属性と属性値の組み合わせ[14]になっており、そのことを利用者は熟知していなければならない。例えば、属性が年齢であり、属性値が15であれば、年齢が15歳、などという具合である。属性と属性値の組み合わせ自体は目新しいものではないが、属性として、特定の状況[15]において当該データ集合に適用される権利と許可条件を記載できることが重要である。これはXDIリンクコントラクトと呼ばれ、[OASIS 2014] に詳述されている。リンクコントラクトの雛形となるリンクコントラクトテンプレートに記述されるのは以下のような要素である。

・リンクコントラクトテンプレートの責任者
・データ利用要求元（データ利用したい事業者）

---

12 semantic data exchange
13 OASISは、国際的な非営利目的の協会で、情報社会におけるオープンな標準規格の 開発、合意形成、採択を推進している。興味のある方は次のホームページを参照されたい。https://www.oasis-open.org
14 属性をメタデータ、属性値をデータとして、（メタデータ、データ）の組み合わせということもある。
15 XDIではコンテクスト（context）と呼ぶ。

- データの所有者であるデータ主体。要求を許可／却下できる
- データが利用される状況
- データ利用における操作：読み出し、変更、共有、消去、コピー、移動など
- 操作が適用されるXDIの要素群。グラフ構造で表現されている

最後の要素に書いたようにXDIでは全てのデータ要素がグラフ構造で記述されている。例えば以下のような構造である。例えば、太郎と花子の関係が友だちというのは以下のようになる。リンクコントラクト自体もグラフの要素となる

(太郎) ── 友達 ── (花子)

リンクコントラクトの特徴は機械可読できる契約として機能することである。したがって、データ主体が記述したリンクコントラクトに従った操作（共有、変更など）が機械的に実行される。つまり、データ主体の意志はリンクコントラクトに反映されることになる。特定の事業者の利用に同意したくなければ、リンクコントラクトにその事業者にはデータ利用を許可しないと記述しておけばよい。

さらにデータはリンクコントラクトとペアになって読み出されるので、読み出し先においてもリンクコントラクトの記述内容は遵守される。これは、個人データが第三者に共有されたとき、同時にリンクコントラクトも付随してくるので、個人データの第三者共有におけるプライバシー保護を実現する仕掛けになっている。つまり、PDE参加者間での共有はPDEの規約によってプライバシー保護がリンクコントラクト記載の方法で執行されるわけである。また、データの有効期間についても、消去すべき日時をリンクコントラクトに記載しておくことができる。有効期間が過ぎたら自動的に消去できる実装にしておけばよい。

翻って、日本の個人情報保護法では事業者が当初に示した利用目的にデータ主体が同意する形で行われる。これに対して、PDEでは利用条件自体をリンクコントラクトにおいてデータ主体が関与して決められるので、データ主体の権限が大幅に向上していると言えよう。

(3) トラストフレームワーク[16]

上記(1)(2)の技術的要件に対して、トラストフレームワークはポリシーおよび法的

---

[16] Trust Framework

な観点に立つ枠組みであり、以下の2要素からなる。
- ツール：ネットワーク上の相互運用を実現するために、PDE 参加者によって実装される技術標準とプロトコル
- 規則：セキュリティ、プライバシーおよびその他の信頼性のレベルを達成するためのビジネス的、法的および運用上のポリシー

トラストフレームワークは上記のツールと規則を記述するオンライン文書、およびそれらを運用するための査定と執行の仕掛けの全体を意味する。

PDE の観点からみて重要なトラストフレームワークは利用者中心型のトラストフレームワークである。利用者中心型トラストフレームワークでは、利用者であるデータ主体は事業者からのデータ使用要求のたびにいちいち直接に対応しなくてよいし、また自らのデータ利用の状況について気にしなくてもよい。なぜなら、トラストフレームワークの規則にデータ利用に関する取り決めが書かれていて、業者はその取り決めに従うことが要請されているからである。また、業者の要請による実際のデータ使用はリンクコントラクトに基づきシステムで自動的に行うことができる。

利用者中心型トラストフレームワークとして有名なのは Mydex 社のトラストフレームワーク[17]や Respect Network 社のトラストフレームワーク[18]である。両者とも、利用者のセキュリティとプライバシーを尊重する事業者、政府機関などの信頼できる参加者に対してパーソナルクラウドのデータを共有できるように設計されている。

(4) 個人 ID とデータポータビリティ

データ主体が個人データを現在格納しているパーソナルクラウドから別の事業者が運営するパーソナルクラウドに乗り換えられること、すなわちデータポータビリティが必要である。例えば、素人でも簡単に Google ドライブ上のデータを Dropbox に移転できるような状況[19]を想定すればよい。

しかし、データポータビリティというからには、個人データの意味が保持されなければならない。意味とは、具体的には例えば、あるデータは氏名、あるデータは日時、購入品目、場所、価格などからなる購買履歴、などである。意味の保持は(2)で述べた XDI 意味的データ交換プロトコルによって実現される。したがって、リンクコン

---

17 http://openidentityexchange.org/trust-frameworks/mydex-trust-framework
18 ［佐古和恵 2015］において詳しく説明されている。
19 現在は、Google と Dropbox は別会社なので、データ移転は自分で苦労して行う必要がある。これではデータポータビリティがあるとは言えない。

トラクトも同時に移転されなければならない。さらに、データポータビリティを確保するためにデータ主体の永続的な識別が行える個人IDが必要である。

(5) 参照による個人データ使用

事業者が個人データあるいはそのコピーを保持して事業を行う場合には、a)データが古くなること、b)法制度が要求するプライバシー保護の遵守、c)漏洩などによる潜在的リスクに常に悩まされる。

そこで、PDEの実施例のシステムでは、事業者が個人データのコピーを保持せず、必要なときは参照しにいくという方法を採る。参照とは読み出すだけで利用後にコピーを保持しないことを意味する。参照の可否はPDEのポリシーとデータ主体の個人の同意すなわちリンクコントラクトによるが、一度「可」とされれば、リンクコントラクトが変更されない限りは参照し続けることができる。参照による個人データ使用の利点を以下に列挙する。

- 事業者は個人データ管理コストを減らせる。
- 常に最新の個人データが使える。つまり、参照する個人データはデータ主体の個人がパーソナルクラウドに格納し、継続的に更新している最新のデータだからである。
- データ主体はパーソナルクラウドに格納されている自身の個人データを直接にコントロールできる。
- 事業者は個人データのコピーを保管しないので、大量漏洩のリスクは軽減する。特に膨大な人数の個人データが一度に漏洩するリスクは非常に低い[20]。
- 事業者が顧客のパーソナルクラウドへの継続的アクセスを許可されれば、事業者にとってその顧客は長期間にわたって高い価値を持つ[21]。
- 事業者に対してアクセスを許可することによって、データ主体は経済的その他の利益を得る。

なお、事業者は個人データを必要に応じてパーソナルクラウドに参照しに行くのではなく、コピーを事業者自身が保管する方法も可能である。上記のメリットのいくつかは失われるが、データ参照に伴う手間と時間、すなわち暗号化されたデータの復号、データの通信のコストを低減できる。この場合でも、個人データの利用はPDEのポ

---

20 一方で、個人データの管理は個人で行なわなければならず自己責任となる。
21 顧客にとって継続的なよいサービスが受けられること、事業者にとってサービスを継続できる上客となることの両者を意味する。

リシーを遵守しなければならない。
(6) 説明責任のある仮名化

　PDE 内においてもデータ主体に直接結びつく個人 ID や実名を使うよりは、仮名を使うほうが個人識別されるリスクに関しては安全である。ただし、裁判など法令によって当局の要求に応えられるように、仮名と個人 ID の対応表は保存しておき、必要に応じてデータ主体と仮名化された個人データを結びつけられるようにしておかなければならない。

(7) 新技術やリンクコントラクトによる匿名化の強化

　個人 ID と仮名の対応表を削除された状態において、いかなる個人データに対してもデータ主体を識別できない、いわゆる完全な匿名化の技術は存在しない。しかし、技術の進展あるいはデータの状況によって匿名化の強度は高まる。例えば、滞在位置情報に関しては、a) 仮名化において仮名を 5 分ごとに変更して前後のデータと切り離すこと、b) 位置情報を 500 メートル四方のブロックでまとめて扱うことにし、その内部の位置は全てブロックの中心点で表すこと、c) 位置情報に雑音を加算して位置をずらすこと、などの処理が考えられる。これらの処理をパーソナルクラウドに格納されている個人の滞在位置データに施すことよって、パーソナルクラウドにおいて匿名化の強度を向上でき、安全性が高まる。

　一方、意味的データ交換におけるリンクコントラクトによって匿名化を行う方法も採れる。これはリンクコントラクトという契約による匿名化である。いずれにせよ、匿名化は利用者であるデータ主体の権限の下で行われる。

　以上、説明してきたように、PDE はプライバシー保護というよりは、プライバシー保護をデフォルトにし、個人データを使いたい事業者がいればリンクコントラクトに則って利用を許可するという随時的なオプトインのシステムとみなすことができる。データ主体は非常に強い自己情報コントロールを実現できるので、カブキアンの提案したプライバシー・バイ・デザイン（PbD）[Cavoukian 2011] に関係が深い。そこで、PDE と PbD の関係を概観してみよう。

　まず、PbD の 7 原則を再掲しておく。

原則 1　プライバシー保護に関しては、事後の対策ではなく、事前に予防措置をとるべし

原則2　プライバシー保護はデフォルトであるべし
原則3　プライバシー保護の仕組みは制度やシステムの設計時に組み込むべし
原則4　プライバシー保護はゼロサムではなくポジティムサムである
原則5　プライバシー保護は個人データの生成から廃棄までの全期間において実施すべし
原則6　プライバシー保護の仕組みを可視化、透明化すべし
原則7　プライバシーは利用者中心の仕組みにすべし

次にPbDの各々の原則とPDEの関係を考えてみよう。この関係を知ることによって、PbDの理想的な実装システムとしてのPDEの性格が明らかになる。同時にPDE以外の枠組みで個人データを扱う場合においてPbDを取り入れるときの制度や実装の参考例となる。

原則1の事前措置に関しては、個人データをパーソナルクラウドで個人ごとに分散管理する方法自体が、プライバシー保護のための事前の対策として効果的であることが対応する。従来から行われてきたように事業者が中央集権的に膨大な人数の個人データを収集管理する場合は、プライバシー保護はデータ主体である個人の手を離れて、事業者に一任される。したがって、事業者によってはいい加減な保護しか行われないかもしれないし、漏洩した場合も膨大な人数が一度に漏洩する危険性が高い。パーソナルクラウドの場合、個人データは個人ごとに独自の鍵で暗号化されてパーソナルクラウドに格納されているため、漏洩のリスクは質的にも量的にも小さい。

原則2のデフォルト性に関しては、PDEの場合、リンクコントラクトが重要な役割を担う。すなわち、データ主体のプライバシーは、ひとたびリンクコントラクトを決めれば、新規の事業者を相手にする場合もリンクコントラクトに則ってプライバシー保護がデフォルトとして適用されることになる。このため、データ主体の負担は小さい。事業者においても、リンクコントラクトに機械的に従うしかないので、人的労力としての負担増は抑えられる。

原則3の設計時組み込みもリンクコントラクトで実現されている。つまり、個人データを格納するパーソナルクラウドは言うに及ばず、これを利用する事業者によってシステム設計を行うに際しても、リンクコントラクトを解釈し実行するシステム設計を行うことになるため、設計時組み込みは必然的に行われることになる。

原則4のデータ主体と事業者のポジティブサムあるいはwin-winの関係については

既に各所で述べてきた。技術的に重要な点は、事業者にとっては、上記(5)の参照による個人データ使用で書いたように最新のデータが入手できること、漏洩やデータ管理およびセキュリティ対策コストが低減すること、などが挙げられる。データ主体にとっては、リンクコントラクトによって自己情報コントロールができているという安心感、ひいては事業者への組織的な信頼を持てることがうれしい。結果として、データ主体の個人データの流通が促進されれば、事業者の事業の拡大にもつながる。なお、(6)の説明責任のある仮名化によれば、監督機関や警察などにとっても必要に応じて調査あるいは監査が確実に行えるという利点もある。

現在のように事業者が個人データを可能な限り囲い込もうという方法は、同業他社に対する一時の競争力向上にはなるかもしれない。しかし、長期的にみて有効かどうかは冷静に考える必要があるのではないか。

原則5の生成から廃棄までの保護は、(5)の参照による個人データ使用によって実現されている。すなわち、事業者は基本的には個人データのコピーを持たず、必要なときは常に参照して利用するので、個人データが利用できるのはパーソナルクラウドで生成されてから廃棄されるまでの間である。その間の保護はリンクコントラクトの内容によって担保される。廃棄後は個人データ自体が理論上は世界から消滅するので、保護が破れる心配はない[22]。

原則6の可視化、透明化については、a）データ主体は自身の個人データがパーソナルクラウドにおいて自らによって管理されること、b）その使用についてはPDEのポリシーと規則にしたがうリンクコントラクトに記載された方法で行われることによって保証されている。このため、事業者が個人データを囲い込む現在の個人データ集中管理に比べて、可視化、透明化のレベルははるかに高い。加えて、間接的ではあるが、パーソナルクラウド間で個人データを移動できるデータポータビリティも可視化、透明化を支援しているといえよう。

原則7の利用者中心の仕組みに関しては、データ主体の意図にしたがったリンクコントラクトによって利用がなされることで実現している。PDEにおいてプライバシー・バイ・デザインを実現する本質的ツールとしては、パーソナルクラウドに基礎を置くリンクコントラクトと仮名化および参照による利用が重要な役割を果たす。制度的な仕組みとしては、PDEのポリシーに賛同する参加事業者によって運営されてい

---

[22] ただし、監督機関などの調査や監査のためにオフラインでデータを蓄積しておく場合は、暗号化も含めて厳重な管理が必要である。

る共同体であることが本質的である。

　以上述べてきたようにPDEは全て参加企業間の契約をベースにするので、「同意」があるわけだから、契約の範囲で個人データを利用している限りは法律的な問題もないし、個人データの越境もデータ主体が同意していれば可能であろう。しかし、だからといって法律に基づくプライバシー保護対策がなくてよいとは言えない。例えば、データ主体とPDE参加企業間でのトラブルもありえる。これはリンクコントラクトの解釈の相違、あるいはリンクコントラクトに違反した場合に起こりうる。PDEの規約に則って、当面の仲裁ないし裁定は行う。あるいはマルチステークホルダー[23]の調整機構を作って行うことも考えられる。この調整機構になりうるものとしては、認定個人情報保護団体が考えられる。最終的にはトラブル処理を裁定する監督機関がやはり必要になる。米国であればFTC、日本であれば個人情報保護委員会[24]がその候補であろう。逆にいえば、データ主体と事業者のトラブルの裁定機関としていきなり裁判所ではなく、個人データあるいはパーソナルデータの監督機関を想定することができる。PDEの規約作りもこの点を留意する必要があるだろう。

　PDEの応用としては多くの分野があるが、利益が大きく、同時にハードルが高いのが医療分野である。医療分野は、従来までの個人情報の扱いに関する蓄積、あるいは慣性があること、人間の生命に関する事柄という特殊性のため、新規のシステム導入が難しいところである[25]。それ以外の分野では、事業者の経済的判断でPDEがよいとなれば、大いに進展する可能性が高い。

4.3　VRM

　事業者が顧客を選別してダイレクトマーケティングするような関係、すなわち事業者が自らの意図によって消費者をマネージメントするような関係をCustomer Relationship Management、略してCRMと呼ぶ。消費者の行動ターゲット広告もその範疇に入るであろう。従来から行われている方法、すなわち事業者が顧客から収集したビッグデータを分析して、その結果を基に顧客に対して行うダイレクトマーケテ

23　利害関係者。
24　委員会の規模、所掌からみて、おそらくPDEの契約自体の妥当性の認証、あるいはマルチステークホルダーによる調整機構の認証などを行うことが委員会に執行可能なタスクとして期待される。
25　とはいえ、医療制度改革の結果、新システムの導入が進む可能性もある。

ィングはほとんどが CRM の形態である。

　しかし、CRM においてはデータ主体である消費者の意図はほとんど反映されない。消費者にできることは、たかだか、サービス開始時に行われる事業者の契約文書に書かれた個人データの利用目的などの条件に承諾するかしないかという選択だけである。承諾しなければサービスは利用できないという一方的な関係である。

　これに対して、個人データの本来の持ち主すなわちデータ主体である消費者が自身の個人データを管理する仕組みもありうる。そこでは消費者の個人データを使いたい事業者は消費者に利用申請し、消費者が同意した場合にはじめて消費者の個人データを利用できる。このような消費者の意図によって事業者をマネージメントするような関係を Vendor Relationship Management、略して VRM と呼ぶ。VRM に関しては提案者のドク・サールズの著書［ドク・サールズ 2013］に背景も含めた解説があるほか、パーソナルデータの利活用の視点から解説書［城田真琴 2015］も参考になる。

　こうしてみてくると、VRM は前節で紹介したカブキアンの PDE に似た考え方なので、両者の関係が気になる。VRM は CRM に対する対案プロジェクトとして開始したが、カブキアンとのコンタクトにおいてプライバシー・バイ・デザインという基本アイデアがマッチすることが双方に理解できてから、交流があるらしい。ドク・サールズは VRM の考え方を実現するプロジェクト VRM において、以下の 7 つの目的を提案している。

(1) サービス事業者との関係を個人が管理するツールを提供する
(2) 個人を自分のデータ収集の中心とする
(3) 個人がデータをシェアさせる相手を選択できる
(4) 個人が自己データを他人が使える期限を設定できる
(5) 個人のデータを用いた事業者のサービスの条件を個人の裁量で決定できる
(6) 個人がオープンな市場で自身の需要を主張できる
(7) サービス事業者との関係管理ツールの標準、API、コードのオープン化

　以上のうち、(2) は PDE のパーソナルクラウド、(3) と (4) は PDE においてリンクコントラクトの内容として記述できるものである。プロジェクト VRM はドク・サールズが率いるプロジェクトであるだけに (1) や (7) のようなソフトウェアツールの目的や性格にも言及している。(7) のオープン化は VRM のツール開発事業者による顧客

の囲い込みを防ぐことを意図している。PDEではリンクコントラクトという標準を設けることによって、利用者である個人はパーソナルデータクラウドの乗り換えができたし、個人はサービス事業者の選択ができた。VRMでは抽象的にコードのオープン化で事業者の選択ができることを担保しようとしているが、PDEに比べると仕掛けの内実がみえにくい。

以下に説明する第四者はPDEでは直接触れられていないが、VRMで明示された独自の概念である。

第四者[26]

ビジネスでは自分、相手、および仲介者である第三者が存在することが多い。例えば、カード決済による物品の購入においては、自分＝消費者である顧客、相手＝販売者、第三者＝カード会社、となる。

ところが、どの消費者が販売者にとってよい顧客であるかは販売者にとってはなかなか摑めない。したがって、販売者は種々のデータから消費者のプロファイリングをして、そのプロファイルに基づいて行動ターゲティング広告を購入意欲の高そうな消費者に送りつけることになる。これが従来からのCRMのやり方である。ただし、販売者は消費者のプロファイルを推測しているわけで、必ずしもその精度は高くない。したがって、販売者はプロファイルの精度を上げようとして大量のデータを囲い込もうとする[27]。

VRMでは消費者は自分自身の行動データ、購買データなどの個人データを自分で管理している。ただし、それだけでは、無数にある販売者の中から自分の趣向にマッチした販売者を見つけることは難しい。そこで、自分の個人データを代理人に預け、代理人はこれを使って多数の事業者との接点を作り出す。代理人は多数の消費者の個人データを預かることもできる。この消費者の代理人をVRMでは第四者という。

販売者からみれば、代理人の個人データベースを検索して見込みのある顧客を高い精度で見つけることができる。なぜなら、代理人の持っているデータは販売者が収集した不十分なデータからの推測結果ではなく、消費者本人の管理する正しい個人データだからである。

第四者が上記の例では販売者、さらに一般にはサービス提供事業者にとって役立つ

---

26 fourth party
27 これがビッグデータの一つの側面である。

ことを述べたが、これは本来的には顧客の利益を代表し、その代理人として機能する存在である。このことは、第四者が持つ以下の特性から分かる。

(1) 消費者は別の第四者に乗り換えることができる
(2) 別の第四者は同じサービスを提供できる
(3) 別の第四者に乗り換えたとき、個人データは以前契約していた第四者から移転できる
(4) 第四者はサービス事業者や販売者から独立している
(5) 第四者は、その行動について消費者に対する説明責任を負う

だが、(4)独立性や(5)説明責任に関しては消費者との間でトラブルが起こる可能性もある部分である。よって、独立した監督機関[28]が監査することを考えておく必要があろう。

次に VRM における自己情報コントロール権の実現法について例を挙げて述べる。VRM の実現を目指すベンチャー企業であるパーソナル・ドットコムは 2011 年に所有者データ契約という概念を打ち出した。

所有者データ契約

(1) データ主体の個人が自分の個人データの所有権を持つ
(2) データ主体の個人が他者からの自分の個人データへのアクセスをコントロールできる
(3) データ主体の個人が承認した形でだけ事業者はデータ利用が可能である
(4) データ主体の個人の要求によって個人データを削除する

これはほぼ完全な自己情報コントロールになっていると考えられ、企業側からの提案としては非常にラディカルである。当然、既存の事業者にとっては負担が大きく反対も強い。だが、PbD の立場からすれば、企業側の負担が大きくなってしまったのは、既存の事業者が PbD の第 1 原則：プライバシー保護は事後ではなく事前の予防措置、第 2 原則：プライバシー保護はデフォルト、第 3 原則：プライバシー保護

---

[28] 米国であれば FTC、日本なら個人情報保護委員会が候補であろう。

は設計時に組み込む、という諸原則を無視したシステム設計をしてきたからだということになる。今後、どのようなプライバシー保護の方向に進むかを予見することは筆者にはできないが、確実なことはデータ主体である個人にとって信頼できないシステムは淘汰されるということであろう。

4.4 個人のアイデンティティの確保

PDE、VRM やトラストフレームワークにおいては、事業者は、自身が供給するサービスを個人に提供するにあたって、信用できる顧客[29]であるかどうかを知ることが必須である。個人の信用性は古くから認識されている問題だが、インターネット上での信用性の問題がインターネット・アイデンティティ[30]として捉えられたのはインターネットの普及以後である。

事業者が独自に個人の信用調査をすることは手間がかかるので、既に確立した個人のアイデンティティを複数の事業者で共通利用できれば、事業者間の連携、個人が複数の事業者からサービスを受けるに当たっての利便性[31]が大きく増大する。このような仕組みをアイデンティティ連携、あるいは ID 連携と呼ぶ。

4.4.1 SAML

SAML[32] は OASIS のセキュリティ・サービス技術委員会によって策定された認証・認可の要求／応答プロトコルの実現のための標準であり、アイデンティティ連携に必要なモジュール群の仕様を与える。モジュールを組み合わせることによってWeb 上でのシングル・サインオンを実現できる。SAML は 2005 年 SAML2.0 が発表された。類似の仕様、規格や実装も続々と発表され、OpenID2.0、OAuth2.0 などがあり Web サービスで利用され始めている。

このようなシステムの規格として崎村が提案している OpenID Connect［崎村夏彦 2015］は、類似の規格である ISO/IEC29100、RFC6973 を基礎にしつつ、個人データ

---

29 端的にいえば、事業者としてはサービスへの対価を顧客が支払ってくれることを保証してほしいわけである。
30 internet identity
31 1 回の認証で複数のサービスを受けられるシングル・サインオンがよい例である。
32 Security Assertion Markup Language. 詳細は例えば［IPA　独立行政法人　情報処理推進機構セキュリティセンター 2013］を参照されたい。

をデータ主体の本人の同意のもとに提供・管理するプロトコルの規格である。OpenID Connect は数億ユーザを超えるような大規模な実装を想定し、PbD の原則 3 にしたがって、プライバシーへの配慮を設計段階から組み込んでいる。2014 年 2 月 26 日に正式承認されたばかりの新しいプロトコルであるにもかかわらず賛同者が多く、各国で大規模な実運用に入っている。

以上のような背景の下、プライバシーと関連性が強く、新しい規格である OpenID Connect について説明する。

4.4.2 OpenID Connect

OpenID Connect は、データ主体側から説明責任を保証させるように動作する個人データ提供のためのプロトコルである。このプロトコルには (a) データ主体である個人、(a') 個人のユーザ・エージェント、(b) 個人のデータを保持し、さらに個人の本人確認の認証を行う認証エージェント、(c) 個人データを受け取って、何らかのサービスを行う事業者などが参加者として想定される。

このような参加者からなるトラストフレームワークが OpenID Connect プロトコルが動作する環境となる。トラストフレームワークなので、参加者はお互いに信頼関係にあることが前提だが、間違い、ないし悪意によって個人データが不正に流用される事態も想定される。したがって、このような事態に備えて技術的な仕掛けを工夫しておくことが必要である。OpenID Connect はこの技術的仕掛けについての規格でもある。

まず、データ主体が自分の個人データを事業者に渡してサービスを受けるまでの情報のやりとりは図 4.1 に示すもので、おおよそ以下のようになる。

Step 1：(a) データ主体が (a') ユーザ・エージェント[33]経由で (c) 事業者にサービスを要求する。

Step 2：(c) 事業者は、(a') ユーザ・エージェントに (a) データ主体の属性データを要求する

Step 3：(a') ユーザ・エージェントは (b) の認証エージェントに (a) データ主体の属性データを要求する。すると、(b) は (a') ユーザ・エージェント経由で (a) データ

---

[33] ユーザ・エージェントとしてはデータ主体が使うブラウザが想定されている。

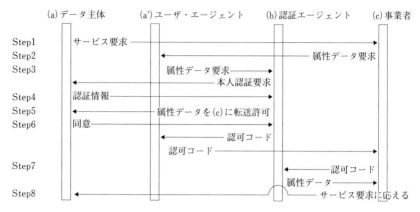

図 4.1　OpenID Connect の認証シーケンス

主体に本人認証を要求する。

Step 4：(a)データ主体は認証に叶う情報を(a')ユーザ・エージェント経由で(b)認証エージェントに送る。

Step 5：(b)認証エージェントは(a)の本人認証ができたので、(c)事業者に(a)データ主体の属性データを渡してよいかの同意を(a)データ主体からとる。

Step 6：(a)データ主体が同意すると、(b)の認証エージェントは(a')ユーザ・エージェントに同意を表す認可コードを送る。(a')はこの認可コードを(c)事業者に送る。なぜなら Step 2 で(a')にデータ主体の属性データを要求したのは(c)事業者だからである。

Step 7：(c)事業者は受け取った認可コードを(b)認証エージェントに送り、データ主体の個人データを要求する。(b)はこの要求に付随する認可コードが(b)自身の発行したものであるので確認できるため、(c)事業者に(a)データ主体の属性データを送る。

Step 8：(c)事業者は受けとった属性データを使って、Step 1 の(a)データ主体からのサービス要求に応える作業を行う。

このやりとり（シーケンス）は込み入っているようにみえるが、データ主体の個人認証機能や属性データを認証エージェントという仲介者に預ける以上、データ主体と事業者の双方は相手方を確認してのデータとサービスのやりとりをするために必要な

シーケンスである。より詳しく言えば、(a)データ主体、(a')ユーザ・エージェントは、複数の(b)の認証エージェントと接続することも可能としている。また、(c)事業者も複数の(b)の認証エージェントとつながってもよいかもしれない。したがって、このような複雑なシーケンスになっている。このように複数の(b)の認証エージェントがつながることによって、認証エージェント間での競争も導入され、認証エージェントのサービスや信頼性向上も期待できる。

このようなシーケンスを利用して、通知と同意の枠組みで相手方を信頼してデータの授受とサービスの提供を行うための主旨を以下に列挙する。

(1) 同意の鈍感化を防ぐ

データ主体の個人があまりに多くの回数の同意を要求されると、内容を理解せずに同意する傾向すなわち同意に鈍感化する現象が生まれる。これを防ぐために同意回数を減らす。そのためには同様の条件でデータ収集する場合は同意のクリックを不要とする暗黙の同意を用いる。つまり何もアクションしなければ同意とみなす。

(2) 同意と認証を行う

データ主体の個人が事業者のデータ利用方法に同意するということは、データ主体が事業者を信頼することである。ただし、上記(1)で説明したように OpenID Connect では暗黙の同意も許している。事業者がデータ主体の個人を認証するということは、事業者がデータ主体を信頼するためである。つまり、認証エージェントを仲介としてお互いが信頼できるトラストフレームワークが形成できる。

(3) 同意の撤回を行う

一度、同意しても後に撤回したくなったときのために、同意の有効期間を予め定めておく方法、および事業者が同意後に取得した同意の有効性を示すトークンを無効化する手続きを定める。

(4) 不当な目的の利用を防ぐ

事業者の業務については素人の消費者であるデータ主体にとっては目的が不当であることを見抜くのは困難なので、独立監督機関などの介入が必要である。技術的には、消費者側がデータごとに使ってよい目的を決め、事業者は目的に適合した場合だけデータを受け取れるようにする。つまり、自己情報の利用法をデータ主体がコントロールしてしまうわけである。

(5) 不十分あるいは錯誤狙いの規定を排除する

事業者が利用目的などを不十分にしか規定していない場合、データ主体は自身の個人データを利用させたくない。そこで、事業者は認証エージェントに理解容易な利用規約の URL を与えて審査を受ける。審査をパスした規定だけがデータ主体に示されるので、不十分な規定を排除できる。認証エージェントは、審査ではデータ主体の錯誤を狙ったような規定はパスさせない。

(6) 不必要なデータ収集を妨げる

この目的のために、収集するデータの属性をきめ細かく指定できるようにする。

(7) データ主体の望まない名寄せの排除

ある事業者が他の事業者が取得した個人データを名寄せすること、あるいは長期間にわたり同一人物の個人データを取得することによって精密すぎる個人データを作ることができる。これによってデータ主体が望まないプロファイリングをされる可能性がある。このようなプロファイリングを防ぐために、個人データは実名ではなく仮名を用い、事業者ごとに仮名を取り替える、あるいは短期間で仮名を変更する方法が有効である。ただし、仮名が増えすぎると逆にプロファイリングが不十分になり、データ主体に対して行うサービスの質が低下することがある。また、事業者が仮名の多すぎる利用者を拒否することもある。そこで、認証エージェントがデータ主体ごとに適当な数の仮名を割り当て、事業者の利用目的に応じて仮名を使い続けたり変更したりできる機能を持つようにして、上記の問題を克服する。

(8) その他

事業者による目的外利用を禁止し、データ保持期間を短く制限する。これによって古くなって不正確である可能性の高いデータの利用を避けることができる。さらに、同意を得た範囲外へのデータ開示の禁止、理解しやすいデータ利用のポリシーをデータ主体に分かりやすい場所に提示すること、データ主体が自己データを修正する方法の提示、などを義務付けている。

一方で、個人のなりすましによる他人のデータの取得や、誤認によって別人のデータからの誤ったプロファイルの作成を防ぐためには、他の認証エージェントを活用して解決することになっている[34]。

繰り返しになるが、OpenID Connect の設計は、技術的なプロトコルであると同

---

34 SAML でも同様の考え方が示されている。

時に参加メンバーが構成するトラストフレームワークであることも意識している。つまり、技術だけでも、制度だけでもデータ主体のプライバシー保護を完璧にはできないので、両者とも活用する枠組みとなっていることに留意されたい。

4.5 将来への課題

プライバシー・バイ・デザイン（PbD）はプライバシー保護における基本的性質を述べているため、米国やEUの法制度の改正にむけて積極的に取り入れられてきている。一方、個人情報という形式に拘る日本の個人情報保護法の改正案にはPbDのような考え方は明示的な形で表れない[35]。

では、日本においてPbDの考え方は全く不要なのかというとそうでもない。PbDの普遍性から、事業者は消費者からの信頼が重要な資産であると考えなければならず[36]、社会、制度、産業のいろいろな場面で意識せざるをえない。

日本版の利用者中心トラストフレームワーク

カブキアンが提案したPDEやドク・サールズが企画したVRMと同じようなアイデアに基づくプロジェクトが日本でも動き始めている。情報銀行[37]、集めないビッグデータコンソーシアム[38]などが活動を開始している。このような利用者中心のトラストフレームワークは利用者であるデータ主体と事業者という参加メンバーが契約に則って活動するので、参加メンバーの同意が基礎になる。契約に準じて問題なく活動が進んでいる間は、法制度の介入はない。だが、参加メンバーからの苦情は発生する余地があるし、場合によってはトラストフレームワーク外部からのクレームもありえる。そのような場合には、個人情報保護法がまず対応する法律になる。逆にいえば、トラストフレームワークの契約設計において個人情報保護法を意識しておかなければならない。

---

[35] 実は、暗示的な形でもPbDのアイデアは埋め込まれていないように思われる。改正案の内容の議論を行ったパーソナルデータ検討委員会の議事録においてもPbDが言及されることはあまりなかった。

[36] 大量の個人情報漏洩を引き起こした事業者は補償額が莫大であるばかりでなく、消費者の信頼を失い、事業の存続に苦しむような例も出てきている。

[37] http://www.information-bank.net/

[38] http://www.ducr.u-tokyo.ac.jp/jp/research/dbd-conso/index.html

トラストフレームワークの運用における苦情やクレームの処理を裁定するのは、最終的には個人情報保護の独立監督機関である個人情報保護委員会になると思われる。ただし、多数になると予想される苦情、クレームをいちいち独立監督機関まで持ち込むことは現実的ではない。そこで、トラストフレームワークの内側、あるいは外側に苦情、クレームに関する裁定者[39]を必要とするだろう。裁定者の判断の基準となる規定はトラストフレームワークの契約に含める必要がある。4.2節の繰り返しになるが、個人情報保護の独立監督機関の役割はむしろこの契約自体の妥当性の判断と認証、および裁定者の資格認定を行うことであろう。

参考文献

Cavoukian A., D. Alexander, K. El Emam, and N. O'Connor. (2014). Webinar: Big Data Calls for Big Privacy – Not Only Big Promises. 参照先：PbD: https://www.privacyby design.ca/index.php/webinar-big-data-calls-big-privacy-big-promises/

Cavoukian A., R. Drummond. (2013). Big Privacy: Bridging Big Data and the Personal Data Ecosystem Through Privacy by Design. 参照先：https://www.ipc.on.ca/images/Resources/pbd-big_privacy.pdf

Cavoukian A. (2011). Privacy by Design The 7 Foundational Principles. 参照先: https://www.iab.org/wp-content/IAB-uploads/2011/03/fred_carter.pdf

Information Bank Consortium. (2014). 参照先：http://www.information-bank.net/index.html

IPA　独立行政法人　情報処理推進機構セキュリティセンター．(2013)．アイデンティティ管理技術解説．参照先　http://www.ipa.go.jp/security/idm/

OASIS. (2014). LinkContractPattern. 参照先：OASIS XDI wiki: https://wiki.oasis-open.org/xdi/LinkContractPattern

Mayer-Schoenberger V. (2013). IAPP Data Protection Congress in Brussels Keynote: Responsible Use of Data. 参照先：YouTube: https://www.youtube.com/watch?v=40fSCZaLv_A

ドク・サールズ（栗原潔訳）．(2013)．インテンション・エコノミー（原題：The Intention Economy）．翔泳社．

ビクター・マイヤー＝ショーンベルガー、ケネス・クキエ（斎藤英一郎訳）．(2013)．ビッグデータの正体 情報の産業革命が世界のすべてを変える．講談社．

佐古和恵．(2015)．パーソナル・データ・エコシステム構築に向けて―自己情報コントロール権の実現―．情報処理, 55(12), 1361-1367.

佐藤慶浩．(2015)．データプライバシー対策をグローバル対応するための顧客情報管理データベースの設計と運用のプラクティス―連絡先情報をプロモーション連絡に利用する事例―．情報処理学会デジタルプラクティス, 6(1), 5-12.

崎村夏彦．(2015)．プライバシーに配慮したパーソナルデータ連携実現に向けたプロトコル

---

[39] 裁定者としては認定個人情報保護団体が対応する可能性がある。

デザイン—OpenID Connect 設計におけるプラクティス—. 情報処理学会デジタルプラクティス, 6(1), 21-28.
城田真琴. (2015). パーソナルデータの衝撃. ダイヤモンド社.

5章　リンク攻撃と拡大した疑似 ID

5.1　リンク攻撃

　米国ならソーシャルセキュリティ番号、日本ならマイナンバーという完全に一意的な個人 ID と氏名だけを削除すればデータ主体のプライバシーは保護されると考える方もいるかもしれない。しかし、実際はそうではない。

　基本 4 情報（氏名、住所、性別、生年月日）のうち氏名は同姓同名があるため単独では個人を一意的に識別できないが、住所や生年月日が組み合わさると個人の一意識別がほぼ 100% 可能である。したがって、氏名は通常、削除される。個人 ID と氏名を除いた個人データすなわち疑似 ID だけで一意的な個人識別が可能かどうかを考えてみよう。

　議論を進める上で必要な分類に「（個人の）一意絞り込み」と「個人識別」がある[1]。

　一意絞り込みとは、個人データを表すレコードの集合からなるデータベースにおいて、あるレコード集合が同一の個人の個人データであることが分かってしまった状態を表す。ただし、その個人が実世界における誰、つまりどのデータ主体、であるのかは必ずしも特定されていない。この状況を図 5.1 に示す。

　一方、あるレコードが実世界において特定された k 人中の誰かである状態もある。この状態を図 5.2 に示す。

　図 5.2 の状態でレコード 1 が実世界の特定の 1 人に対応することが分かった状態、すなわちレコードが実世界の特定の 1 人に一意的に絞り込まれた図 5.3 のような状態を「個人識別」という。この図では、4 個のレコードの各々が実世界の特定の 2 名の

---

[1]　個人情報保護法の改正を目的に 2013 年に作られたパーソナルデータ検討会では、「一意絞り込み」を「識別」、「個人識別」を「特定」という用語で表現していた。ここでは、直感的に理解しやすいことを目的にして、「一意絞り込み」「個人識別」という言い方を使うことにした。

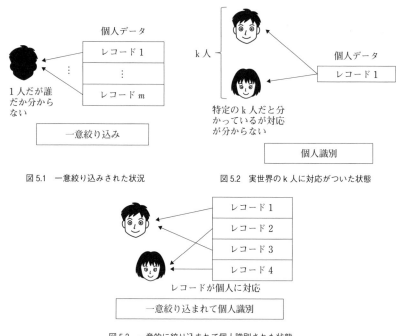

図 5.1　一意絞り込みされた状況　　　図 5.2　実世界の k 人に対応がついた状態

図 5.3　一意的に絞り込まれて個人識別された状態

うちの1名に一意的に絞り込まれている。

この2つの分類を組み合わせると次の表 5.4 になる。

表 5.4　一意絞り込みと個人識別の組み合わせ

	一意絞り込みなし	一意絞り込みあり
実世界の個人に特定されず	①	②1名に絞り込まれたが実世界の個人には特定はされない（図5.1）
実世界の個人に特定された	③既知の特定された複数人（図5.2）	④特定の1名に個人識別された（図5.3）

①は、プライバシー漏洩の危険性は低い。

②は、図 5.1 に示されるような1人に絞りこまれているという危険な状態である。仮に m レコードが1人のデータ主体の個人データであると分かると、外部情報と突合することによって、そのうち1個のレコードの情報から個人が識別できてしまえば、その人の個人データは m レコードの全てについてひとつも間違いなく認識され漏洩

してしまう。

③は、図 5.2 に示されるように、あるレコードが実世界において特定された k 人の誰かに対応するところまで絞り込まれている。この状態も場合によっては非常に危険である。例えば、特定されたデータ主体 k 人についての豊富な外部情報があると、匿名化されていても、そのレコードに対応するデータ主体が分かってしまう可能性が高い。また、k の値が小さい場合も危険である。例えば、k = 2 なら、そのレコードの内容は 50% の確率で実世界の特定の人のものだと分かってしまう。

④は、図 5.3 に示された状態で、あるレコードが一意的に実世界のデータ主体に結びついているため、②の場合のように外部の情報源を使わなくても、個人データが全て漏洩している。もはやその人のプライバシーは保護されていない。

このような分類に関して、[Sweeney 2002] は具体例を挙げて危険性を指摘している。

米国では図 5.5 のように氏名、住所、ZIP コード、生年月日、性別などを含む有権者名簿が公開されている。一方、病院の医療記録は、患者の氏名は削除したものの ZIP コード、生年月日、性別、人種、診断などが記載されている。公開されている投票者名簿においてマサチューセッツ州知事の ZIP コード、生年月日、性別を医療記録と照合した結果、一意絞り込みができ、本人の病歴が漏洩してしまった。つまり、病院の医療記録が ZIP コード、生年月日、性別によって表 5.4 の②の状態になり、外部の情報源である有権者名簿と突合した結果、個人データが漏洩してしまったわけである。

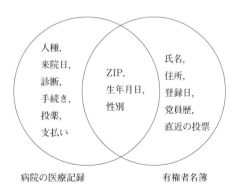

図 5.5　病院医療記録と有権者名簿

5.1　リンク攻撃

1990 年の米国の国勢調査の結果によると 5 桁の ZIP コードと生年月日だけで、米国の国民の 87%[2] が一意絞り込みできると報告されている。つまり、個人データから氏名を削除してデータベースを作っても②の一意絞り込みされた状態には容易になってしまう。よって、マサチューセッツ州知事と投票者名簿の例にみられるように、氏名の入った外部情報源と突合すれば個人識別は起こり、個人データの漏洩に至る。しかも、この漏洩は比較的容易に起こりうる。

5.2 疑似 ID の拡大

前節の例で、疑似 ID は生年月日と ZIP コードであった。その疑似 ID だけでも個人の一意絞り込みが高い確率で可能なのだが、それは生年月日と ZIP コードがデータ主体の個人に緊密に結びついた情報だからかもしれない。したがって、もっと個人との結びつきの弱い情報、例えば何を買ったとか、どの映画をみたというような一見ありふれた情報なら一意絞り込みがあまり起きないのではないかという議論もありそうだ。

だが、現実はこのような甘い予想を打ち砕く。住所、生年月日などの疑似 ID ではない個人データ、例えば購買履歴や移動履歴も大量に集積すると、それによって一意絞り込みができるようになり、上記の生年月日と ZIP コードのような能力を持ってしまうと予想される。このような現象を指摘した［Narayanan 2008］の論文を以下に紹介しよう。

2006 年当時、Netflix は世界最大のオンライン DVD レンタルサービス会社であった。同社は 2006 年 10 月 2 日、Netflix の利用者への映画推薦サービスの改善を目的とする賞金 100 万ドルの競争型タスクを行った。このタスクで配布されたデータセットは 1999 年 12 月から 2005 年 12 月までの間に 480,189 人の Netflix 利用者が行った 100,480,507 個の映画評価の 5 ランクに分類された採点結果である。2005 年末に Netflix は約 400 万人の利用者を抱えていたので、一部の利用者の評価結果が公開されたことになる。もちろん、評価データからは個人名が削除されていた。ちなみに、利用者の評価した映画数は平均 29 本であった。

Narayanan たちのグループでは利用者あたり 8 本の映画の評価点を用いて一意絞

---

[2] 2 章に書いたように、一般的には 85% 以上と推定されている。

り込みの実験を行った。8本の評価点は利用者の評価点の一部分であり、しかも平均2本は正しくない評価点とした。また、評価した時点の幅は3日間であり、精度はやや低い[3]。このような実験条件で、映画評価点を2本分使うと70%、4本分使うと90%、8本使うとほぼ100%を一意絞り込みできた。また、評価時点の精度を14日間まで落としても、2本で40%、4本で70%、8本でほぼ100%となった。つまり、予想より少ない評価点データで評価者の一意絞り込みができたわけである。この事実において注意しなければならないのは、8本中2本は正しくない評価点であるにもかかわらず、高い確率で一意絞り込みが達成されてしまったことである。つまり、Netflixのような規模のデータになると、誤差があっても、あるいはデータベース公開においてわざと少々の誤差を混ぜても、一意絞り込みは行われてしまう可能性が高いということである。

ここまでの話では、まだ一意絞り込みが行われただけであって、実世界の個人と結び付ける個人識別まではできていない。だからといって安心できないことも[Narayanan 2008]は示している。例えば、ある日に鑑賞した映画について家族や知り合いに話す、ないしはTwitterやFacebookに感想を書き込むようなことはしばしばみられる。このような場合、知り合いであれば当然、その個人を知っている。また、TwitterやFacebookであればプロフィールで実名公開の場合もあるし、実名公開していなくてもフォロワーや友人から個人にたどり着き個人識別できる可能性は高い。

さらに図5.5で示した有権者名簿のように氏名が含まれるデータベースが存在すれば個人識別は容易に起こる。映画評価の場合、個人名の付いた映画評価のデータベースとしてIMDb[4]が知られている。[Narayanan 2008]の実験によれば、鑑賞者の少ない映画を評価している個人、あるいは正確な鑑賞日時が知られている場合は、IMDbにおいて少数の映画の評価がされているだけで、Netflixで一意絞り込みされた個人の映画評価点とIMDbの映画評価点の突合をすると高い確率で個人識別ができるとされている。

この結果から、個人IDや疑似IDが削除されていても、10本以下の映画評価点のようなデータがあれば、個人の一意絞り込み、さらには個人識別もできる可能性が高いことが分かった。つまり、個人ID、疑似ID以外のデータが個人識別において疑似IDと同じ能力を持つことが分かる。換言すれば、疑似IDが拡大しているといえる。

---

3 つまり、正確な日付は分からない。
4 The Internet Movie Database. http://www.imdb.com/

ところで、各々の疑似 ID はその出現の稀さによって危険性が異なる［Merener 2012］。例えば、上記の映画評点の例では、評点をつけた人数が多い映画では、評点を付けた人を絞り込むことが難しい。一方、少ない映画に評点を付けた人は容易に絞り込まれる。極端な例として、1 人しか評点を付けていない映画の場合、その評点を付けた人は既に一意に絞り込まれている。

少ない人が評点を付けている映画に評点を付けた人々は、いわゆるロングテールに属する。ロングテールはその属性を持つ人数が少ないので、ユーザターゲット広告などでは有力な情報であるが、その裏の側面として個人の一意絞り込みやひいては個人識別の可能性が高い。

疑似 ID の危険性を明らかにしたもうひとつの例を述べておこう。De Montjoye 等は OECD 加盟国在住の 110 万人が 1 万店舗のいずれかを利用しクレジットカードで支払った 3 ヶ月間にわたるデータを元に個人の一意絞り込みの可能性について分析した［De Montjoye 2015］。店舗には位置情報が付随し、支払い日のデータも含まれる。このデータによると、4 店舗での支払いデータのうち店舗の位置、支払い日が分かれば、約 90% の利用者を一意に絞り込める。これに支払い金額が加わると 95% 以上の利用者を一意に絞り込める。したがって、特定の個人の 4 ヶ所でのカード利用の情報さえあれば、クレジットカード利用履歴からその個人をほぼ識別できる。

Netflix の例にしても、クレジットカードの利用履歴にしても、数件の情報で個人の一意絞り込みができるので、他の外部情報と組み合わせると個人情報は高い精度で推定される可能性がある。

映画評価点、購買履歴、行動履歴などの個人データが疑似 ID として使える場合、これらを拡大した疑似 ID と呼ぶ。拡大した疑似 ID のプライバシー保護はデータを変換ないし改変することによって可能だが、個人データとしての価値は下がる。変換や改変には以下のような方法がある。

(a) シャッフル

（仮名、1 回分の購買データ）という組からなるレコードが並んでいる個人データにおいて、仮名を削除したうえで、順番をランダムに入れ替える処理、すなわちシャッフルを行う。もし、一個人のデータが連続して存在する状態であれば、シャッフルによって、あちこちにランダムに散在する状態になる。よって、データの連続した部分は、同一個人のデータとして扱われることはない。だが、同時に、個人

単位での購買傾向のようなデータは取れなくなる。単純な商品ごとの売り上げなどの統計データしか得られない。

(b) 乱数加算

　適当な乱数を発生して元の個人データに加算する。乱数の大きさは、乱数発生の元となる確率分布で決まる。多くの場合、乱数の期待値[5] $=0$ とする。これは乱数加算後もデータの平均値が変わらないためである。乱数の大きさが分散で決まる。分散が大きいと、大きな雑音が加算される確率が高くなる。

　データが数値であれば乱数加算ができる。しかし、住所、職位や資格、性別、好みのタレントなどの非数値情報である場合には、どのように雑音加算すべきであろうか。場合分けして考えてみよう。

　性別：予め定められた確率にしたがってランダムに男女の入れ替えを行う。この入れ替え確率が小さければ、データの有用性はあまり下がらない。ただし、そのレコードに男女を示す別のデータがあると、入れ替えたことが分かる。例えば、産婦人科にかかった回数が記載してあると高確率で女性と判明してしまう。したがって、そちらのデータも変化させる、ないし消去する必要がある。

　住所：一度、GPSの位置座標（あるいは経度、緯度）に直した上で数値雑音を加えて、その結果に対応する住所に戻す。ただし、その結果が海上などの住所にならないように雑音加算結果を調整する必要がある。

　職位、資格：類似の職位や資格で置き換えることが考えられる。

　好みのタレント：大衆の好みの傾向が似ているタレントで置き換える。ただし、そのためには「Xが好きな人はYも好き」という統計的傾向を示すデータが必要なので、大がかりなデータ処理が必要になってしまう。非常に乱数加算しにくいタイプの情報である。

その他の非数値情報への乱数加算も上記のケースを参考にして考えればよい。

(c) トップコーディング

　レコードのある属性が数値情報の場合、極端な値を持つ人のデータは、一意絞り込み、さらには個人識別も容易にできる。この場合への対策として知られているトップコーディングは、レコードの属性として記述する最大値（あるいは最小値）を決めておき、それ以上（以下）のデータは最大値（最小値）に強制的に変更する。

---

[5] 期待値は確率分布から予想される変数の平均値。ちなみにデータから得られた平均値は標本平均値と呼ぶ。

これによって、極端な値を持つ人を、最大値以上（最小値以下）の人々に紛れ込ませてしまうことができる。非数値の場合も同様の方法が可能である。例えば、居住者が極めて少ない地域の場合、近接する地域に併合してしまう方法が考えられる。

なお、暗号化する方法もあるが、これはあくまで第三者に流出したときの安全保護措置であり、実際データを使う相手には復号鍵を渡す必要があるため、疑似 ID のプライバシー保護にはならない。

5.3 拡大した疑似 ID の数理

> この節では［Narayanan 2008］で示された結果の数理モデルを示す。数学的知識が必要になるので、先を急ぐ読者は飛ばしていただいてもよい。

この節では以下の表 5.6 のような形式のデータベース：D を想定して説明を行なう。横方向の 1 行がレコードに相当し、個人 1 人のデータを表す。

表 5.6 映画評価データベース

個人 ID ＼映画	映画 1	映画 2	・・	映画 i	・・	映画 M
太郎（個人 1）	1	2	・・		・・	1
次郎（個人 2）	3	null	・・		・・	5
・・・・	・・	・・				
四郎（個人 j）	5	2	・・	r_{ji}	・・	3
・・・・						
九郎（個人 N）	mull	4	・・		・・	1

映画評価データベース：D は表 5.6 から個人 ID の列を除いて匿名化した $N \times M$ 行列であり、横方向は映画：i, $(i=1, \cdots, M)$、縦方向は個人 j, $(j=1, \cdots, N)$ を表わす。評価は 1, 2, 3, 4, 5 のいずれかである。また、null は評価がされていないことを表す。評価 r_{ji} は個人 j が映画 i につけた評価の点数である。なお、この表では省略しているが、実際のデータでは評価 r_{ji} を付けた年月日も記載されている。したがって、D は N 人が M 個の映画のある部分に評点をつけた結果である。ここで個人 j の映画評点の集合 r_j は $r_j = (r_{j1}, \cdots r_{ji}, \cdots, r_{jM})$、ただし、$j=1, \cdots, N$ となる。

個人 j の評価値の集合 r_j において評価されている映画集合を $\mathrm{supp}(r_j)$、映画 i を評価した個人の集合を $\mathrm{supp}(i)$ とする。

個人の一意絞り込みを行なうために、2 人の個人が映画評価において同じような映画に同じような点数をつけていれば似ているという類似度 Sim を定義する。

まず、同じ映画 i に対する 2 人の個人 j, k の評点 r_{ji}, r_{ki} の類似度 $Sim(r_{ji}, r_{ki}) \in [0, 1]$ を定義する。実際には評価の方法や評価時点の考慮の仕方によっていろいろな Sim の定義が考えられる。例えば、以下のような例が考えられる。

$$Sim(r_{ji}, r_{ki}) = \begin{cases} 1 & \text{if} - \alpha \leq r_{ji} - r_{ki} \leq \alpha \text{ かつ } r_{ji}, r_{ki} \text{ の評価日の差が } T \text{ 日以内} \\ 0 & \text{otherwise ただし、}(\alpha \geq 0) \end{cases} \quad (5.1)$$

つまり、同じ映画に対して T 日間の間に類似の評価をしている場合は 1、それ以外は 0 ということである。ちなみに $\alpha = 0$ だと $r_{ji} = r_{ki}$ が if 文の成立条件として必要になる。

もっと、連続的な値をとる例としては

$$Sim(r_{ji}, r_{ki}) = \exp(-(a \cdot |r_{ji} - r_{ki}| + b \cdot |j \text{ と } k \text{ の映画 } i \text{ の評価日の差}|)) \quad (5.2)$$

のような定義も考えられる。この定義は問題の性質によって決めるべきであろう。

$Sim(r_{ji}, r_{ki})$ を使って、レコード r_j, r_k 間、すなわち個人 j と個人 k の映画の評価全体にわたる類似度を以下のように定義する。

定義 5.1　類似度

個人 j, k のレコードの類似度 $Sim(r_j, r_k)$ は個人の映画ごとの類似度 $Sim(r_{ji}, r_{ki})$ を用いて以下のように定義される。

$$Sim(r_j, r_k) = \frac{\sum_i Sim(r_{ji}, r_{ki})}{|\mathrm{supp}(r_j) \cup \mathrm{supp}(r_k)|} \quad (5.3)$$

ただし、|X| は集合 X に含まれる要素数である。

この定義によれば直観的には個人 j と k の類似度は、同じような期間に似た評価点をつけている映画の数に比例するが、一方でその人たちが評価した映画の数で正規化していると解釈できる。仮に式 (5.1) で $\alpha = 0$ だと、式 (5.3) はみた映画と評価点が一致している場合は Sim が 1 になる。

次に攻撃者によるプライバシー侵害のモデル化を行なう。

レコード r を表5.6を匿名化した映画評価データベース D における1行分の個人を表わす評価値の集合とする。攻撃者は r を構成する評価の一部分に雑音加算されたデータ $Aux(r)$ を持っているとする。攻撃者はこれを用いて、r の真の値を獲得しようするプライバシー侵害[6] を企む。プライバシー侵害は以下で定義するような脱匿名化 (de-anonymize) においてアルゴリズム A が存在する場合に起こりうる。すなわち、攻撃者がアルゴリズム A と $Aux(r)$、ただし $r \in D$、を持っていれば、攻撃者がプライバシーを侵害する可能性がある。なお、攻撃者の能力を表すアルゴリズム A については後述する。

定義5.2 脱匿名化1

D をデータベースとする。D と $Aux(r)$ を入力とし、以下の条件式を満たす r' を出力するアルゴリズム が存在するとき、D は (θ, ω) - 脱匿名化される。

$$\Pr[Sim\ (r', r) \geq \theta] \geq \omega \tag{5.4}$$

つまり、(θ, ω) - 脱匿名化は、攻撃者が既に知っている $Aux(r)$ から類似度が θ 以上のレコードを ω 以上の確率で生成できることを意味する。仮に $\theta = \omega = 1$ なら、完全な一意絞り込みができたことになる。

定義5.2を脱匿名化では D から例えばサンプリングなどで抽出して作った部分集合 $\hat{D}$ について考慮していない。これを考慮すると、以下の定義5.3に記すようにアルゴリズムが $\hat{D}$ 中の r については定義5.2と同じ条件(1)を満たし、$\hat{D}$ 中にない r については、$\hat{D}$ 中にないことを認識できるということも必要なので、新たに条件(2)も加えることになる。

定義5.3 脱匿名化2

D の任意の部分集合のデータベース $\hat{D}$ が (θ, ω) - 脱匿名化、であるとは、$r \in D$ についての知識 $Aux(r)$ から以下の(1)、(2)を満たす r' を生成するアルゴリズム A が存在するときである。

---

[6] privacy breach

(1) If $r \in \hat{D}$ then $\Pr[Sim(r', r) \geq \theta] \geq \omega$ (5.5)

(2) If $r \notin \hat{D}$ then $\Pr[A \text{ が null を生成}] \geq \omega$ (5.6)

この脱匿名化の定義を用いると、次に解決したいことは攻撃者がどのくらい多くの情報を持っていれば、脱匿名化が可能かという問題である。まず、攻撃者が用いる脱匿名化のアルゴリズム A について説明する。

攻撃者が用いる脱匿名化のアルゴリズム A

前提：攻撃者は $Aux(r)$、ただし $r \in D$、を持っており、サンプルデータベース $\hat{D}$ を知っているとする。

Step 1：攻撃者は全ての $r' \in \hat{D}$ に対して、攻撃者が保持している知識 $Aux(r)$ の個々映画の値、すなわち映画の評価 $Aux(r_i)$ を用いて、次の $Score$ を計算する。

$$Score(Aux(r), r') = \sum_{i \in \text{supp}(Aux(r))} \frac{Sim(Aux(r_i), r'_i)}{\log|\text{supp}(i)|} \quad (5.7)$$

式 (5.7) のおおよその意味は、候補 r' の $Score$ は攻撃者の知識 $Aux(r)$ の属性である映画の評価と候補映画との平均的類似度ということである[7]。

Step 2：$S = \{Score(Aux(r), r') \mid r' \in \hat{D}\}$ かつ S の要素の標準偏差を $\sigma(S)$ としたとき、攻撃者は、予め決めたパラメタ ϕ に対して、

if $\dfrac{\max(S) - \max_2(S)}{\sigma(S)} \geq \phi$ then $Aux(r)$ に対応するレコードは $Score$ 最大のレコード

if $\dfrac{\max(S) - \max_2(S)}{\sigma(S)} < \phi$ then $Aux(r)$ に対応するレコードはなし

とする。ただし、$\max_2(S)$ は 2 番目に大きな $Score$ の値である。また、実験では ϕ = 1.5 としている。

上記の Step 2 は、定義 5.3 脱匿名化 2 の条件 (1) と (2) に対応するもので、サンプ

---

[7] 式 (5.1) の類似度を用いて式 (5.7) を計算した場合、全ての映画をある期間 T 内に $Aux(r)$, r' が ±1 以内の評価をしていないと $Score = 0$ となり、対応する候補者はいなくなってしまう。

ルデータベース $\hat{D}$ 中に $Aux(r)$ が入っているかいないかの判断を行っている。

この脱匿名化アルゴリズム A を用いると、以下に再掲する 5.2 節で述べた実験結果、映画評価点を 2 本分使うと 70％、4 本分使うと 90％、8 本使うとほぼ 100％ を一意絞り込みできた。また、評価時点の範囲を 14 日間という精度まで落とすと、2 本で 40％、4 本で 70％、8 本でほぼ 100％、が得られた。

次に定義 5.2 の脱匿名化をされてしまう理論的確率を求める。ただし、以下では $Score(Aux(r), r') = min_{i \in \text{supp}(Aux(r))} Sim(Aux(r_i), r_i)$ とする。

まず、前提条件は以下にように設定する。レコード r に関する攻撃者の知識 $Aux(r)$ においては m 本の映画が評価されているとする。$Aux(r)$ の第 i 番目の映画評価の点数を $Aux(r_i)$、一方、データベース D における第 i 番目の映画評価の点数、すなわち真の評価の点数を r_i とする。また、r_i と $Aux(r_i)$ の類似度については次の条件が成立するとしよう。

$$\forall i \in \text{supp}(Aux(r)) \ Sim(Aux(r_i), r_i) \geq 1 - \varepsilon \tag{5.8}$$

つまり、r と $Aux(r)$ はどの映画においても類似した評価の点数を持っている。以上の条件の下で脱匿名化に関して以下の定理が成り立つ。

定理 5.4

データベース D は N 個のレコード r からなり、$0 < \varepsilon, \delta < 1$ とする。

$Aux(r)$ が r の属性のうち、m 個以上について式 (5.8) を満たす評価の点数を含むとする。ただし、

$$m \geq \frac{\log(N/\varepsilon)}{-\log(1-\delta)} \tag{5.9}$$

このとき、D は $(1-\varepsilon-\delta, 1-\varepsilon)$ - 脱匿名化される。すなわち、攻撃者が $Aux(r)$ を使って、$Score(Aux(r), r') > 1-\varepsilon$ を満たす r' の集合 D' を得たとする。r' は D' 内で一様に分布すると仮定する。このとき r' が次の不等式を満たす。

$$\Pr[Sim(r', r) \geq 1 - \varepsilon - \delta] \geq 1 - \varepsilon \tag{5.10}$$

なお、式(5.9)で δ が小さいと、$m \geq \dfrac{\log(N/\varepsilon)}{\delta}$ である。N が大きくなるとその対数に比例的に脱匿名化に必要となる評価された映画数 m は大きくなるが、多くの人々の中から一意的に絞り込むので、当然の結果であろう。ε, δ の各々は小さくなるほど、一意絞り込みの基準が厳しくなるので、当然、映画数 m は大きくなる。数値例としては、$\varepsilon = 0.1$, $\delta = 0.5$ とすると、$N = 1000 \Rightarrow m = 13.3$、$N = 10000 \Rightarrow m = 16.6$、$N = 100000 \Rightarrow m = 19.9$、$N = 1000000 \Rightarrow m = 23.3$ であり、相当大人数のデータを含むデータベースであっても 100 程度の属性が知られると一意絞り込みできる。ただし、これはあくまで上界であって、5.2 節で述べたように実際に実験すると、もっと少ない属性数が知られただけで一意絞り込みされることを後に示す。

(証明)[8]
攻撃者が得た $\mathrm{Score}(Aux(r), r') > 1 - \varepsilon$ を満たす r' の集合 D' からランダムに 1 レコード r' を選びだす。この状況で r' がデータベース D 中の真のレコード r に十分に類似していることを示せば、脱匿名化されたことがいえる。

$Sim(r, r') \leq 1 - \varepsilon - \delta$ という前提をおけば

$$i \in supp(r) \text{ であるような } i \text{ に対して } \Pr[Sim(r_i, r_i') \geq 1 - \varepsilon] < 1 - \delta \quad (5.11)$$

であることを示そう。式(5.11)を否定すると $Sim(r, r') \geq (1 - \varepsilon)(1 - \delta) \geq (1 - \varepsilon - \delta)$ なので、前提に反する。よって式(5.11)がいえた[9]。

この結果を使うと、$\tilde{m}$ 本の映画の評価値が分かったとき、r にマッチング[10]していない r' が集合 D' に属する確率はたかだか $(1 - \delta)^{\tilde{m}}$ である。よって、r にマッチングしていない r' が 1 個でも D' に属する確率はたかだか $N(1 - \delta)^{\tilde{m}}$ である。これらより r にマッチングしていない r' を出力する確率が ε より小さいとすると、

$N(1 - \delta)^{\tilde{m}} \leq \varepsilon$。これを書き換えると $\tilde{m} \leq \dfrac{\log(N/\varepsilon)}{-\log(1 - \delta)}$ となる。

ゆえに $\tilde{m}$ を上から押さえる $\dfrac{\log(N/\varepsilon)}{-\log(1 - \delta)} = m$ とおくと、m 個以上の映画評価値を調べれば、確率 $1 - \varepsilon$ 以上で r にマッチングする r' を出力する[9]。言い換えれば、D' 中の任意のレコード r' に対して、

---

8 以下の証明は [Narayanan 2008] による。
9 r' が D' 内で一様に分布するという仮定を用いている。

$$\Pr[Sim(r', r) \geq (1 - \varepsilon - \delta)] \geq 1 - \varepsilon \tag{5.12}$$

が成立する。なお、このようなレコードは $r' = r$ とすれば少なくとも 1 個は存在する。∎

いままではデータベースに十分多くの映画を評価した十分多くの人がいる場合を想定していた。しかし類似の評価の点数を付けた多数の人の中から同じ評価の点数の人を見つけて絞り込むより、少数の人の中からのほうが直観的に容易だと思われる。この状況を表わすために疎（まばら）という概念を導入する。

定義 5.5　疎

データベース D が、

$$\forall r' \neq r \; \Pr_r[Sim(r, r') > 1 - \varepsilon - \delta] \leq \varepsilon \tag{5.13}$$

を満たすとき $(1 - \varepsilon - \delta, \varepsilon)$ - 疎という。

この定義によれば、ε が十分小さいと r と類似している r'、つまり $Sim(r, r') > 1 - \varepsilon - \delta$ を満たす r' が存在する確率が ε より小さい、すなわち非常に小さいことになる。端的にいえば、r と類似している r' はほとんど存在しないということであり、これが疎[11] ということの数学的定式化になっていることが分かる。そこで次の定理が成り立つ。

定理 5.6

データベース D が $(1 - \varepsilon - \delta, \varepsilon)$ - 疎なら D は $(1, 1 - \varepsilon)$ - 脱匿名化すなわち $\Pr[Sim(r', r) = 1] \geq 1 - \varepsilon$ である。

この定理はほぼ定理 5.4 に似た形で証明できるが、$(1 - \varepsilon - \delta, \varepsilon)$ - 疎であることから、r と異なる r' はほぼ存在できない。なぜなら $1 - \varepsilon$ 以上の確率では r と異なる r' を出力できない。この結果、r' は r と一致するものにほとんど一意的に決まってしまうことになり、脱匿名化される。

定理 5.6 はデータベースが疎であるほど脱匿名化しやすいことを意味しており、前

10　マッチングとは $Sim(r, r') > 1 - \varepsilon$ が成立することである。
11　sparse

記の直感を裏付けている。

次に D ではなく、そこからレコードをサンプリングして作った部分データベース $\hat{D} \subset D$ における脱匿名化の確率について考える。この場合は定義 5.3 の脱匿名化に対応している。すなわち、攻撃者が保持する $Aux(r)$ から r の属性を知ろうとしたとき、$r \in \hat{D}$ なら高い確率で知ることができ、$r \notin \hat{D}$ の場合は $\hat{D}$ 中に r が入っていないことを知ることができれば、脱匿名化できたとする。脱匿名化の度合いは形式的には次の定理によって与えられる。

定理 5.7

$\varepsilon, \delta, Aux(r)$ は定理 5.4 と同じとする。D からレコードをサンプリングして作った $\hat{D}$ は、定義 5.3 の意味で、$(1-\varepsilon-\delta, 1-\varepsilon)$ - 脱匿名化される。

ちなみに、D が疎でないと、サンプルして作った $\hat{D}$ が疎でない可能性があるため D' に対しては、定理 5.6 は成り立たない。しかし、D が疎であると、$\hat{D}$ も疎なので、$\hat{D}$ に対して同様に定理 5.6 が成り立つ。すなわち、$\hat{D}$ が $(1-\varepsilon-\delta, \varepsilon)$ - 疎なら $\hat{D}$ は $(1, 1-\varepsilon)$ - 脱匿名化される。

定理 5.4 で述べた脱匿名化に必要な m の値に関して、5.2 節で簡単に述べた Netflix の映画評価データベースを使った近似的な評価をしてみる。この実験では約 400 万人の映画評価者のうち、1/8 の 48 万人のデータを使っている。さらに類似度は、

$$Sim(r_{ji}, r_{ki}) = \begin{cases} 1 & \text{if } r_{ji} = r_{ki} \\ 0 & \text{otherwise} \end{cases} \tag{5.14}$$

として実験している。これは 2 つのレコードは評価点が少しでも違えば類似度 = 0 になり、それ以外は類似度 = 1 という厳しい方法である。実験では、攻撃者の知識 $Aux(r)$ においては 8 本中 7 本は評価点が一致し、1 本だけ違うという条件にした。したがって、式 (5.3) における $\hat{D}$ 中の個人 j と攻撃者が選んだ個人 k が一致したときの類似度は

$$Sim(r_j, r_k) = \frac{\sum_i Sim(r_{ji}, r_{ki})}{|\mathrm{supp}(r_j) \cup \mathrm{supp}(r_k)|} = \frac{7}{8} = 0.875 \text{ となる}_{\circ}$$

一方、個人 j と k が一致しない場合は 8 本の映画中、上の場合以外となるので

$Sim(r_j, r_k) = \dfrac{\sum_i Sim(r_{ji}, r_{ki})}{|\mathrm{supp}(r_j) \cup \mathrm{supp}(r_k)|} \leq \dfrac{1}{8} = 0.125$ となる。攻撃者がターゲットにしている r を定義 5.3 の脱匿名化、すなわち $\hat{D}$ に属するかどうかの判断まで行う場合に使う定理 5.4 の式 (5.10) で示した次の条件 $\Pr[Sim(r', r) \geq 1 - \varepsilon - \delta] \geq 1 - \varepsilon$ において $\varepsilon = 0.01$、$\delta = 0.87$ にすると $\Pr[Sim(r', r) \geq 1 - 0.01 - 0.87] = \Pr[Sim(r', r) \geq 0.13] \geq 1 - \varepsilon = 0.99$ となる。この場合の脱匿名化されるために必要な評価された映画の本数 $m \geq \dfrac{\log(N/\varepsilon)}{-\log(1-\delta)}$ は、実験における $N = 480,000$ という条件で $\varepsilon = 0.01$, $\delta = 0.87$ のとき、$m = 7.54$ となる。

次に評価された映画数が少ないロングテール部分の脱匿名化について評価した論文 [Merener 2012] を紹介する。ここまでの議論によれば、攻撃者は元のデータベースのレコード r とは少し異なる $Aux(r)$ を全レコードについて持っていると仮定できる。したがって、攻撃者はロングテール部分だけ選んで個人の一意絞り込みを狙う攻撃もできる。ビッグデータはビジネス、例えば行動ターゲット広告においては、ロングテール部分の価値が高いと言われているので、この場合の危険性も評価しておきたい。

映画 i を評価した個人に対応するレコードの集合を $\mathrm{supp}(i)$ とする。ここで、映画[12]は集合 $\mathrm{supp}(i)$ の要素数 $|\mathrm{supp}(i)|$ の降順に並んでいるとする。次にパラメタ τ, κ で特徴付けられたロングテール：(τ, κ) – tail を定義する。

定義 5.8 (τ, κ) – tail

τ, κ を $0 \leq \tau, \kappa \leq 1$ を満たす実数とする。評価されうる映画数 M、評価者数すなわちレコード数 N のデータベースは、$|\mathrm{supp}(\lceil \tau M \rceil)| = \lfloor \kappa N \rfloor$ [13] のとき (τ, κ) – tail を持つと定義する。

この定義より $i \geq \tau M$ なら $|\mathrm{supp}(i)| \leq \kappa N$ となる。つまり、評価した人数の降順に並べた映画の τM 番目以降の映画を評価した人数は κN より小さい。このような直観によって (τ, κ) – tail が特徴付けられる。(τ, κ) – tail の部分を τ だけを用いて $D_{>\tau}$ として次のように表す。

---

12 データベースの用語では属性というが、映画評価点データベースという応用のイメージを保ちたいので、引き続き「映画」と書く。
13 $\lceil \tau M \rceil$ は τM の小数部を繰り上げた整数、$\lfloor \kappa N \rfloor$ は κN の小数部を切り捨てた整数。

定義 5.9 $D_{>\tau}$

データベース D のうち、$\exists i[i \geq \tau M \text{ and } i \in \text{supp}(r)]$ を満たすレコードの集合を $D_{>\tau}$ と定義する。

この定義は、レコード r において評価されている映画の集合 $\text{supp}(r)$ において、τM 番目より稀にしか評価されていない映画を 1 個以上含むレコードの集合を意味する。具体的なイメージを図 5.7 に示す。

図 5.7 の斜線部 $D_{>\tau}$ は D のロングテール部分であるが、この部分についての脱匿名化についての定理を述べたいのだが、そのために以下の定義を導入する。

定義 5.10 $(1-\varepsilon/2)-\text{similar}$

D の各レコード r_j の第 i 番目の映画の評価値を r_{ji}、それについて攻撃者が持っているについての知識を $Aux(r_{ji})$ とすると、$\forall i, j \; Sim(r_{ji}, Aux(r_{ji})) \geq 1-\varepsilon/2$ のとき、$D = \{r_j\}$ と $\{Aux(r_{ji})\}$ は $(1-\varepsilon/2)-\text{similar}$ であると定義する。

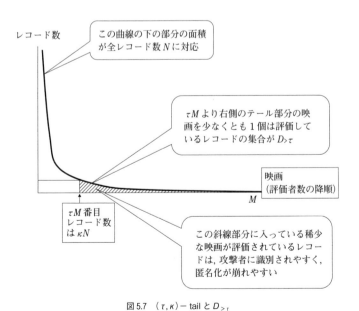

図 5.7 $(\tau, \kappa)-\text{tail}$ と $D_{>\tau}$

5.3 拡大した疑似 ID の数理

定義 5.11　類似度 $Sim_{1-\varepsilon}$

$$類似度\ Sim_{1-\varepsilon}(x, y) = \frac{|\{i : Sim(x_i, y_i) \geq 1-\varepsilon\}|}{|\mathrm{supp}(x) \cup \mathrm{supp}(y)|} \tag{5.15}$$

と定義する。

これらの定義を使うと以下の定理が成り立つ。

定理 5.12　ロングテール $D_{>\tau}$ の脱匿名化

D が (τ, κ)-tail を持ち、D と $\{Aux(r_{ji})\}$ は $(1-\varepsilon/2)$-similar であるとする。また、定義 5.11 の類似度 $Sim_{1-\varepsilon}$ は三角不等式を満たすとする。また攻撃者が知っている属性数 m が次の不等式をみたすとする。

$$m > \frac{\log(\kappa N/\varepsilon)}{\log((2-\varepsilon-\delta)/(2(1-\varepsilon-\delta)))} \tag{5.16}$$

このとき、

$$\forall r \in D_{>\tau}\ \Pr[Sim(r, Aux(r)) \geq 1-\varepsilon-\delta] \geq 1-\varepsilon \tag{5.17}$$

(証明)

[Merener 2012] の Theorem 9 の証明を参照されたい。　　■

この定理の式(5.17)は $(1-\varepsilon-\delta, 1-\varepsilon)$-脱匿名化を意味する。注意したいのは、定理 5.4 の式(5.9)においては $m \geq \frac{\log(N/\varepsilon)}{-\log(1-\delta)}$ であったのに対して、この定理で対応する式(5.16)においては右辺分子が $\log(\kappa N/\varepsilon)$ になっており、κ が小さくなるにつれて脱匿名化に要する映画数 m の下界も小さくなっていく。ロングテールの部分に属する人は、小数の映画で特徴付けられるため、一意絞り込みされやすくなるという直感を、この定理は数量的に表している。

Netflix のデータで大雑把な近似計算をしてみよう。Netflix では映画本数 $M =$ 17,770、$N = 480,000$ であるが、実際に調べてみると、97% の個人のレコードは評価

者数の多い順からみて上位 1000 番目までの映画を評価している。脱匿名化の確率を 99% と仮定する。実際のデータベースを調べると、$\kappa \approx 0.0001$ のとき $\tau = 0.056$ であり、$(0.056, 0.0001)$ - tail が存在する。Netfilx のデータベースは映画数 $M = 17,770$ なので、評価した人数の降順で並べたとき、$\tau M = 0.056 \cdot 17770 \approx 995$ となる。この 995 番目より評価者数の少ない映画をみたロングテールの部分、すなわち、$D_{>\tau=0.056}$ における脱匿名化に必要な映画数を概算してみよう。定理 5.12 の式 (5.16) を用いて脱匿名化される評価映画数の下界 m を、定理 5.7 の評価計算と同じく $\varepsilon = 0.01$, $\delta = 0.87$ という条件で計算すると、$m = 5.50$ となる。つまり、評価した人数の少ない映画を評価してしまったロングテールの部分に属する人はより少ない本数の映画の評価点からほぼ確実に一意に絞り込まれてしまうことになる。

参考文献

De Montjoye Y.-A., L. Radaelli, V. K. Singh, and A. Pentland. (2015). Unique in the Shopping Mall: On the Reidentifiability of Credit. Science 347, 536-539.

Merener M. M. (2012). Theoretical Results on De-Anonymization via Linkage Attacks. Tansactions on Data Privacy 5, 377-402.

Narayanan A., V. Shmatikov. (2008). Robust De-anonymization of Large Sparse Datasets. Proc. of the 2008 IEEE Symposium on Security and Privacy, 111-125.

Sweeney L. (2002). k-Anonymity: A Model for Protecting Privacy. International Journal on Uncertainty, Fuzziness and Knowledge-based Systems. 10(5). 557-570.

6章 k-匿名化をめぐる技術

6.1 k-匿名化

　個人IDの削除された個人データに対するリンク攻撃は疑似IDに対して行なわれる。リンク攻撃を防ぐには、疑似IDに何らかの細工をする必要がある。完全な方法は疑似IDの削除である。しかし、疑似IDを削除せずに、できるだけ元の情報を残しつつ、リンク攻撃を避ける方法として考えられたのがk-匿名化である［Sweeny 2002］［Samarati 2001］。

　k-匿名化[1]とは、既に2章で述べたように、疑似IDを変形して個人データのレコードを該当する当該個人以外のk−1人に紛れさせ、個人の一意絞り込みを阻止する方法である。つまり、k-匿名化されたデータベースにおいては、疑似IDの組み合わせ（年齢、郵便番号、性別など）の値が同一の人は少なくともk人存在することが保証されており、リンク攻撃されてもk人以下には絞り込めない。したがって、疑似IDと個人IDの両方を持つ攻撃者であっても個人識別は1/kの確率でしかできない。

　k-匿名性[2]という表現も使われる。これは個人情報からなるデータベースにおいて、同じ疑似IDの組を持つデータ主体がk人以上いる状態を意味する。したがって、k-匿名化された個人情報のデータベースはk-匿名性を持つことになる。

　k-匿名化の実現方法は一般化[3]とレコード削除[4]である。乱数を加算することは考えない[5]。k-匿名化の一例を図6.1に示す。まず、このデータベースにおける個人IDである名前は全て削除ないし仮名（図ではA1からA5）に置き換える。元のデータ

---

[1] k-anonymization
[2] k-anonymity
[3] generalization
[4] 英語の文献ではsuppression（抑圧）という表現が使われることがある。
[5] 乱数を加算することでk-匿名化を行うことは技術的に困難である。また、乱数を加算すること

ベースの上2行のレコードは、生年月日の日を削って（図では*と記している）年月に一般化し、性別を「人」に一般化し、郵便番号を上位1桁だけにする一般化を行うことによって、疑似IDでは2名が区別できないようにしている。元データベースの下2行のレコードは、生年月日を年だけに一般化し、郵便番号を上3桁に一般化して疑似IDでは2名が区別できないようにしている。3行目はこのような一般化だけではこのデータベースで他の人の疑似IDと同一にできない。よって、3行目はレコード自体を削除する。結果として、2-匿名化されたデータベースでは機微情報に記載されている病名を持つ人が一意絞り込みできない。

この例からも分かるようにk-匿名化を行うと、疑似IDの部分については大幅に情報が欠落する。例えば、医療情報では、ある病名の患者の居住地や年齢、性別などの分布を分析したいが、このようにk-匿名化されると精度のよい統計値が得られない。したがって、疑似IDの一般化、あるいはレコードの削除は、k-匿名化を実現で

個人ID	疑似ID			機微情報
名前	生年月日	性別	郵便番号	病名
太郎	79/1/21	男	53715	風邪
花子	81/1/10	女	55410	肺炎
光子	44/10/1	女	90210	気管支炎
次郎	84/2/21	男	02174	ねんざ
明男	72/4/19	男	02237	性的感染症

元のデータベース

↓ k-匿名化 (k=2)

個人ID	疑似ID			機微情報
名前	生年月日	性別	郵便番号	病名
A1	79/1/*	人	5*	風邪
A2	81/1/*	人	5*	肺炎
~~A3~~	~~44/10/1~~	~~女~~	~~90210~~	~~気管支炎~~
A4	84/*/*	男	021**	ねんざ
A5	72/*/*	男	022**	性的感染症

2-匿名化されたデータベース

図 6.1 k-匿名化の例 (k=2)

による匿名性の評価は7章で述べる差分プライバシーという方法で考えることになる。

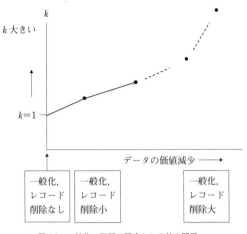

図 6.2 一般化、抑圧の程度と k の値の関係

きる最小限に抑えなければならない。k の値を大きくするにはより強い一般化やレコード削除が必要になり、疑似 ID の情報が大きく削られる。その結果、データの価値は大きく減少する。この様子を図 6.2 に示す。

図 6.2 の k の値の増加と一般化や削除の強さの関係は、実際、どのようになるのであろうか。簡単のため、疑似 ID として郵便番号 5 桁を考え、5 桁の郵便番号で特定される地域に住む人数は一定、例えば 100 人とする。1 桁減らして 4 桁にすると地域が 10 倍に広がるため、4 桁で表される地域には 1000 人住んでいることになる。このように、郵便番号という情報の場合は、1 桁減らすごとに 10 倍の人数になるため、10 の「郵便番号の桁数」乗が k に比例するような関係になる。このような傾向が一般的だとすると、疑似 ID の情報の精度を落とすと k が指数的に増える。よって、同じ疑似 ID を持つ人々のデータでは、データ利用の目的になる機微情報などに多様な値のものが混在してしまい、データとしての価値が大きく減少してしまう。

拡大した疑似 ID の場合

滞在場所や移動履歴、購買履歴を含むように拡大した疑似 ID に対して一般化やレコード削除によって k-匿名化を適用する方法は当然ありえる。だが、行動履歴すなわち位置情報の時系列が疑似 ID とみなされる場合は、まったく同じ行動履歴の人がほとんどいないような状況である。また、購買履歴でも購入商品、店舗場所、時刻な

どのデータが揃うと同じ購買履歴の人はいないだろう。したがって、k を大きくするためには、一般化を強く行う必要がある。

強い一般化のため、時間、位置ともに精度の粗いもの、例えば 1 分単位での乗降履歴も 4 月 4 日午後 6 時から 9 時の間に東京駅から小田原駅間まで乗車した人、というような大雑把な精度のデータになってしまうだろう。このようなデータベースにおける k の値と疑似 ID あるいは拡大した疑似 ID になる情報の間にはトレードオフの関係がある。このトレードオフに関する一般的性質および個別データベースへの依存性は重要であるため、k-匿名化を行なう処理の設計では気をつけなければならない。

> 以降の 6.2 節から 6.11 節では、必要な数学的知識は最小限に抑え、直感的な説明を試みるが、理解困難に陥ったら先へスキップしていただきたい。

6.2 k-匿名化の数理

6.2.1 疑似 ID の一般化の数理モデル

前節では疑似 ID の一般化の方法として生年月日を年月に省略、あるいは郵便番号の下位の桁数を削除するという簡単な一般化の方法を説明してきた。しかし、既に述べたように拡大した疑似 ID においては種々の情報が含まれる。ここでは、このような場合を含む疑似 ID 一般化の数理モデルを扱う。

k-匿名化で一般化を行う疑似 ID の種類はこれまでの例で示したように多様である。さらに一般化の手法をデータベースのどの部分に適用するかも重要である。以下に疑似 ID の種類ごとに異なる一般化の手法、およびデータベースへの適用範囲について列挙し説明する。特に、データベースへの一般化の適用範囲は疑似 ID が 1 種類（つまり 1 次元）の場合と、他種類ある場合（つまり多次元）と異なる。以下、まず 1 次元の場合、次に多次元の場合について説明する。

(a-1) 疑似 ID が 1 次元数値の場合

年齢は 0 から 100 程度までの整数が大小関係だけで並んでいる 1 次元の数値である。これを k-匿名化を実現するために一般化する方法としては、何年か分をまとめて 1 区間としてしまう方法である。つまり、

$$(0, 1, \cdots, 149, 150) \rightarrow \{(0, 2), (3, 8), (9, 15), \cdots, (120, 150)\}$$
$$\text{一般的には、} \{(0, a_1), (a_1+1, a_2), \cdots, (a_n, 150)\} \quad (6.1)$$

というようにまとめる。仮に疑似IDが年齢だけであれば、各区間 (a_i+1, a_{i+1}) 、ただし $i=0, \cdots n$ [6]、に含まれる人数すなわちレコード数が全てk以上になるようにまとめればk-匿名化ができる。

もっとも、このような方法では各 a_i に分かりやすい意味付けがない。逆に、5歳ごとにまとめれば10代前半、10代後半のような意味付けができる。また、10歳ごとにまとめれば10代、20代、30代のような意味を持たせられる。ある商品の年齢ごとの購買状況を調べるには、このような意味付けのあるほうが便利であろう。

1次元の数値の場合は年齢の例を参考にして類似の方法を考えるのがよいだろう。

データベースへの適用範囲：疑似IDが1次元の数値だけである場合は、式(6.1)に示すような区間への分割はデータベース全体に対して行うしかない。このような適用を大域的一般化という。

(a-2) 疑似IDが2次元数値の場合

場所情報は、緯度経度やGPS座標で表現される2次元[7]の数値である。場所情報を1次元で表わしたものに住居表示の住所[8]がある。1次元数値の場合は、(a_i+1, a_{i+1}) のように区間であったが、2次元の場合は図6.3のような重なりのない長方形からなる領域となる。もちろん領域が長方形である必要はないが、長方形でない一般的な形状の領域だと計算は面倒になる。各領域は横方向の範囲 (x_0, x_1)、縦方向の範囲 (y_0, y_1)

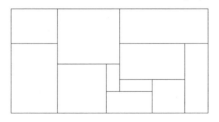

図6.3　重なりのない2次元領域への分割

6　$a_0=0$ と考えている。
7　高さを考慮した3次元数値もありえる。
8　建物が平屋でない場合、階数という高さ方向の情報もある。

で指定される。個々人の位置情報は一般化され、領域を表す (x_0, x_1, y_0, y_1) という4つ組で表現される。あるいは、領域の中央点 $\left(\frac{x_0+x_1}{2}, \frac{y_0+y_1}{2}\right)$、領域の含まれる人々の位置の重心、などで表現する方法がある。

k-匿名化を実現するためには、各領域にはk人以上が入っている必要がある。k人以上と言っても、あまり大きな人数では、領域が広くなって精度が落ち、データの価値が下がるので、k人以上のできるだけ少ない人数であることが望ましい。このことについては、後に詳述する。

(b) 疑似IDが構造を持つ数値の場合

年月日は2010年1月10日のように単位付き数値が並んだ構造をもつ。既に述べたように、日単位の削除、月単位の削除など下位のほうから数値と単位のペアを削除する方法がある。また、削除されずに残った最下位の単位、例えば、月日を削除したときの年の単位においては、上記の(a-1)の方法が使える。

時間情報一般についても年月日と同じような構造で、日の下位には午前、午後、時、分、秒、…という単位が並ぶので年月日のときと同様に処理する。

データベースへの適用範囲：この場合は、大域的一般化は賢い方法ではない。なぜなら、1910年代生まれの現存している人は1990年代生まれの現存している人よりかなり少ない。だから、1910年代生まれの人は10年を1区間、1990年代生まれのひとは年ではなく月まで記述する必要があるかもしれない。

(c) 疑似IDが階層構造を持つ記号情報の場合

職種、職位などは、「商店主」「代表取締役」などのように要素が数値ではなく記号（あるいは文字列）であり、「部長→課長」のように順序付けられている部分もあるが、「画家、音楽家」のように順序が付けられない部分もある。これは半順序[9]と呼ばれ、数学における束と呼ばれる構造になることが多い。ただし、ここでは説明のため、木構造[10]を対象にする。

以下では図6.4のような例で考える。

9　全ての要素が一列に順序付けられる場合を「全順序」という。
10　tree

図 6.4 職種からなる木構造の例

(c-1) 全領域一般化

図 6.4 で根「職種」から同じ深さの階層の全てに対して一般化を行うと、弁護士とエンジニアが専門家に、演奏家と作曲家と画家とが芸術家に一般化され、図 6.5 のような木構造になる。この一般化を全領域一般化[11]という。この一般化は粗い処理だが、部分木をいちいち調べなくてよいので、処理は軽い。この一般化によって職業としての肌理の細かさは揃うが、木構造全体に対して適用されると、過剰な一般化になりがちである。

データベースへの適用範囲：この場合はデータベース全体に対する大域的一般化になるが、一般化された領域に含まれる人数の制御が難しい。このため、一般化領域ごとの人数に大きなバラツキがでるため、k- 匿名化には適さない。

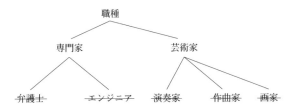

図 6.5 同一深さの全ての部分木を一般化した例

(c-2) 部分木一般化[12]

一歩進んで、同じ深さの部分木であっても k- 匿名化を達成するために必要な部分木だけ一般化する方法がある。図 6.6 に例を示す。この一般化を部分木一般化と呼ぶ。k- 匿名化ができるなら、演奏家と作曲家と画家は芸術家に一般化しても、弁護士とエンジニアは専門家に一般化しないことによって無駄な一般化を避けている。ただし、

---

11 full domain generalization
12 subtree generalization

6.2 k- 匿名化の数理

職種の表現の肌理の細かさが一様でなくなる点は留意したい。また、部分木によって処理を変えなければならないので処理が重くなる。

データベースへの適用範囲：この場合は、専門家と芸術家への一般化方法が異なるので、大域的一般化ではない。専門家の部分からなるデータベースの部分集合と、芸術家だけからなるデータベースの部分集合で異なる一般化を行うので、局所的一般化と呼ばれる。

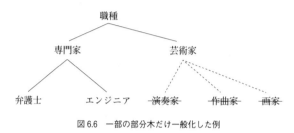

図 6.6 一部の部分木だけ一般化した例

(c-3) 従兄弟一般化

この一般化は、図 6.6 の部分木一般化をさらに精密化したものであり、一例を図 6.7 に示す。演奏家と作曲家は一般化されず図 6.4 のままであるが、芸術家には演奏家と作曲家以外の芸術家である画家が一般化されて入っている。しかし、芸術家の種類がもっと増え、例えば書家が入れば、芸術家には画家と書家が含まれる。肌理の細かい一般化ができるので、過剰な一般化を避ける能力が高いが、部分木を丁寧に調べるので、処理は重い。この一般化を従兄弟一般化[13]と呼ぶ。

図 6.7 一部の部分木の一部だけ一般化した従兄弟一般化の例

---

[13] sibling generalization. 部分木を親子関係とみると、図 6.7 では、弁護士の親＝専門家、弁護士の祖父＝職種、弁護士の伯父＝芸術家、なので、一般化されている画家は弁護士の従兄弟になる。よって、このような従兄弟一般化と呼ぶ。

データベースへの適用範囲：この場合も局所的一般化であるが、一般化領域ごとの人数計算が複雑なため、k-匿名化のアルゴリズムも複雑である。

位置情報において住居表示を用いる場合も階層的な記号情報になる。国内であれば、最上位が日本、その直下に都道府県がくる。その下には、市、区、町、郡、村などがつながり、その下に番地となる。ただし、マンションなどのように住人の多い建物では、階数や部屋番号もマンション名の下につながる。こういった複雑な構造の一般化は上記の全領域一般化、部分木一般化、従兄弟一般化などを適用することになろう。

6.3 匿名化の評価指標

6.2節で述べた一般化は匿名化に寄与する反面、データの精度を落とす。k-匿名化に限らずプライバシー保護した個人データの利活用においては、匿名化を確保しつつもデータの精度あるいは有用性はできるだけ高く保ちたい。実際のk-匿名化のアルゴリズムにおいても、一般化によるデータ精度減少を最小化することが期待される。

このような状況においては、一般化がデータ精度を悪化させる度合いを表わす評価指標が必要になる。以下では、このような評価指標のいくつかを紹介する［Fung 2010］。

6.3.1 一般化の階層の高さによる評価指標

まず、下の図6.8のようなデータベース：D を想定する。

ここで、性別の属性と生まれた年の属性の一般化が図6.9のような階層を持つとする。下付き添え字付きの階層の名前、例えば「性別$_1$」は元々の「性別」の属性の細

性別	生まれた年	病名
男	1968	インフルエンザ
男	1969	胃炎
男	1971	ヘルニア
男	1972	五十肩
女	1967	胆石
女	1969	胃炎
女	1970	肺炎
女	1971	インフルエンザ

図6.8　データベース例：D

```
性別₂ = {*}              生年₃ = {*}
  ↑                        ↑
性別₁ = {人}             生年₂ = {19**}
  ↑                        ↑
                         生年₁ = {196*, 197*}
  ↑                        ↑
性別₀ = {男, 女}         生年₀ = {1967, 1968, 1969, 1970, 1971, 1972}
階層（性別）             階層（生年）
```

*の部分は情報がないことを意味する

図 6.9　一般化階層

かさ「性別₀」から 1 階層一般化した属性の細かさを表す。一般化の階層 0, 1, 2, … を一般化の高さ：h という。属性：X の一般化の高さの最大値：max(X) は属性の情報がなくなったとき、すなわち $\{*\}$ になったときである。例えば、max(性別) = 2, max(生年) = 3 である。

属性：X の一般化による情報の精度は、一般化の高さ：h が大きくなるほど減少し、max(X) に達したとき 0 になるという評価方法が考えられる。つまり、情報の精度は $1 - \dfrac{h}{\max(x)}$ で表せる。この式では、最大値は一般化をしないとき、つまり h = 0 のときで、1 である。一方、最小値は h = max(x) のときで、0 である。このような直観的な評価指標をデータベース：D に格納されているレコード、各疑似 ID に渡って平均した評価指標：Prec を定義してみよう。

ここで説明を簡単にするため、例として、データベース D の疑似 ID を（性別$_i$, 生年$_j$）に一般化したときの、一般化の高さによる評価指標 Prec（性別$_i$, 生年$_j$）の定義を次式で示す［Sweeny 2002a］。

$$\mathrm{Prec}(性別_i, 生年_j) = 1 - \frac{\sum_{\#i}\dfrac{i}{\max(性別)} + \sum_{\#j}\dfrac{j}{\max(生年)}}{\#D \times \#擬似\mathrm{ID}} \quad (6.2)$$

#疑似 ID は疑似 ID の種類数である。#D はデータベースのレコード数、#i, #j は各々 i, j に一般化されたレコード数である。この場合は、データベースの全レコードの疑似 ID に同じ一般化をしているので #i = #j = #D である[14]。この定義では疑似

---

[14] 図 6.5、6.6、6.7 の部分木一般化、一部の部分木一般化、従兄弟一般化では、必ずしも #j =#D にはならないので、一般化のレベルごとに別の計算をしてから、全レコードで総和をとる。

IDが性別と生年の2種類なので分母の疑似IDの種類数＝2だが、疑似IDの種類が増えれば、それに応じて分母の疑似IDの種類数が増え、分子で加算する$\sum \frac{h}{\max(x)}$の形の項も増える。

では式(6.2)によって、図6.10の一般化例におけるPrecを計算してみよう。

性別	生年
性別$_0$	生年$_0$
男	1968
男	1969
男	1971
男	1972
女	1967
女	1969
女	1970
女	1971

性別	生年
性別$_1$	生年$_0$
人	1968
人	1969
人	1971
人	1972
人	1967
人	1969
人	1970
人	1971

性別	生年
性別$_1$	生年$_1$
人	196*
人	196*
人	197*
人	197*
人	196*
人	196*
人	197*
人	197*

性別	生年
性別$_0$	生年$_2$
男	19*
男	19*
男	19*
男	19*
女	19*
女	19*
女	19*
女	19*

性別	生年
性別$_0$	生年$_1$
男	196*
男	196*
男	197*
男	197*
女	196*
女	196*
女	197*
女	197*

上から2行目は、この一般化されたデータが図6.9の（性別i, 生年j）に一般化されていることを表す。

図6.10　一般化された疑似IDのデータベース

#$D=8$，#疑似ID＝2 に注意する。まず、一般化をしないときのPrecを求めてみる。

$$\text{Prec}(\text{性別}_0, \text{生年}_0) = 1 - \frac{\sum_{\#i}\frac{i}{\max(\text{性別})} + \sum_{\#j}\frac{j}{\max(\text{生年})}}{8 \times 2} = 1 - \frac{8 \cdot \frac{0}{2} + 8 \cdot \frac{0}{3}}{16} = 1$$

次に図6.10の右側4個の一般化の場合を計算してみる。

$$\text{Prec}(\text{性別}_1, \text{生年}_0) = 1 - \frac{8 \cdot \frac{1}{2} + 8 \cdot \frac{0}{3}}{16} = 1 - \frac{1}{4} = 0.75$$

$$\text{Prec}(\text{性別}_1, \text{生年}_1) = 1 - \frac{8 \cdot \frac{1}{2} + 8 \cdot \frac{1}{3}}{16} = 1 - \frac{1}{4} - \frac{1}{6} = 0.58$$

$$\text{Prec}(\text{性別}_0, \text{生年}_2) = 1 - \frac{8 \cdot \frac{0}{2} + 8 \cdot \frac{2}{3}}{16} = 1 - \frac{1}{3} = 0.67$$

$$\text{Prec}(性別_0, 生年_1) = 1 - \frac{8 \cdot \frac{0}{2} + 8 \cdot \frac{1}{3}}{16} = 1 - \frac{1}{6} = 0.83$$

これらは、いずれも 2- 匿名性を満たしている。しかし、Prec の大きさは違う。したがって、k- 匿名性を満たす一般化のうちでは Prec を最大化する一般化を選ぶことがよさそうである。これを実現するアルゴリズムについては 6.4 節で述べる。

6.3.2 一般化によって減少した属性の種類数による評価指標

ある疑似 ID:QID が一般化によって v に置き換えられたとしよう。データベースにおいては、v の子孫にはもともと多く種類の具体的値があったとする。つまり、v の子孫の持っていた情報が一般化によって失われている。この情報の損失を表す評価指標が以下のように定義される。

v の子孫の具体的値の種類数を |子孫(v)| とする。一方、疑似 ID:QID はデータベース D において $|D(\text{QID})|$ 種類の具体的値があるとする。この場合、疑似 ID:QID の v への一般化によって消滅した D の具体的値の種類数の QID に対する種類数の比を評価指標と考えることができ、次式の $ILoss(v)$ として定義される。

$$ILoss(v) = \frac{|子孫(v)| - 1}{|D(\text{QID})|} \tag{6.3}$$

式 (6.3) の分子で -1 しているのは、|子孫(v)| 種類が消滅した代わりに v が 1 個導入されたからである。図 6.11 で具体例を示そう。

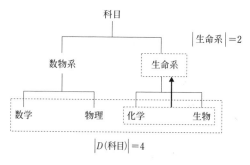

図 6.11 疑似 ID の一般化例

この図の例においては、疑似IDは科目であり、データベースにおける具体的値は数学、物理、化学、生物なので、その種類数＝4である。また、一般化された生命系の子孫の具体的値は化学と生物なので、その種類数＝2である。

したがって、$ILoss(生命系) = \frac{|子孫(生命系)|-1}{|D(科目)|} = \frac{2-1}{4} = \frac{1}{4}$ となる。

ところで、一般化による情報の損失はvの子孫の具体値に種類数だけで決まるわけでない。そのためにレコード単位で考えてみよう。レコードrは複数の疑似IDを持つ。その複数の疑似IDが別々に一般化されていると考えなければならない。したがって、レコードrに対する情報の損失は、疑似ID：QID_jがv_jに一般化されたことによる損失を全疑似IDに対して足し合わせるので次式となる。

$$ILoss(r) = \sum_{v_j} ILoss(v_j) = \sum_{v_j} \frac{|子孫(v_j)|-1}{|D(QID_j)|} \tag{6.4}$$

データベース全体にとっての情報損失はレコードごとの情報損失を全レコードで総和したものであるから、以下の式で表現される。

$$ILoss(D) = \sum_{r \in D} ILoss(r) = \sum_{r \in D} \sum_{v_j} ILoss(v_j) = \sum_{r \in D} \sum_{v_j} \frac{|子孫(v_j)|-1}{|D(QID_j)|} \tag{6.5}$$

最適なk-匿名化を行うには、式(6.5)の評価を一般化ごとに行う必要がある。なお、疑似ID：QID_jごとに異なる重要度w_jを設定したい場合は式(6.4)を以下のようにする。

$$ILoss(r) = \sum_{v_j} w_j \cdot ILoss(v_j) = \sum_{v_j} w_j \cdot \frac{|子孫(v_j)|-1}{|D(QID_j)|} \tag{6.6}$$

6.3.3 情報とプライバシーのトレードオフ評価指標

$1-Prec$も$ILoss$も情報損失を評価する指標である。しかし、k-匿名化の良さは、匿名化の目的であるプライバシー保護の良さと併せて考える必要がある。プライバシー保護を強化すれば情報損失は大きくなり、情報損失を小さくすればプライバシー保護は弱くなる。この両者のトレードオフを表す評価指標は概略以下の式で表される。

$$ILPG = \frac{情報損失}{プライバシー保護} \tag{6.7}$$

$ILPG$ では分子の情報損失に $1-\text{Prec}$（ただし、Prec は式(6.2)による）あるいは式(6.5)の $ILoss$ などを使う。あるいは情報量を用いるなら、データベースの疑似 ID が一般化以前に持っていた情報量と一般化後に持っている情報量の差を使うこともできる。例えば、一般化前には疑似 ID が 8 種類の値を持ち、一般化で 4 種類の値に減少したとしよう。各値での出現レコードの割合が $p_i (i=1, ..., 8)$、一般化後には各値での出現レコードの割合が $q_i (i=1, ..., 4)$ なら、情報量の減少分は $\sum_{j=1}^{4} q_j \log q_j - \sum_{i=1}^{8} p_i \log p_i$ となり、これを式(6.7)の分子に使う。

プライバシー保護は k-匿名化であれば、k の値を使える。つまり、k が大きいほど、プライバシー保護が強化されている。ただし、情報量で計るなら k-匿名化では、同一疑似 ID のレコードが k 個あるので、その情報量は $\log k$ である。$k=1$ だと $\log k = 0$ だが、この場合は式(6.7)が定義できないので、分母を $1+\log k$ としておく。

6.4 k-匿名化のアルゴリズム

k-匿名化を実現する一般化の仕掛けを 6.2 節、評価指標を 6.3 節で述べてきたが、この節ではそれらを使って、k-匿名化を行うアルゴリズムについて説明する。ここで、一般の匿名化の程度に関する 2 つの概念を導入しておこう。

極小匿名化：プライバシー保護の制約（例えば、k-匿名性）を満たし、それより匿名化処理を減らすとプライバシー保護の制約が守れなくなってしまうような匿名化の状態。

最適匿名化：プライバシー保護の制約（例えば、k-匿名性）を満たし、与えられた情報損失の評価尺度を最小化した匿名化の状態。

k-匿名化は複数の疑似 ID の一般化を進行させることによって、一般化された疑似 ID の組だけを調べても同一の疑似 ID の組を持つレコードが k 個以上ある状態、すなわち k-匿名性を満たす状態を作り出すことを目標にしている。アルゴリズムの各段階[15]においては、一般化する疑似 ID とその擬似 ID の一般化の度合いを可能な選択肢の中から選ぶ。アルゴリズム全体としては、この選択と一般化の繰り返しによって k-匿名性を満たす状態を目指して進む。このような処理をデータベースにおける

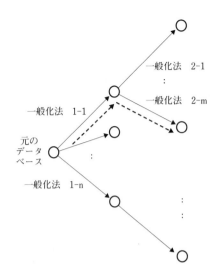

図 6.12　k- 匿名化アルゴリズムの概念

疑似 ID 集合が k- 匿名性を満たすまで進めるプロセスは、最初の 2 段階だけを図 6.12 に示したように、複数の一般化法の選択肢から 1 つを選んで進む。選択肢は◯で示された各段階で複数あるため、全体としての可能な進み方の経路数は各段階の選択肢の積である。このため、可能な全ての進み方を調べ尽くして最適な匿名化を得るには膨大な計算量が必要であることが分かる。なお、全ての経路で k- 匿名化が不可能ならレコード削除も行わざるをえないことになる。

最適な匿名化の計算量は NP- 困難[16]であることが知られている。[Samarati 2001] は図 6.5 で述べた全領域一般化によって k- 匿名化を行う場合、最適な匿名化は大きな計算量が必要なことを示している。そこで、現実的な時間で結果が得られる k- 匿名化のアルゴリズムは、k- 匿名化アルゴリズムの進行における各段階において前節で紹介した評価指標などを計算し、それが最適である一般化の方法を 1 つ選び、次の段階に進む方法を採っている[17]。したがって、アルゴリズムは、各段階における一般化方法の選び方によって決まる。選び方は評価指標によって決まってくる場合もある。

15　アルゴリズム記述では step と呼ぶことが多い。
16　NP-hard。計算量理論に詳しくない方は、データ量が増えると許容範囲の時間で計算できなくなると理解しておいていただければよい。
17　この方法だと、可能な経路を尽くしていないので、必ずしも最適な匿名化が得られる保証はない。

例えば、[Sweeney 2002a] において提案されたアルゴリズムでは、全ての選択肢に対して式(6.2)で定義された評価指標 Prec が最大である一般化法を選択している[18]。ただし、この方法は効率が悪く大規模なデータベースには耐えられない。

6.4.1 ボトムアップ型アルゴリズム

データベースにおける全ての疑似 ID が一般化をしてない状態から始めて、適当な疑似 ID を選んで一般化する処理を繰り返して k-匿名化するアルゴリズムをボトムアップ型アルゴリズムと呼ぶ。ここでは複数の疑似 ID が種々に一般化された状態の集合を束[19]として表わすモデル化を行なう。図 6.13 に示す性別と生年に関する一般化に対応する図 6.14 のような束を例にして考える。図 6.14 で□で囲まれた（性別 i, 生年 j）をノードと呼ぶ。つまり、ノードは一般化された疑似 ID の集合として定義される。2 つのノードを繋ぐ矢印をエッジと呼ぶ。ただし、エッジの出発点のノードよりも到着点のノードのほうが匿名化が進んでおり、同じ疑似 ID を持つレコード数は増大しているとする。

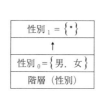

図 6.13 一般化の強さの順序の例

ボトムアップアルゴリズムの目的は、図 6.14 の一番下の [性別 $_0$, 生年 $_0$] のノード[20]から出発して疑似 ID を一般化してエッジを上に登り、k-匿名化された状態にたどり着くことである。ただし、情報損失をできるだけ小さくするために、一般化を最小限に抑えた k-匿名化を行なう。そのため、k-匿名化された状態全てを探し出さなければならない。

そこで、使うのが、次に述べる束における一般化の単調性である。

---

[18] ただし、この方法は効率が悪く大規模なデータベースには耐えられないことを Sweeney 自身も認めている。

[19] lattice. 部分的に与えられた順序関係が作り出す構造。数学における束に詳しくない方は図 6.14 の構造で考えていただきたい。

[20] 束ではこの状態を bottom と呼ぶ。

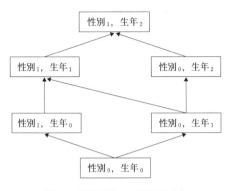

図 6.14 性別と生年の一般化が作る束

単調性

（Ⅰ）一般化の性質

  if k- 匿名性があるノードで成立

    then そのノードの任意の上位ノードでも k- 匿名性が成立[21]

 あるノードで k- 匿名性が成立していれば、疑似 ID がより一般化したノードがカバーするレコードが単調に増えるだけなので、k- 匿名性も引き続き成立することは直観的に理解できるだろう。図 6.14 で［性別 $_1$, 生年 $_0$］が k- 匿名性を満たすなら、［性別 $_1$, 生年 $_1$］、［性別 $_1$, 生年 $_2$］も k- 匿名性を満たす。この単調性により、あるノードで k- 匿名化できれば、それより上のノードも k- 匿名化されている。また、一般化がより進行している。よって、最初に k- 匿名化されたノードより上を探す必要はない。

（Ⅱ）部分集合の性質

  if あるノードで疑似 ID の部分集合が k- 匿名性を満たさない

    then その部分集合を含む疑似 ID の集合でも k- 匿名性を満たさない

 図 6.13 の一般化において［生年 $_1$］が k- 匿名性を満たさないなら、［性別 $_0$, 生年 $_1$］も k- 匿名性を満たさない。つまり、（Ⅱ）では［生年 $_1$］という少ない情報でも k- 匿名性よりも細かい情報が知られているので、［性別 $_0$］という情報が付加されても同

---

[21] 上位とは bottom からより離れたことを意味する。つまり、より一般化が進んだノードとなる。

程度以上に詳細な情報が知られてしまうということを言っている。

プログラムの開始時には、図 6.13 の疑似 ID ごとの一般化の順序データは与えられているが、図 6.14 の束は与えられていない。束を作り出すことは計算量が大きい上に、性質（Ⅰ）で述べたように束の構造全体が必要となるわけではない。よって、このアルゴリズムでは、あるノードで表わされた一般化において、疑似 ID の値が同一であるレコードが最小でも j 個である場合、疑似 ID の追加と一般化によって最小でも $j+1$ 個以上のレコードを含むようにする処理を繰り返し、k- 匿名化された状態の全てを探し出す。アルゴリズムの動きの概略は次のようになる。

ボトムアップ型アルゴリズム

疑似 ID は n 種類とする。

C_i は、含まれる疑似 ID の種類数が i 個であるようなノードの集合。当然、C_1 の初期値は一般化されていない 1 個の疑似 ID からなるノード。

E_i は C_i の要素のノードから C_{i+1} のノードへのエッジの集合。

Q は処理されるノードの候補集合であり、初期値は空集合。

K はノードの擬似 ID 集合が k- 匿名化されたノードの集合。

for i=1 to n do
 begin
 C_i に含まれる全ノードを Q に追加；
 Q の要素であるノードを一般化の高さの順に並べ替える；
 while Q が空集合でない do
  begin
  Q から Q 中の先頭のノードを取り出し、これを $node$ とする；
  $node$ 内の全ての疑似 ID（一般化されている場合もある）において同一の疑似 ID を持つレコード数 $\#record$ を計算し、それらからなる集合 $\{\#record\}$ を作る；
  if $node$ が k- 匿名性を満たす（つまり、$\#record$ の最小値が k 以上）
   then 束においてこの $node$ および、それより上の（つまり、より一般化された）$node$ は k- 匿名性を満たすので、K に追加[22]；
  else $node$ の各擬似 ID を 1 回一般化した $node$[23] を作り、同じ $node$ がまだ Q に入っていなければ、それを Q に加える；
  Q の要素であるノードを一般化の高さの順に並べ替える；

---

[22] K に追加された $node$ はそれ以上の計算はしないことに注意されたい。なぜなら、性質（Ⅰ）より、$node$ を一般化したノードは k- 匿名性を満たすことが知られている。

[23] 疑似 ID の個数だけの $node$ が生成される。

end while
Qの要素の各ノードに、そのノードにまだ含まれていない擬似IDを追加して、C_{i+1}を作りC_iの関係するノードからエッジを張ってE_{i+1}を作る；
end for
end

このアルゴリズムは幅優先の横型探索というタイプのアルゴリズムであるが、性質（Ⅰ）（Ⅱ）など使って無駄な計算を避けつつ、全てのk-匿名性のあるノードを取り出せる。したがって、それらの中から最も一般化が少ないノード、すなわち情報損失の少ない擬似IDの一般化を取り出すことができる。このようなアルゴリズムの具体例としてIncognito [LeFevre 2005] がよく知られている。

ここで、図6.5、6.6、6.7に示した一部の部分木の一般化や従兄弟一般化をボトムアップ型アルゴリズムで扱う方法を考えてみよう。これは結局、図6.13に示した一般化の強さの順序に反映させる。例えば、図6.15のような一部の部分木を別々に一般化する例について考えてみよう。

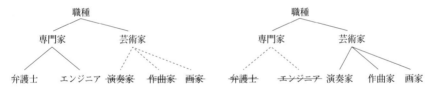

図6.15 一部の部分木を別々に一般化する例

下に一般化の進行状況を示す。一般化は一番下の職業$_0$から始まり、↑に沿って上向きに進行する。職業$_1$に進む一般化の仕方は2種類あるので2つの一般化：職業$_1$と職業$_{1'}$に枝分かれする。その上の職業$_2$では合流する。

6.4 k-匿名化のアルゴリズム

一般化の途中でk-匿名性が満たされれば、それより上には進まない。しかし、最初のうちは一般化が進むにつれて探索すべき一般化の種類数が増えて、計算の量が増えることになる。

6.4.2 トップダウン型のアルゴリズム

1種類の疑似IDを1個の次元とみなすと、M種の疑似IDが種々に一般化されて形成されるノードはM次元空間の点になる。k-匿名化されたノードの集合はM次元空間の中の一部分になる。したがって、k-匿名化はM次元空間をk-匿名性を満たす空間に分割する問題だと考えられる。この問題の解法として、M次元空間を1次元ごとに分割する操作を各次元に順々に適用していく方法がトップダウン型のアルゴリズムである。以下の図で具体例を示す。なお、以下の図6.16、6.17、6.18では●が1個のレコードを表わす。まず、擬似IDは年齢と収入の2つであるとする。各レコードはこの2次元空間の内部の点として表わされる。

Step 1：図 6.16 に示すように、収入によって2つの空間 A1 と A2 に分割する。ただし、A1 に属するレコード数と A2 に属するレコード数が等しく[24]なるように閾値 t1 を決める。

Step 2：図 6.17 に示すように、A1 と A2 を年齢によって各々閾値 s1, s2 で2分割する。ただし、A1 の分割後は、A11 のレコード数と A12 のレコード数が等しくなるように s1 を決め、A2 の分割後は、A21 のレコード数と A22 のレコード数が等しくなるように s2 を決める。s1 と s2 は一般には等しくない。

Step 3：図 6.18 に示すように、再び収入によって A11 と A12 を各々閾値 u1, u2 で2分割する。ただし、A11 の分割後は、A112 のレコード数と A112 のレコード数ができるだけ等しくなるように u1 を決め、A12 の分割後は、A121 のレコード数と A122 のレコード数ができるだけ等しくなるように u2 を決める。A21、A22 についても同様に分割後の領域内のレコード数ができるだけ等しくなるように v1, v2 の閾値で分割する。この図では、この状態で2-匿名化ができている。

Step 4 以降　Step 1、2、3 と同様に、前の Step で収入（あるいは年齢）で分割された各領域を年齢（あるいは収入）でのレコード数が等しくなるように分割する

---

[24] 全体のレコード数が奇数の場合は、2つの領域内のレコード数に1個の差がでるが、これはランダムに割り振るなどの処理を行なう。以降の分割処理でも同様である。

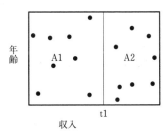
図6.16 レコードからなる空間の2分割

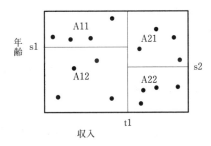
図6.17 レコードからなる空間の4分割

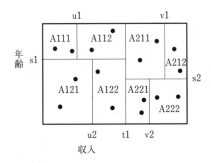
図6.18 レコードからなる空間の4分割

ことを、収入、年齢で交互に繰り返す。

Step 終了条件　上記のStepを分割された領域内のレコード数がkを下回る直前まで繰り返す。したがって、各領域のレコード数はk以上であるため、k-匿名性を満たすと同時に、もっとも情報損失が小さいような小領域に分割されている。

このとき、各領域は、収入が（収入閾値1, 収入閾値2）の間、年齢が（年齢閾値1, 年齢閾値2）の間にあるということで記述される。領域記述は、2つの閾値で決まる区間として表わしてもよいし、中央値：（閾値1＋閾値2）/2、あるいは、領域中のレコードの擬似IDデータの平均値などを使う方法もある。

職業などの数値ではないデータの場合は、もっとも細かい値で分割点を探す。例えば、{演奏家、作曲家、画家}の場合は、{演奏家、作曲家｜画家}あるいは{演奏家｜作曲家、画家}の2種類が考えられるが、意味的な説明が付きにくいかもしれない。また、住所の場合は、緯度、経度という数値情報に変換してから閾値を決めて分割す

6.4 k-匿名化のアルゴリズム　155

る方法がある。このように、トップダウン型の分割は数学的には簡単であり、計算量も小さく効率がよいが、分割の意味付けがつきにくいという問題がある。

緯度、経度という2次元で分割する方法は、地理的空間における人々の滞在地情報のk-匿名化法になっている。すなわち、分割された領域にk人以上が含まれるという制約条件を満たす最小の大きさの領域をトップダウンの分割で求める解法となっている。

このようなトップダウン型アルゴリズムとしては、[LeFevre 2006] の Mondorian と呼ばれるアルゴリズムがよく知られている。

6.4.3 クラスタリング型アルゴリズム

データマイニングでしばしば用いられる類似データをまとめるクラスタリングという手法を応用するアルゴリズムも提案されている [Xu 2006]。

このアルゴリズムを図 6.19 を用いて説明する。○と●は各々k-匿名化で同じグループになるレコードを表わす。なお、図の各軸は別々の擬似 ID を表わしている。

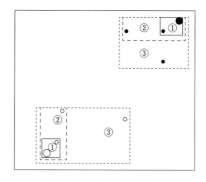

図 6.19 クラスタリングによる k- 匿名化

クラスタリング型アルゴリズム

初期化：データベース中の全レコード数を N とすると、k- 匿名化をするなら N/k 個以下のグループに分割することになる。そこで、$m = (N/(k+\alpha)$ より小さい整数) ただし $\alpha > 0$、とし、お互いにできるだけ離れた m 個のレコードを選び、それを r'_1 ($i = 1, ..., m$) とする。図では少し大きめの○と●で表わしてある。アルゴリズムに

おいては、レコードの擬似IDたちが張る空間の位置の重心（あるいは中央値）をそのグループの位置 $\overline{r}_i$ とする。初期値は $\overline{r}_i = r'_i (i=1, ..., m)$ とする。

```
for j=1 to k-1+α do
begin
    for i=1 to m do
        begin r'_i にもっとも近いレコード r_near を r'_i と同じグループに取り入れる；
            取り入れた r_near も使ってグループの重心（あるいは中央値）を計算しなおし
            その結果を r'_i に代入する；
        end for
end for
```

図6.19では外側のforループを3回繰り返した結果をしめしており、①、②、③は各々1、2、3回ループを回ったときの領域の外縁を各々──、---、……で示している。このようにして作ったグループは擬似IDの近いものが同じグループになっている。擬似IDの範囲の決め方はトップダウン型アルゴリズムと同様である。

以上、レコードの要素である複数の疑似IDだけを対象にしてk-匿名化を行なうアルゴリズムを紹介してきた。しかし、既に述べたように擬似ID以外のデータも滞在場所などのように疑似IDとみなせる拡大した擬似IDの場合もある。拡大した擬似IDの場合、種類数は格段に大きく、擬似IDごとのデータ表現も多様である。このため、同一の擬似IDのレコードがk個以上存在するためには、よほど強い一般化が必要になり、情報損失が大きくなることを覚悟しなければならない。

6.5　*l*-多様性

k-匿名化されていれば、レコード中に記載されている個人ID、擬似ID以外のデータを個人のデータとして特定することは1/kの確率でしかできないと思いたいところだが、実はそう甘くはない。表6.20の3-匿名化されたレコードのグループの例をみてほしい。擬似IDの住所と年齢は一般化されているので、3人とも等しいデータベースに格納されている「東京都文京区本郷」に住む年齢「25歳から30歳」の3名（仮名はA、B、C）はともに今年1月「インフルエンザ」に罹っている。したがって、データベースのある属性に関する個人情報を盗もうとする攻撃者が、データベ

表 6.20 属性攻撃される k- 匿名化されたグループの例

仮名	住所	年齢	昨年の病名	今年1月の病名
A	東京都文京区本郷	25歳から30歳	胃炎	インフルエンザ
B	東京都文京区本郷	25歳から30歳	気管支炎	インフルエンザ
C	東京都文京区本郷	25歳から30歳	風邪	インフルエンザ

ースに記載されている現実の人物：x 氏が「東京都文京区本郷」「25 歳から 30 歳」であると知っていれば、x 氏が A、B、C の誰であるかを特定されなくても、x 氏がインフルエンザに罹っていたことを 100% の正しさで推定できてしまう。このような攻撃を属性攻撃[25]と呼ぶ。特に属性が一様であることを利用した攻撃を homogeneity 攻撃という。

属性攻撃を避けるためには k- 匿名化で一般化された擬似 ID が同一のレコード集合（以後、これをグループと呼ぶ）において、漏洩させたくない属性が 1 種類に限定されないようにすればよい。l- 多様性[26]とは漏洩させたくない属性値が同じグループ内で l 種類以上あるように擬似 ID が一般化された状態と定義される。例えば、表 6.20 の昨年の病名が漏洩させたくない属性ならば、3 人の病名が「胃炎、気管支炎、風邪」なので、この属性については 3- 多様性があるということになる。

次に l- 多様性を実現するような擬似 ID の一般化を行なうアルゴリズムについて説明する。基本的には k- 匿名化のアルゴリズムと同じく、疑似 ID の一般化の順序が作る束において、l- 多様性という条件を満たすノードをボトムから出発して探索する。なお、漏洩させたくない属性は予め決められているとする。l- 多様性でも無駄な探索を避ける k- 匿名性の一般化の性質（Ⅰ）（Ⅱ）と同じ性質が成立する。

（Ⅰ'）一般化の性質
  if l- 多様性 があるノードで成立
    then そのノードの任意の上位ノードでも l- 多様性が成立

あるノードで l- 多様性が成立していれば、疑似 ID がより一般化したノードではレコードが単調に増加するだけなので、l- 多様性も引き続き成立することになる。

---

25 attribute attack
26 l-diversity

(Ⅱ′) 部分集合の性質
    if あるノードで疑似 ID の部分集合が l- 多様性を満たさない
        then その部分集合を含む疑似 ID の集合でも l- 多様性を満たさない

疑似 ID の部分集合を含む疑似 ID の集合で規定されるグループはより小さくなるので、当然 l- 多様性を満たさない。

このような性質が成立するので、アルゴリズムは k- 匿名化のアルゴリズムをほとんどそのまま使える。ボトムアップ型アルゴリズムにおいては一般化の各 step の終了、トップダウン型アルゴリズムにおいては分割の各 step の終了の条件になっている k- 匿名性に l- 多様性も併せて成立するようにすればよい。なお、l- 多様性を 1 個だけの属性に対して確保したいなら、その成立の可否のチェックのための計算量は k- 匿名性のチェックと同じオーダである。ただし、多数の属性に対して l- 多様性を確保することは、k- 匿名化において拡大した疑似 ID を使う場合と同じように非常に成立しにくくなる。

以上では、属性の値の同一性を利用した攻撃、つまり homogeneity 攻撃を考えてきたが、攻撃者が保有する背景知識を用いた攻撃もある。異なる人種を含む人々の病名のデータベースを想定してみよう。4- 匿名化で作成された 4 名のグループの病名が {心臓病、心臓病、心臓病、胃潰瘍} だったとする。この 4 名の内訳は日本人が 1 名、西洋人 3 名とする。日本人は心臓病の確率が小さいという背景知識があると、実は西洋人 3 名は全員心臓病だと推定される。同時に日本人 1 名の病名は胃潰瘍だと推定されてしまう。推定が正しい確率は背景知識が正しい確率による。一般論として言えば、病名と相関が高い疑似 ID があったとき、この相関を背景知識として攻撃に使われてしまうということである。

この攻撃に対する対策は以下のようになる。すなわち、l- 多様性で保護したい属性と相関が強い疑似 ID はデータベースから削除する。ただし、罹りやすい病気と人種の関係などという有力な相関性に関する情報も捨ててしまうことになり、諸刃の剣である。

6.6 Anatomy

前節では l- 多様性を k- 匿名化アルゴリズムに組み入れる方法を説明した。しかし、

k-匿名化と組み合わせずに l-多様化処理を単独で行う方法もある。このような方法のひとつとして、レコードを個人の疑似 ID が記載された部分と、l-多様性で保護したい属性が記載された部分に分解して、保護したい属性がある属性値を持つレコードを一意絞り込みできないようにする Anatomy［Xiao kui 2006］という手法がある。以下で詳しく説明する。

表 6.21 のようなデータベースを想定する。ここで保護したい属性は病名とする。

表 6.21 データベース例

仮名	年齢	性別	病名
1	65	男	インフルエンザ
2	30	男	胃炎
3	43	女	肺炎
4	50	男	インフルエンザ
5	70	女	肺炎
6	32	男	インフルエンザ
7	60	女	インフルエンザ
8	55	男	肺炎
9	40	女	鼻炎

このデータベースを表 6.22 のように病名ごとにまとめて 4 個に分解する。1 列目は仮名、2 列目は病名である。

このデータベースを以下の step で 2 個のグループにまとめる。

表 6.22 4 分割されたデータベース

1	インフルエンザ
4	インフルエンザ
6	インフルエンザ
7	インフルエンザ

3	肺炎
5	肺炎
8	肺炎

2	胃炎

9	鼻炎

Step 1：レコード数が最大のデータベース（この場合は病名がインフルエンザ）のレコードを 2 個のデータベースに順に割り振る。

Step 2：レコード数が 2 番目に大きいデータベース（肺炎）のレコードを 2 個のグループに割り振る。

Step 3：レコード数が 3 番目のデータベース（胃炎）のレコードを 2 個のグループのうちレコード数が少ないグループに割り振る。

Step 4：レコード数が 3 番目のデータベース（鼻炎）のレコードを 2 個のグループ

のうちレコード数が少ないグループに割り振る。ただし、この例では、この Step において 2 つのグループのレコード数は同じなので、第 1 番目のグループに割り振る。

こうしてできあがったデータベースは表 6.23 のようになる。

表 6.23 できあがった 2 個のグループ

グループ 1	
1	インフルエンザ
6	インフルエンザ
3	肺炎
8	肺炎
9	鼻炎

グループ 2	
4	インフルエンザ
7	インフルエンザ
5	肺炎
2	胃炎

この状態でグループ 1、2 とも 3-多様性を満たしている。次に表 6.21 に示すデータベースを（仮名、年齢、性別、グループ番号）からなるデータベース Q と（グループ番号、病名、その病名のレコードの数）からある S に分離して、表 6.24、表 6.25 のような 2 個のデータベースを作る。

表 6.24 データベース Q

仮名	年齢	性別	グループ番号
1	65	男	1
3	43	女	1
6	32	男	1
8	55	男	1
9	40	女	1
4	50	男	2
2	30	男	2
5	70	女	2
7	60	女	2

表 6.25 データベース S

グループ番号	病名	レコード数
1	インフルエンザ	2
1	肺炎	2
1	胃炎	1
2	インフルエンザ	2
2	肺炎	1
2	鼻炎	1

データベース S を使えば、各グループにおける病名ごとのレコード数すなわち人数が分かる。一方、データベース Q を使うと、各グループにおける年齢や性別の分布が分かる。しかし、S と Q はグループごとでの対応しか分からないので、個人ごとの病名は確定的には分からない。実際は、データベース S は病名の 3-多様性があるので、各グループの仮名の人の病名は 1/3 の確率でしか分からない。データベース S が l-多様性を持てば、$1/l$ の確率でしか個人の病名は分からないので、保護はかなり強力である。

6.6 Anatomy

6.7 t-近接性

l-多様性があっても、データベースにおける保護したい属性の値の分布に偏りがあると、プライバシーは深刻な危険に晒されること[27]が示された [Ninghui ほか 2007]。以下の例を使って考えてみよう。

(例) 陽性と陰性：プライバシーを保護したい属性として、ある特殊なウイルスに感染したか（陽性）、していないか（陰性）かというものを考える。例えば 10000 レコード中、陽性 2%、陰性 98% だったとする。

陰性の 98% の人々は、陰性だと漏洩しても損害はないであろう。しかし、陽性の 2% の人々にとって漏洩は非常にダメージが大きいと考えられる[28]。

この例では、属性の値が陽性、陰性の 2 種類なので、以下、2-多様性で考える。この例のデータベースで 2-多様性を確保しようとすると、陽性は 10000 レコード × 2%=200 レコードであるから、グループ数は 200 以下にしなければならず、グループは 50 レコード以上含むことが要請されるので、擬似 ID ないし拡大した擬似 ID の一般化の程度を大きくしなければならず、情報損失が大きい。

次に、50 レコードからなるグループの例を考えてみる。第一のグループ例では、陽性が 40 レコード、陰性が 10 レコードであり、第二のグループ例では陽性が 1 レコード、陰性が 49 レコードとする。いずれも 2-多様性を満たす。しかし、第一のグループ例の場合、擬似 ID からなんらかの手がかりが得られてグループ内の何名かが個人識別されると、80% の確率で陽性と推定されてしまう。一方、第二のグループ例の場合、仮に何名かが個人識別されても陽性である確率はデータベース全体の陽性の割合 2% であり、個人情報漏洩のリスクは小さい。このようなリスクの差異が l-多様性では捉えられない。

(例) 類似収入：保護したい属性として収入を考えてみる。データベース全体では、

---

[27] 直前で述べた Anatomy の場合は、グループごとにこのような属性の値の偏った分布がない。その意味で優れた方法といえる。ただし、k-匿名化と組み合わさっていない。
[28] このような個人にとってのダメージの観点は、後に 6.9 節で濡れ衣という形で議論する。

200万円から2000万円の間に一様に分布していたとする。これを10万円単位で分割し、例えば「230万円 – 240万円」という細かさにしたとする。さて、ある4人からなるグループの収入が｛「220万円 – 230万円」「230万円 – 240万円」「230万円 – 240万円」「240万円 – 250万円」｝だったとすると、このグループは3-多様性を満たしている。しかし、収入レベルが近接した人ばかりなので、おおよその収入額は推定されてしまう。つまり、グループにおける属性の値が近接したものばかりになっていると漏洩の危険性が高いということである。仮に｛「120万円 – 130万円」「230万円 – 240万円」「630万円 – 640万円」「1040万円 – 1050万円」｝というグループなら、ある個人がグループに属することを特定されても、収入に関する情報はほとんど漏洩しない。

以上の例から分かるように、l-多様性には保護したかった属性に対する漏洩のリスクが高い場合があり、それは、1) データベース全体の属性値の分布とl-多様性を持つグループ内における属性値に分布が大きく異なっていること、2) グループ内の属性値が近接したものばかりになっていることが原因になっている。したがって、グループ内部の保護したい属性の分布が1)、2)を同時に解消ないし軽減するようなグループへの分割すなわち擬似IDの一般化を行なうことが解決策となる。[Ninghuiほか 2007] では、この問題をEarth Mover Distance（以下EMDと略記する）という評価指標を用いて解決しようとしている。

まず、保護したい属性がm種類の値をとり、データベース全体では各値の標本確率が$P = (p_1, p_2, ..., p_m)$という分布Pであったとする。一方、あるグループにおいては各値の標本確率が$Q = (q_1, q_2, ..., q_m)$という分布Qであったとする。単純にPとQを近づけたいなら$\sum_{i=1}^{m}|p_i - q_i|$あるいは$\sum_{i=1}^{m} p_i \log(p_i/q_i)$[29]を小さくすればよいが、それだけでは2)のグループ内の属性値が近接しすぎていることを避けることができない。そこで、属性値i, j間の距離d_{ij}を導入する。例えば、属性が数値であり、m種類の区間$w_i (i = 1, ..., m)$に分けられており、各区間の平均値$\bar{w}_i$の大きさの昇順に並んでいたとする。つまり、$\bar{w}_1 < \bar{w}_2 < \cdots < \bar{w}_m$である。この場合は、$d_{ij} = |\bar{w}_j - \bar{w}_i|/m$あるいは簡単に$d_{ij} = |j - i|/m$とする。$P$と$Q$のEMDは、$P$と$Q$を一致させるために$i, j$間で移動の手間を用いて定義する。ただし、移動の手間は、移動する確率f_{ij}と

---

[29] この指標はKullback-Leibler divergenceと呼ばれる。

移動距離 d_{ij} の積の総和によって定義する。気をつけなければならないのは、P と Q の間の EMD は、

1）移動は任意の i, j のペアの間で行なわれ、それらの移動を総和した値であること
2）しかも、最小の移動で P と Q を一致させること

という条件を満たすことである。この結果、EMD は以下の式(6.8)に示す条件付き最適化問題の解として定義される。なお、変化させることができるのは f_{ij} であることに注意していただきたい。

$$\begin{aligned}
EMD(P, Q) &= \min \Sigma_{i=1}^{m} \Sigma_{j=1}^{m} d_{ij} f_{ij} \\
\text{subject to:} \quad & f_{ij} \geq 0 \quad 1 \leq i \leq m, 1 \leq j \leq m \\
& p_i - \Sigma_{i=1}^{m} f_{ij} + \Sigma_{j=1}^{m} f_{ji} = q_i \\
& \Sigma_{i=1}^{m} \Sigma_{j=1}^{m} f_{ij} = \Sigma_{i=1}^{m} p_i = \Sigma_{i=1}^{m} q_i = 1
\end{aligned} \quad (6.8)$$

この最適化問題を、グループを作る度に解くのは計算量が大きそうだが、上記の各区間の平均値 $\overline{w}_i$ の大きさの昇順に並んでいる場合は、幸いなことに以下のように簡単な計算に帰着できる。

$$r_i = p_i - q_i (i=1, ..., m) \text{とすると}$$
$$EMD(P, Q) = \frac{1}{m-1} (|r_1| + |r_1 + r_2| + \cdots + |r_1 + r_2 + \cdots + r_{m-1}|) \quad (6.9)$$

予め定めた数値 t に対して、擬似 ID の一般化によって作られた各グループにおける保護したい属性値の分布 Q とデータベース全体のその属性値の分布 P の間で、

$$EMD(P, Q) \leq t \quad (6.10)$$

を満たすように擬似 ID の一般化を行なってグループを構成する方法を t- 近接性を満たす匿名化アルゴリズムという。ただし、極端に一般化をしてデータベースをまったく分割しなければ、当然 $P = Q$ なので式(6.9)の t- 近接性を満たすが、これでは情報損失が大きすぎて意味がない。よって、$EMD(P, Q) \leq t$ の制約は、情報損失を最小限にする、すなわち擬似 ID の一般化を最小限にする 6.4 節で説明した k- 匿名化アルゴリズムに組み込む。具体的には、k- 匿名化アルゴリズムにおける一般化の各 Step で

形成されたグループごとにチェックする条件に $EMD(P, Q) \leq t$ を追加する。

[Ninghui ほか 2007] に記載されている実験結果によれば、約3万レコードからなる米国の国勢調査データで、t-近接性を取り入れた k-匿名化においては、$t=0.2$ の場合、$k=6, 8, 10$ でグループの大きさと計算時間は t-近接性を使わない場合とほとんど同じだった。

6.8　外部情報との突合

k-匿名化、l-多様性、t-近接性は疑似IDと保護したい属性からなるレコードを持つデータベースにおいて、保護したい属性を持つデータ主体を一意絞り込みする攻撃を避ける有力な手法であった。だが、k-匿名化してもグループ内にはたかだかk人しかいない。kが小さいときには他の情報も使って絞り込める可能性が大きい。病名を保護したいとき、2-多様性を持つ2-匿名化を行うと、同一の一般化された疑似IDを持ち、病名が {性的感染症, インフルエンザ} という2名のグループができるかもしれない。このグループは2-多様性かつ2-匿名性を持っているが、1/2 の確率で病名が推定される。

少し具体的な状況を想定すると、この2名が個人識別されると、性的感染症の治療薬の広告が送られてくるかもしれないが、もっと酷い実害、例えば、保険加入あるいは就職活動や婚活で非常に不利な扱いを受ける可能性もある。性的感染症の感染者にとっても実害が大きいが、性的感染症でないもう1名にとってはまったく本人に原因がないにもかかわらず起こる被害である。この現象はいわゆる濡れ衣だが、後で詳しく述べる。

したがってkの値がどのくらい大きければ個人識別されない、ないしされにくいか、さらには確率的な推定による被害を防げるかという問題が生じる。この問題は当該のデータベースの性質だけで決まるものではないことを認識しておく必要がある。例えば、データ主体Aさんが時刻Tに店舗Sで商品Xを購入したという情報があれば、購買履歴情報のデータベースにおいて疑似IDを k-匿名化してあっても、購買履歴とk人のグループへの絞り込みを突き合わせて、Aさんが別の時刻ないし他の店舗で購入した商品を購買履歴情報のデータベースから推定できる可能性が大きい。

このような状況なので、k-匿名化されたデータベースが第三者に提供された場合、他の情報を統合して使わないということは法律あるいは契約でしか制限できない。個

人情報保護法改正案では、匿名加工情報という概念があり、k-匿名化された場合は匿名加工情報とみなされるかもしれない。匿名加工情報はデータ主体の同意を得なくても第三者移転することが許容されるが、個人識別するために他の情報と突き合わせることが禁止されている。このことは、まさに上記の「法律による禁止」に該当する。

k-匿名化、l-多様性、t-近接性の節で説明したように、これらの匿名化処理を行ったデータベースで個人識別が行われてしまうのは、外部の情報源を併用したときである。したがって、匿名加工情報が外部情報との併用を禁止していることは、技術的には理にかなっている。外部情報との突き合わせは個人識別を目的として行ってはいけないとされているため、統計値を得るためなら外部情報を併用してもよいと解釈する余地がある。

k-匿名化、l-多様性、t-近接性はプライバシー保護を明確な制約とした方法である。だが、これらのプライバシー保護処理によってデータの品質が劣化することも見逃せない。6.3節では、データの品質劣化を式(6.2)の **Prec** や、式(6.5)の *ILoss* などで定義した。しかし、これはデータ自身の一般的品質の指標であり、実際のデータ利用における性能劣化にどのような効果があるかという一般論はない。個々のデータマイニングや機械学習において匿名化あるいは保護したい属性の擾乱が引き起こす劣化については、データマイニング関連学会の論文を調査することをお勧めしたい。

6.9 濡れ衣

k-匿名化が誘発する濡れ衣現象を説明するために表6.26のデータベースについて考えてみる.

表 6.26 所在場所のデータベース例

名前	年齢	性別	住所	N月M日P時の滞在場所
一郎	35	男	文京区本郷XX	K消費者金融店舗
次郎	30	男	文京区湯島YY	T大学
三男	33	男	文京区弥生ZZ	T大学
四郎	39	男	文京区千駄木WW	Y病院

最左列は人名だが、これは仮名化されなければならない。2、3、4列は、疑似IDである。5列目のN月M日P時の滞在場所である。一郎が就職活動中であったり婚活中であったりすると、消費者金融店舗に出入りしていることが相手先に知られると

都合が良くないことは容易に理解できる[30]。そこで、一郎の個人情報である滞在情報を保護するために、1）名前をA、B、C、Dと仮名化し、2）疑似IDの情報を粗いものに変更して表6.27のように改変する。

表6.27　4-匿名化したデータベース

仮名	年齢	性別	住所	N月M日P時の滞在場所
A	30代	男	文京区	K消費者金融店舗
B	30代	男	文京区	T大学
C	30代	男	文京区	T大学
D	30代	男	文京区	Y病院

こうすると疑似IDは4名とも同じになるので、4-匿名化が実現でき、一郎の滞在場所は保護される。当然、消費者金融に行った人を特定できない。だが、疑似IDでは区別できない4名の中に消費者金融店舗に居た人は1名いる。ということは、4-匿名化されたデータをみた人は、この4名は全員確率1/4で消費者金融店舗に行っていると考える。したがって、4名全員が消費者金融店舗に行ったことを疑われる。これは、k-匿名化しなければ起こらなかった事象であるので、以後「k-匿名化が誘発した濡れ衣」と呼ぶ。もし、消費者金融に行っていない3名のうちの誰かが就職活動や婚活をしていて、消費者金融への出入りを疑われたら全く迷惑な話である。とはいえ、会社での採用は人事上の重大事であるから、会社とすれば素性や性格、行動の怪しい人は採用したくないし、婚活においてはもっと切実であろう。仮に濡れ衣の疑いを晴らせたとしても、そのために労力や、嫌な時間を過ごさなければならず3人にとっては迷惑であるし、会社や婚活の相手が濡れ衣の原因を明確にせずに不採用、破談と言ってきたらこの3名に打つ手はない。

l-多様性、t-近接性は事態をさらに悪化させる可能性がある。というのは本来なら消費者金融店舗に行っていない人だけでk人のグループを構成できたところを、l-多様性、t-近接性を確保するために、無理矢理k人のグループに消費者金融店舗に行った人を混ぜるかもしれないからである。もし、消費者金融店舗に行った人を少数のグループに集めてしまえば、濡れ衣は発生しない。しかし、この処理は明らかにl-多様性の精神に反する。つまり、個人情報を保護することを目的としていたk-匿

---

[30] もっとも一郎が消費者金融に出入りしているなら、それを隠して就職活動や婚活を行うことはいかがなものかという意見もあるだろう。しかし、所在場所が個人情報であれば、プライバシー保護の対象にはなるだろう。

名化、l-多様性、t-近接性と濡れ衣は相反する関係にある。

濡れ衣は個人の所為ではなく、匿名化のアルゴリズムそのものによって誘発する現象である。したがって、アルゴリズム的な手法で軽減ないし解消する方法を探ってみよう。まず、濡れ衣の発生原因を分析してみる。

直感的には濡れ衣は疑う側の主観的判断によると思われるが、それではアルゴリズムの工夫による軽減に結びつかない。そこで、その背後に働いていると想定される何らかの合理的思考について考察してみる。上で述べた就職活動中の個人の滞在場所が消費者金融である可能性があることを採用側の会社が知った場合を想定してみよう。会社側は、消費者金融店舗への出入りが真である場合と偽である場合を天秤にかけるであろう。

1) 消費者金融に出入りしている人を採用してしまった場合に会社に降りかかる損失の期待値：

　これはおそらく消費者金融に出入りしていた社員の会社に対する貢献や損害を評価すれば推定できるので、これをcとおく。k-匿名化で作られたk人のグループ中、消費者金融に出入りした人数sとすると、損失の期待値は$c \cdot \dfrac{s}{k}$となる。

2) 消費者金融に出入りしている可能性のある人の採用を止めた場合の損失の期待値：

　採用しなかった人がどのような貢献を会社にするかは予測しにくいので、平均的働きをするとしよう。すると、別の人を雇う場合でも会社に対する貢献度の予測値は同じなので、そこでの損失はない。確実に余計にかかるコストは、新たに1名を採用するのにかかるコストなので、一定値であり、これをrとする。

両者の関係を図示すると図6.28となる。

会社側にとっての経済的な損得で考えると、$c \cdot \dfrac{s}{k} = r$の場合が分岐点である。分岐点におけるs/kの値を$\hat{S}$とする。$s=0$なら$\hat{S}=0$であり、グループ内に消費者金融に出入りした人はいないので、濡れ衣は発生しない。$\hat{S}=1$の場合は$s=k$すなわちグループ内の全員が消費者金融に出入りしているので、濡れ衣ではなく、100%消費者金融に出入りしたとして処置すべきである。$0<\hat{S}<1$の場合は、$\hat{S}$の左側では濡れ衣を疑う

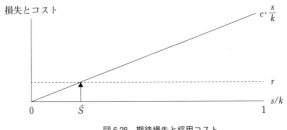

図 6.28　期待損失と採用コスト

と会社にとって経済的には損であり、右側だと経済的に得である。このことから、濡れ衣の発生確率を減らすには、k-匿名化した結果から計算される $\hat{S}$ をできるだけ左側に寄せればよい。このためには、k を大きく、s を小さくすればよい。例えば、4-匿名化で4名のグループ中で2名が消費者金融に行っている場合は、グループ内の4名全員を疑うほうが損失が少ない。よって、会社が経済的得失からみて判断するなら、消費者金融に出入りしていない2名も疑われるだろう。20-匿名化で1人だけ消費者金融に行っている場合は、経済的得失の点からは疑わないほうが損失が小さい可能性が高い。よって、消費者金融に出入りしていない19名に疑いをかけても会社側としては得が少ないので、濡れ衣は発生しにくいであろう。

　濡れ衣の発生を抑えるために、k を大きくすると、一般にプライバシー保護能力が上がるが、情報損失を大きくする。一方、s を小さくすることは、k-匿名化における一般化の適用方法で実現できる。仮に全てのグループで $s=1$ とすることができ、k をある程度大きくできれば、濡れ衣の発生をかなり避けられるだろう[31]。すなわち、プライバシーを保護したい属性において、消費者金融店舗への出入りのように問題となる値をとる人数がグループ内で1以下という制約をk-匿名化のアルゴリズムのチェック条件に組み込めばよい。このような条件の追加は l-多様性、t-近接性の場合にも行ってきたことである。ただし、意味的には l-多様性、t-近接性の確保と濡れ衣軽減は相反するので、条件が成立しにくくなることは避けられない。l-多様性、t-近接性、濡れ衣軽減を全て満足したければ、結果的に匿名化のグループが実際は相当

31　ただし、会社が濡れ衣を疑うかどうかの判断は単純に図 6.28 の経済的得失だけではなく、経営環境、経営者や採用担当者の主観的心理による部分が多いことも念頭におくべきである。実際、$s=1$ でも $k=2$ や 3 では疑いたくなるだろう。一方、私見ではあるが、k が 5 以上なら疑う心理にはなりにくく、10 以上ともなると、疑うことが得ではないと考えるようになるのではないだろうか。

大きくなる可能性があることには留意しておく必要があるだろう。

6.10 開示、訂正、消去における技術的問題

個人データの開示、訂正、消去の要求に応えるにあたって、k-匿名化で留意すべき点について説明する。データ収集を直接行った事業者は、個人の同意を取り付ける際に個人識別をしているので、開示、訂正、消去の要求は直接に処理しても、個人情報の漏洩は起こらない。問題が起こるのはk-匿名化したデータベースを第三者に転売や移管したときである[32]。以下では簡略化のため、データ収集を直接行った事業者をA、転売された第三者をBとする。データ主体が第三者：Bに対して自分の個人情報の開示、訂正、消去をデータ収集事業者：A経由で要求する場合について考えてみる。

6.10.1 開示要求

Aが表6.29の右側にその一部を示す3-匿名化したデータベースをBに転売したとしよう。3-匿名化なので、疑似IDは一般化され3人とも同一値：xxxである。また、Aだけは左側の個人IDと仮名の対応表を持っているとする。

表6.29 3-匿名化データへの開示要求

データ収集事業者A		データをAから入手した事業者B		
個人ID	仮名	仮名	疑似ID	個人データ（機微情報を含む）
山下一郎	A123	A123	xxx	インフルエンザ
山田次郎	B234	B234	xxx	高血圧
山口三郎	C345	C345	xxx	糖尿病

ここでデータベースに個人データが格納されている山下一郎氏からの開示要求があったとしよう。Aは同じ匿名化グループの山下、山田、山口の仮名A123、B234、C345をBに送り、個人データをAに送るように要求する。この処理によって個人情報のBへの漏洩はない。Bは3名の個人データ：A123＝インフルエンザ、B234＝高血圧、C345＝糖尿病をAに送る。Aは受け取ったデータのうち、山下氏の仮名

---

[32] 改正個人情報保護法では、匿名加工情報はデータ主体の同意なく第三者に移管、転売してもよい。k-匿名化された情報が匿名加工情報であるという解釈が定着すると、ここでの議論が直接に問題になる。

A123に対応するインフルエンザを取り出して、要求元の山下氏に他業者の保有データとして開示することができる。このプロセスでBが従来知っていた以上のプライバシー情報は流出していない。

6.10.2　訂正要求

山下氏から訂正の要求があれば、AはBに対して山下氏の仮名A123に対応するレコードの内容訂正あるいはレコードの消去を要求する。訂正の場合は、個人データの訂正なら特に問題は起こらない。しかし、疑似IDに住所が含まれており、山下氏が転居したために住居変更という訂正を要求した場合、疑似IDが変化するので、このグループは3人ではなく、2人のレコードだけになってしまい、3-匿名化が崩れる。このような状況は消去でも発生するので、対策は次の消去の項目で説明する。

6.10.3　消去要求

消去の場合Bは仮名A123に対応するレコードを消去すればよいのだが、そうすると上記の疑似IDの変更の場合と同様に3-匿名化が崩れる。そこで、以下に対策を述べる。

対策1：データ収集事業者Aはデータベース全体のk-匿名化（この例ではk=3）をやり直して新たなk-匿名化データベースを作り、Bにデータベースごと送る。これは根本的な対策ではあるが、手間のかかるk-匿名化の処理を1データ主体の訂正や消去のたびに繰り返すこと、およびデータベース全体を再配布することは負担が大きく、得策ではない。

対策2：疑似IDの変更、あるいはレコード消去を要求されたデータ主体のデータを含むk-匿名化のグループをグループまるごと消去する。この方法は簡単だし、プライバシー漏洩はない。ただし、データベースの品質が劣化する。したがって、このような品質劣化をAは事前にBに承諾させなければならない。そのような条件自体がデータベースの価値、あるいは転売の対価を下げてしまう。

対策3：もともとの匿名化をk-匿名化ではなく、k+α-匿名化にしておく。ただし、$\alpha \geq 1$である。こうすれば、1グループ当たりα人のレコード削除までは、k-匿名化の条件を崩さずに行える。αを大きく設定しておけば、訂正、消去における実害はほとんど起こらない。ただし、k+α-匿名化は明らかにk-匿名化

より情報損失が大きい。よって、aを無暗に大きくすることはできず、データベース更新の実情に合わせて設定することが必要になる。

6.11 移動履歴のマルコフ連鎖化によるプライバシー保護

ここまではもっぱら疑似IDと外部情報との突合によって個人の一意絞り込みと個人識別が行われる危険性について述べてきた。しかし、レコードの属性のうち個人ID、疑似ID以外の機微情報やその他の情報も疑似IDと同等の個人識別能力を持つことは既に2章で述べたとおりである。とくに行動履歴や移動履歴は個人についての長大な情報を表している。例えば、自宅を出てから勤め先に行くまでの移動履歴が同一の人はいない[33]。つまり、移動履歴などは一意絞り込み可能な疑似IDとみなせる。そこで、移動履歴のデータベースを公開するに際しては、自宅から最寄りの交通機関の停留所や駅までの情報は削除するような処理が施される。

次に移動履歴からなるデータベースをモデル化してみる。A〜G駅の間の経路は図6.30のようになっているとする。

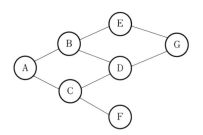

図6.30 駅を繋ぐ電車の経路

図6.30のような駅間の繋がりにおいて、表6.31のような駅間の移動履歴のデータベースを想定してみる。この表ではセルに1のついている駅には滞在ないし通過したことを表し、空白のセルの駅には滞在も通過もしなかったことを表す。

駅ごとの列和がk以上の場合は、その駅に滞在した人数がk人以上いるので、k-匿名化と同様の状況となる。列和が1の場合、例えば駅Fではそこを滞在した人が1人に絞り込まれる。したがって、対応する田中のレコードを削除する必要がある。と

---

[33] ある人が経営する会社で家族も働いている場合は、通勤経路が同一でありうる。ただし、少数例であろう。

表 6.31　隣接駅 A〜G の間の移動履歴の例

場所（駅名など）		A	B	C	D	E	F	G
個人ID（氏名など）	伊藤	1	1		1			1
	加藤			1	1			1
	田中	1		1			1	
	山下		1			1		1
	渡辺	1	1			1		
列和		3	3	2	2	2	1	3

ところが、田中のレコードを削除すると、駅Cの滞在が1名になる。そこで、駅Cに滞在した加藤のレコードも除去する。すると、D駅の滞在者が1名になり、その駅に滞在した伊藤のレコードも除去することになる。このようなことを繰り返すと、この例でも分かるようにデータベース中のレコードが激減することが分かる。さて、表6.31のデータベースの属性を2駅間の移動に直してみる。その結果が表6.32である。

表 6.32　2 駅間の移動を属性とした場合

移動経路		A-B	A-C	B-D	C-D	B-E	D-G	E-G	C-F
個人ID（氏名など）	伊藤	1		1			1		
	加藤				1		1		
	田中		1						1
	山下					1		1	
	渡辺	1				1			
列和		2	1	1	1	2	2	1	1

表 6.31 に比べて明らかに列和が減少しており、k-匿名化は困難になっている。この例では 2 駅間の移動にしたが、個人の実際の経路を記述するためには、N 駅間移動を属性とすると、ますます列和が少なくなる。したがって、このような直接的な方法では k-匿名化は望めない。

そこで、表 6.31 や表 6.32 のような実データを使わない方法を考える。まず、データベースから 2 駅間の移動の確率を計算する。例えば、A 駅から B 駅か C 駅に移動する経路がある場合、$\Pr[A \to B]$ と $\Pr[A \to C]$ [34] をデータから計算する。表 6.31 の場合、$\Pr[A \to B] = 2/3$、$\Pr[A \to C] = 1/3$ となる。このような 2 駅間の移動確率を求めることによって、複数駅にまたがる移動の確率も求められる。駅間移動が独立なら、例えば、

---

[34] 本来は条件付き確率 $\Pr[B|A]$ と $\Pr[C|A]$ と書くべきであるが、直感的理解のため $\Pr[A \to B]$ と $\Pr[A \to C]$ と記した。

$$\Pr[A \to D] = \Pr[A \to B]\Pr[B \to D] + \Pr[A \to C]\Pr[C \to D]$$

として計算できる。表6.31からは

$$\Pr[A \to D] = (2/3) \cdot (1/3) + (1/3) \cdot (1/2) = 7/18$$

となる。このような数理モデルはいわゆるマルコフ連鎖である。実際にA駅からD駅に移動した人数は$\Pr[A \to D] \cdot (A$駅の滞在人数$)$として近似できる[35]。このような近似をすれば個人識別できない。また、得られたデータは交通流や人流に関する統計データとしては有用である。ただし、近似精度が問題なので、統計的に十分注意する必要[36]がある。

参考文献

Fung B. C. M, K. Wang, R. Chen, and P. Yu. (2010). Privacy-preserving data publishing: A survey of recent developments. Journal ACM Computing Surveys, 42(4)4, 1-53.

LeFevre DeWitt, D. J. and R.K. Ramakrishnan. (2005). Incognito: Efficient Full-domain k-Anonymity. SIGMOD, 49-60.

LeFevre DeWitt, D. J. and R.K. Ramakrishnan. (2006). Mondrian Multidimensional k-Anonymity. ICDE, 10.1109/ICDE.2006.101.

Machnavajjhala A. D. Kifer, J. Gehrk, and U. Venkitasbramaniam. (2007). l-Diversity: Privacy Beyond k-Anonymity. ACM Transactions on Knowledge Discovery from Data, 1(1), Article 3:1-52.

Ninghui L., L. Venkatasubramanian, and S.Tiancheng. (2007). t-Closeness: Privacy Beyond k-Anonymity and l-Diversity. ICDE, 106-115.

Samarati P. (2001). Protecting Respondents' Identities in Microdata Release. IEEE TRANSACTIONS ON KNOWLEDGE AND DATA ENGINEERING, 13(6), 1010-1027.

Sweeney L. (2002a). Achieving k-anonymity privacy protection using generalization and suppression. International Journal on Uncertainty, Fuzziness, and Knowledge-based Systems, 10(5), 571-588.

Sweeney L. (2002). k-Anonymity: A Model for Protecting Privacy. International Journal on Uncertainty, Fuzziness and Knowledge-based Systems. 10(5), 557-570.

Xiao kui X. and T. Yufei. (2006). Anatomy: Simple and Effective Privacy Preservation. VLDB, 139-150.

Xu J., W. Wang, J. Pei, X. Wang, B. Shi, and A. Fu. (2006). Utility-Based Anonymization

---

35 もし、$A \to B \to D$というルートだけを考えるなら$\Pr[A \to B \to D] = \Pr[A \to B] = \Pr[B \to D]$ =2/9となり、このルートを通った人数は、$\Pr[A \to B \to D] \cdot (A$駅の滞在人数$)$となる。

36 例えば、信頼度X%の信頼区間の大きさを評価することなどが必要である。

Using Local Recoding. 12th ACM SIGKDD international conference on Knowledge discovery and data mining, 785-790.

7章　差分プライバシー

7.1　差分プライバシーとは何か

2006年、Dworkが提案した差分プライバシー[1]［Dwork 2006］はプライバシー保護の有力な方法として多くの研究成果があり、さらに最近では米国の国勢調査の統計データのプライバシー保護にも応用されている重要な技術である。にもかかわらず、IT技術や情報科学の研究者にとってすら理解しにくい概念と思われている。

差分プライバシーは、データベース中の個人データの含まれるレコードの内容を攻撃者から保護しつつ、データベース全体に対する統計的解析を可能とする仕組みである。だが、差分プライバシーはデータベースへの操作の観点からみれば、端的に雑音加算[2]である。分かりにくいのは、雑音加算の目的と評価法である。直感的な理解のために以下の具体例を説明する。

具体例：
　ある薬局Bで販売している全ての種類の薬について、買った人の人数を記載してあるデータベースをDとする。Dでは氏名などの個人IDは削除されているとする。
　攻撃者がDを入手したとする。攻撃者はAさんが医師からある薬Cを処方されたことを知っているとする。攻撃者はAさんが薬局Bを訪ねたかどうかをDに記載された薬Cを買った人数から推測できたとしよう。薬局Bで薬Cを買った人がいっしょに買うことが多い薬がDから分かると、Aさんが薬局Bで他にどんな薬を買ったかも推定できる。この結果、Aさんの他の病気や持病などが漏洩するかもしれない。そのようなデータは悪用されるとAさんに被害が及ぶことになろう[3]。

---

[1]　differential privacy
[2]　正確には雑音加算を含む包括的な数理モデルである。

これは処方された薬が個人情報であるために漏洩が問題になる例だが、遺伝子情報や資産情報などについても同様のプライバシー漏洩が派生する危険がある。

上の具体例で、Aさんの個人情報の漏洩の糸口は、データベースDからAさんが薬局Bでの購入者リストに入っているかどうかという情報が漏洩したことである。

このようなプライバシー漏洩を避けるために、薬局Bで薬Cを買った人数に雑音を加算する。雑音加算の目的は、薬局Bで薬Cを買った人のリストにAさんが入っている場合といない場合が区別できないようにすることである。この具体例の場合、薬局Bで薬Cを処方した人数がAさんを含む場合は10名、含まない場合は9名だったとしよう。Aさん以外の9名の情報が攻撃者に知られていたとすると、薬Cを処方した人数からAさんが薬局Bの購入者リストに入っていることが漏洩する。このような漏洩を防ぐために、薬Cを処方した人数に雑音を加算し、Aさんを含む場合は9名(雑音は-1)、含まない場合11名(雑音は$+2$)とすると、攻撃者にはリストにAさんが入っているかどうかを区別できない。

この方法は、2.7節で述べたデータベースDにある人の個人データが格納されているかどうかが可知の状態から雑音加算によって不可知にすることを実現する方法のひとつとみなせる。

もっとも雑音加算によって完全な不可知とすることはできないので、可知/不可知の程度と加算する雑音の大きさの関係の数理モデルを作りたい。まず大雑把に差分プライバシーをモデル化してみよう。

(1) 攻撃者の目的:特定の個人のレコードがデータベース中に存在するかどうかを知ること
(2) データベースDに1レコード追加/削除したものをD'とする。つまり、レコード数の観点からは、D'はDと最も似たデータベースである。さらに、DとD'の各々にあい異なる雑音 $noise$ と、$noise'$ 加算した $D+noise$、$D'+noise'$ を作る。
(3) $D+noise$ と $D'+noise'$ が十分に似ており区別しにくければ、$D+noise$ と $D'+noise'$ のどちらかを公開しても、公開されたデータベースがDとD'のどちらから作られたものかを攻撃者は区別しにくい。ということは、DとD'

---

3 他の薬などのターゲット広告メール程度ならよいが、持病による保険料のつり上げ、あるいは就職活動への影響などもありえないことではない。

の差分すなわち追加された1レコードの存在が攻撃者には分からないであろう。

上記(3)は言い換えれば、D と D' の差分が攻撃者から守られるということである。よって、このモデルを差分プライバシーという。以上の説明を図 7.1 に図示した。図では1レコードしか違わない最も近接したデータベースのペア D と D' において、同じ属性の値が最も離れた D の属性値 a と D' の属性値 a' の各々に雑音を加算して区別しにくくしている状況を示した。つまり、最も離れた値を持つ属性ですら、区別しにくくすることによって、D と D' の区別を困難にしていることになる。

図 7.1 から推測できるように、a と a' が近ければ小さな雑音の加算で区別しにくくなるが、a と a' が離れてくると区別しにくくするために大きな雑音を加算しないといけない。加算する雑音の大きさを決めるパラメタが ε であるとき、a と a' の距離と ε の大きさの数理的関係が差分プライバシーの理論における重要なポイントである。ε と雑音の大きさの関係は 7.2 節で述べる。

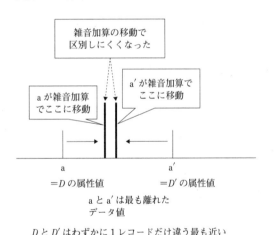

図 7.1 差分プライバシーの概念

以上で差分プライバシーで攻撃者が入手しているのは、「全ての種類の薬について、買った人の人数を記載してあるデータベース」と説明したように、属性ごとの全レコードでの合計値であった。このようなデータベースの全レコードを入力として、例え

7.1 差分プライバシーとは何か

ば「合計値」のような関数の適用結果を利用者あるいは攻撃者に与えている。言い換えれば、合計値のような関数をデータベースに適用した結果を要求しているデータベース利用モデルになる。したがって、個別レコードが全て公開されることを前提としたk-匿名化とは異なるデータベース利用のモデルになっていることに留意されたい。

本章の以下の節では、差分プライバシーを数理モデルとして定式化する。重要なポイントは、1) D と D' とが区別しにくいということの定式化と、2) どのような雑音を加えたら区別しにくくできるか、である。その後、系列データや位置データに適用する応用法を説明する。また、元のデータベースからサンプリングして作られたデータベースにおける差分プライバシーの強さについても述べる。

> 差分プライバシーに関しては数多くの論文が発表されているが、数学的に高度な内容を含むため、専門家にとっても難解な分野である。本章の以下の節では数学的記述は簡略化して直感的に理解しやすい説明を試みるが、理解が困難な場合は次の章へ進んでいただいて構わない。
> 証明などの数学的詳細に興味のある方は参考文献に挙げた教科書 [Dwork & Roth 2014]、その他の原論文を参照していただくことをお勧めする。

7.2 差分プライバシーの数学的定義

数学的定義を行うための準備としてデータベースのモデルについて述べる。

データベース D の要素となるレコードは属性の集合とする。属性の集合の取り得る値のインデックスを i とする。ただし、$i=1, \cdots, m$ である。具体例として属性が性別、ある病気Bに罹っているかどうかの2種類とする。すると、インデックスは表7.2のように4種類、つまり $m=4$ である。

この表で最下行 x_i はデータベース D においてインデックス i に相当するレコードの出現回数を表す。例えば、男性で病気Bに罹患した人数、つまり $i=4$ のレコード数

表 7.2 属性とインデックスおよび出現回数の例

インデックス	$i=1$	$i=2$	$i=3$	$i=4$
性別	女	女	男	男
病気Bへの罹患	なし	あり	なし	あり
出現回数：x_i	$x_1=40$	$x_2=3$	$x_3=43$	$x_4=13$

x_4 は 13 である。

D を統計的に分析したいので、以下では D を $\{x_i\}$ すなわちインデックス i の出現回数で表現する。つまり $D \in \mathbb{N}^m$ である[4]。このような表現をヒストグラムという。

差分プライバシーにおいては D と D' が区別できない度合いを明らかにしたい。そのための準備としてヒストグラムで表現された 2 つのデータベース D と D' の距離を定義する。まず $\ell 1$ ノルムを定義する。

定義 7.1：$\ell 1$ ノルム

m 次元ベクトル x の $\ell 1$ ノルム：$\|\mathbf{x}\|_1$ は次式で定義される。

$$\|\mathbf{x}\|_1 = \sum_{i=1}^{m} |x_i| \tag{7.1}$$

$\ell 1$ ノルムを使うとヒストグラムで表現された D と D' の距離は $\|D-D'\|_1$ である。D' が D に 1 レコードを追加、あるいは削除した場合は、ヒストグラムにおいては 1 しか違わないので、$\|D-D'\|_1 = 1$ となる[5]。以下では、データベース間の距離として $\ell 1$ ノルムを用いる。

差分プライバシーの数理モデルを定義する。以下では、7.1 節ではデータベース D への雑音加算と表現していたデータベースを変化させる方法をメカニズム M として一般的に表す。こうしておけば、種々の雑音の加算、それ以外の変化も含む一般化ができる。$Range(\mathsf{M})$ はメカニズム M の結果として取り得る全てのデータベースの集合を表す。この準備の下で差分プライベートを定義する。

定義 7.2：差分プライベート

$D \in \mathbb{N}^m$、$D' \in \mathbb{N}^m$ とする。メカニズム M が以下の条件を満たすとき、M は (ε, δ) – 差分プライベート[6]であるという。

---

4 m 種類の要素についてその出現回数は自然数すなわち N（自然数全体）なのでヒストグラム全体は $\mathbb{N}^m$ となる。

5 ヒストグラム表現のデータベースで、D の 1 レコードを別のデータを持つレコードに置き換えたデータベースが D' である場合は $\|D - D'\|_1 = 2$ である。

6 (ε, δ)– differential private

$\forall S \subseteq Range(\mathsf{M})$ および $\forall D, D' \in \mathbb{N}^m$ に対して、
$$\|D - D'\|_1 = 1 \text{ であるとき } \Pr[\mathsf{M}(D) \in S] \leq \exp(\varepsilon)\Pr[\mathsf{M}(D') \in S] + \delta \tag{7.2}$$

なお、$\delta = 0$ の場合、M は ε - 差分プライベート[7]という。

$\forall D, D' \in \mathbb{N}^m$ なので、D と D' を交換しても式(7.2)は成り立つ。よって、ε - 差分プライベートの場合は以下の式が成り立つ。

$$\exp(-\varepsilon) \leq \frac{\Pr[\mathsf{M}(D) \in S]}{\Pr[\mathsf{M}(D') \in S]} \leq \exp(\varepsilon) \tag{7.3}$$

$\forall S \subseteq Range(\mathsf{M})$ は、M が生成する可能性のあるデータベースの部分集合の全てを意味する。$\ell 1$ ノルム距離 $= 1$、すなわち1レコード追加／削除したという関係にある任意の D と D' の組に対して、各々からメカニズム M によって作られるデータベース $\mathsf{M}(D), \mathsf{M}(D')$ がいずれも上記の S に含まれる確率は、ε, δ が小さければ[8]近い値をとるため、D' と D は区別しにくいということである。

ところで、攻撃者はデータベース D にメカニズム M を作用させた $\mathsf{M}(D)$ を入手しているので、そこから何らかの情報を取り出そうとする。例えば、ヒストグラムの中の全てのインデクスの出現頻度すなわち $\mathsf{M}(D)$ の全要素をひとつずつ取り出すかもしれない。あるいは、あるインデクスの集合の出現頻度の平均値を入手しようとするかもしれない。このような攻撃者の入手操作を f とする。さいわいなことに次の定理が成り立つ。

定理7.3

メカニズム M が (ε, δ) - 差分プライベートであると、f を行った結果も (ε, δ) - 差分プライベートである。

(証明)

---

[7] ε - differential private
[8] データベース D のサイズ（すなわち D に含まれるレコード数）は $\|D\|_1$ であるが、δ が $1/\|D\|_1$ より大きくなると、実際的にはプライバシー保護が危うくなる。

$f: Range(\mathrm{M}) \to R'$という関数とする。なお、$R' \subseteq Range(\mathrm{M})$とする。さらにある事象$S \subseteq R'$を導入する。ここで、$T = \{r \in Range(\mathrm{M}) : f(r) \in S \subseteq R'\}$とする。メカニズム$\mathrm{M}$が$(\varepsilon, \delta)$-差分プライベートであるから、$\|D-D'\|_1 = 1$であるような$D$と$D'$の組に対して以下の不等式が成り立つ。

$$\begin{aligned}\Pr[f(\mathrm{M}(D)) \in S] &= \Pr[\mathrm{M}(D) \in T] \\ &\leq \exp(\varepsilon)\Pr[\mathrm{M}(D') \in T] + \delta \\ &= \exp(\varepsilon)\Pr[f(\mathrm{M}(D')) \in S] + \delta\end{aligned} \quad (7.4)$$

なお、上の2行目の不等式は、Mが(ε, δ)-差分プライベートであることによる。 ■

7.3 ラプラス・メカニズム

次に考えなければならないのは、式(7.2)の(ε, δ)-差分プライベートやε-差分プライベートの条件を満たすメカニズムMをどう選ぶかである。本節では代表的なラプラス・メカニズム[9]について説明する。

任意の$D = (x_1, ..., x_m) \in \mathrm{N}^m$と$D' = (x'_1, ..., x'_m) \in \mathrm{N}^m$について差分プライバシーの制約式(7.2)を具体化するために、$\ell 1$-感度[10]を定義する。

定義7.4：$\ell 1$-感度

攻撃者の操作が$f: \mathrm{N}^m \to \mathrm{R}^k$：であるとき、ヒストグラム表現のデータベース$D$と$D'$の$\ell 1$-感度：$\Delta f$は次式で定義される。ただし、$\mathrm{R}^k$は$k$次元の実数ベクトルである。

$$\Delta f = \max_{\substack{D, D' \in \mathrm{N}^m \\ \|D-D'\|_1 = 1}} \|f(D) - f(D')\|_1 \quad (7.5)$$

Δfはデータベースにおける1人分のレコードが変化したときのfの変化分の$\ell 1$-ノルムの最大値である。ヒストグラム表現のデータベースにおいては、データベースにおける最小の変化である1レコードの追加／削除は、$\Delta f = 1$になることは明らかである。

しかし、ヒストグラム表現でない場合は必ずしも$\Delta f = 1$ではない。例えば、レコー

---
9 Laplace mechanism
10 ℓ 1-sensitivity

ドのある属性が年収など数値属性である場合、その数値に直接、差分プライバシーを適用すると $\Delta f =$(その属性の数値の最も近接するペアの間の差)となり、かなり大きな値になることもある。その場合は、属性の数値の範囲に何らかの正規化を行うこともできるが、一般的に $\Delta f = 1$ にならない。

また、属性が職業などの非数値情報の場合を考えてみよう。この場合は、むしろ職業ごとの人数というヒストグラム表現が一般的だろう。しかし、属性が個々の病名で非常に稀な病気の場合、多くのレコードはその病名の患者数が0だとすると、1名いるかどうかは大きな情報であることに注意すべきである。

ラプラス・メカニズムで加算する雑音は以下のラプラス分布によって発生される。

定義7.5 ラプラス分布[11]

期待値 =0、分散 =$2b^2$ のラプラス分布の確率密度関数は次式で与えられる。

$$\mathrm{Lap}(x|b) = \frac{1}{2b} \exp\left(-\frac{|x|}{b}\right) \tag{7.6}$$

以下では、$\mathrm{Lap}(x|b)$ を $\mathrm{Lap}(b)$ と簡略化して書くこともある。また、$\mathrm{Lap}(b)$ で発生する乱数 X を簡略に $\mathrm{Lap}(b)$ と書くこともあるので、ご注意いただきたい。なお、このような乱数発生を X~$\mathrm{Lap}(b)$ と記述する。以上の準備の下、ラプラス・メカニズムを定義する。

定義7.6 ラプラス・メカニズム

攻撃者の操作 $f: \mathrm{N}^m \to \mathrm{R}^k$ に対するラプラス・メカニズム M_L は次式で定義される。

$$\mathrm{M}_L(D, f, \varepsilon) = f(D) + (Y_1, ..., Y_k) \tag{7.7}$$

ただし、$Y_i(i=1, ..., k)$ は $\mathrm{Lap}(\Delta f/\varepsilon)$ から生成された独立同一分布(i.i.d.)[12] の乱数である。

定理7.7

---

[11] Laplace distribution
[12] independent identical distribution

ラプラス・メカニズムは ε-差分プライベートである。

(証明)

$f(D)_i$, $f(D')_i$, $(i = 1, ..., k)$ を各々 $f(D)$, $f(D')$ の第 i 要素とし、$z = (z_1, ..., z_k)$ を f の Range 内の任意の要素とする。

$\Pr[z|D]$, $\Pr[z|D']$ を各々 $\mathsf{M}_L(D, f, \varepsilon)$, $\mathsf{M}_L(D', f, \varepsilon)$ の確率密度関数とする。z における両者の比を計算すると、Y_i がラプラス・メカニズムの定義により、確率分布 $\mathrm{Lap}(\Delta f/\varepsilon)$ に従う乱数であることから、以下の不等式が成り立つ。

$$\frac{\Pr[z|D]}{\Pr[z|D']} = \prod_{i=1}^{k} \frac{\exp\left(-\frac{\varepsilon|f(D)_i - z_i|}{\Delta f}\right)}{\exp\left(-\frac{\varepsilon|f(D')_i - z_i|}{\Delta f}\right)} \qquad Y_i, ..., Y_k \text{ が i.i.d による。}$$

$$= \prod_{i=1}^{k} \exp\left(-\frac{\varepsilon|f(D')_i - z_i|}{\Delta f} - \frac{\varepsilon|f(D)_i - z_i|}{\Delta f}\right)$$

$$\leq \prod_{i=1}^{k} \exp\left(-\frac{\varepsilon|f(D')_i - f(D)_i|}{\Delta f}\right) \qquad |\cdot| \text{ の三角不等式}$$

$$= \exp\left(\frac{\varepsilon\|f(D) - f(D')\|_1}{\Delta f}\right) \leq \exp(\varepsilon) \qquad \Delta f \text{ の定義による。}$$

D と D' とを交換すれば、対称性により、$\exp(-\varepsilon) \leq \dfrac{\Pr[z|D]}{\Pr[z|D']}$ もいえる。

よって ε-差分プライベートであることがいえる。　■

ε-差分プライベートなラプラス・メカニズム M_L を施して得られたデータベース $\mathsf{M}_L(D, f, \varepsilon)$ を攻撃者が入手した場合のプライバシー保護の性能を考えてみよう。真のデータベースにおいて、ある性質 P を満たす人は何人いるかを $\mathsf{M}_L(D, f, \varepsilon)$ から調べるという攻撃者の操作を考えてみる。$\mathsf{M}_L(D, f, \varepsilon)$ が D と 1 人だけ異なる D' から作られた $\mathsf{M}_L(D', f, \varepsilon)$ に十分似ているため、攻撃者が D と D' を区別しにくいとしよう。すると攻撃者は、性質 P を持っている人の数が D と D' で違うかどうか確証を持てない。この区別しにくい度合いを $\Pr[z|D]/\Pr[z|D']$ で評価したとき、ε-差分プライベー

トであれば、この比が区間 $[\exp(-\varepsilon), \exp(\varepsilon)]$ に入る。ε が十分小さければ、区間の幅は小さくなるので、真のデータベース D に近接するデータベースと区別しにくい。よって、攻撃者は入手した $\mathsf{M}_L(D, f, \varepsilon)$ から D についての確実な情報は得にくくなる[13]。

ところで、攻撃者が入手するデータベースは1個ではなく J 個だとするとどうなるだろうか。この場合、攻撃者は式(7.7)のデータを J 個持っているので、その平均を計算することができる。すなわち、

$$\frac{1}{J}\sum_{j=1}^{J} \mathsf{M}_L(D, f, \varepsilon)_j = f(D) + \left(\frac{1}{J}\sum_{i=1}^{J} Y_{1j}, \cdots, \frac{1}{J}\sum_{j=1}^{J} Y_{kj}\right) \tag{7.8}$$

$\frac{1}{J}\sum_{j=1}^{J} Y_{ij}$ は $\mathrm{Lap}(\Delta f/\varepsilon)$ で生成された i.i.d. な乱数の平均である。$\mathrm{Lap}(\Delta f/\varepsilon)$ は期待値 $=0$ なので大数の法則により $\frac{1}{J}\sum_{j=1}^{J} Y_{ij} \to 0\ (J\to\infty)$ になり、式(7.8)の左辺は J が大きくなると $f(D)$ に近づいてしまう。また、Y_i の分散を σ^2 とすると、$\frac{\sqrt{J}}{J}\sum_{j=1}^{J} Y_{ij}$ の分散は J が大きくなると $\frac{\sigma^2}{J}$ に近づくことが知られている。Y_i は $\mathrm{Lap}(\Delta f/\varepsilon)$ から生成されているので、分散は $\frac{2}{J}\cdot\left(\frac{\varepsilon}{\Delta f}\right)^2$ と近似でき、J が大きくなるにつれて、攻撃者の D の推定は分散の小さい確実なものになっていく。

では、そもそも攻撃者が多数の $\mathsf{M}_L(D, f, \varepsilon)$ を入手できるのか？という疑問がある。既に7.1節で述べたように、データベースの利用形態として、データベース全体を配布するのではなく、質問応答サービスもありえる。質問応答サービスの場合、攻撃者が特定の質問[14]を繰り返すと、そのたびに $\mathrm{Lap}(\Delta f/\varepsilon)$ に従う乱数を生成して加算したものを攻撃者に回答すれば、攻撃者が多数の $\mathsf{M}_L(D, f, \varepsilon)$ を入手したことと等価になる。もちろん、1人の利用者が同じ質問を繰り返せば、その利用者が攻撃者ではないかと疑い、質問に回答しないという対策も可能である。しかし、攻撃側が複数の利

13　$\varepsilon=0$ であれば、攻撃者は近接するデータベースと全く区別できない。
14　ある性質Pを持つ人数を質問するなどという例が考えられる。

用者になりすませば、この対策は機能しない。したがって、質問応答システム側で多数の利用者からの過去の質問を全て記憶しておき、同じ質問に答える回数を制限するというような質問監査の技術が必要になる。

別の対策として、質問に回答するときに使うデータベースを $\mathsf{M}_L(D, f, \varepsilon)$ に固定しておく方法もある。ただし、データベースの内容が更新されると、$\ell 1$- 感度 Δf も変化してしまうため、$\mathsf{M}_L(D, f, \varepsilon)$ を ε- 差分プライベートにするために計算しなおす必要が出てくる。

このように、ε- 差分プライバシーは実際の利用局面では、状況に応じた運用上の工夫が必要である。

差分プライバシーによってデータの有用性が減少するわけだが、それを評価するためにラプラス・メカニズムで生成されたデータベースの精度について述べておこう。まず、準備として式(7.9)で表されるラプラス分布 $\mathrm{Lap}(b)$ から生成された乱数 Y の性質に着目する。この性質は $\mathrm{Lap}(b)$ の定義から容易に導ける。

$$\Pr[|Y| \geq t \cdot b] = \exp(-t) \tag{7.9}$$

この式を用いると、次の定理が成り立つ。

定理 7.8

$f: \mathbb{N}^m \to \mathbb{R}^k$ とする。このとき、$\forall \delta \in [0, 1]$ に対して以下の不等式が成り立つ。

$$\Pr\left[\max_{1 \leq i \leq k}(f(D)_i - \mathsf{M}_L(D, f, \varepsilon)_i) \geq \ln\left(\frac{k}{\delta}\right) \cdot \left(\frac{\Delta f}{\varepsilon}\right)\right] \leq \delta \tag{7.10}$$

(証明)

$$\begin{aligned}
&\Pr\left[\max_{1 \leq i \leq k}(f(D)_i - \mathsf{M}_L(D, f, \varepsilon)_i) \geq \ln\left(\frac{k}{\delta}\right) \cdot \left(\frac{\Delta f}{\varepsilon}\right)\right] \\
&\leq k \Pr\left[|Y_i| \geq \ln\left(\frac{k}{\delta}\right) \cdot \left(\frac{\Delta f}{\varepsilon}\right)\right] \\
&= k \cdot \left(\frac{\delta}{k}\right) = \delta
\end{aligned} \tag{7.11}$$

1 行目と 2 行目の間の不等式は $Y_i(i=1, ..., k)$ が i.i.d. であることにより、2 行目と 3

行目の間の等式は式(7.9)による。　　　　　　　　　　　　　　　　　■

　この定理の有用性を数値例で調べてみよう。例えば、10,000種類の商品の購入データを想定する。$\Delta f = \varepsilon = 1$の条件でラプラス・メカニズムを使った場合、$\delta = 0.05$とすると、$\ln\left(\dfrac{k}{\delta}\right)\cdot\left(\dfrac{\Delta f}{\varepsilon}\right) = \ln\left(\dfrac{10000}{0.05}\right)\cdot\dfrac{1}{1} = 12.2$となり、商品の購入人数の最大誤差が12.2以上である確率が$\delta = 0.05$以下となる。これは購入者の総数に依存せずに決まる誤差である。購入者総数が10^4人以上の大きさになると相当高い精度といえよう。

7.4　指数メカニズム[15]

　ヒストグラム表現のデータベースにおいて、ヒストグラムのインデックスごとに効用[16]が異なり、攻撃者は効用の値を知っている場合を考えてみよう。例えば、試験の成績が0点から1点刻みに100点までついている試験を多数の人が受験し、1点ごとの人数が記載されたヒストグラム表現を考えてみよう。ここで、下の表に示すように、点数の区間ごとに効用である授業料免除の割合が決まっているとする。点数の区間の集合は、下の表の2行目に示されている区間の集合$\{[0, 69], [70, 89], [90, 99], [100, 100]\}$である。

効用（授業料免除割合）	0%	50%	80%	100%
点数の範囲	[0, 69]	[70, 89]	[90, 99]	[100, 100]

　この例における効用関数uは、$u: \mathbb{N} \times r \to R$、ただし、$r \in [0, 100] = R$という写像であり、$R$は$r$の取り得る値の範囲(range)を表す。攻撃者が知っているのが効用であるから、効用関数uに対する感度Δuを使わなければならない。元のデータベースDに1レコードだけ追加／削除されたデータベースD'によってΔuを次のように定義する。

$$\Delta u = \max_{r \in R} \max_{D, D': \|D - D'\|_1 \leq 1} |u(D, r) - u(D', r)| \tag{7.12}$$

指数メカニズムのアイデアは公開するデータベースにおいて各rの出現確率が$\exp$

15　exponential mechanism
16　utility

($\varepsilon \cdot u(D, r)/2\Delta u$)に比例するようにしようとすることである。そうすると、D と D' の出現確率の比は

$$\left(\frac{\exp(\varepsilon \cdot u(D, r)/2\Delta u)}{\exp(\varepsilon \cdot u(D', r)/2\Delta u)}\right) = \exp\left(\frac{\varepsilon(u(D, r) - u(D', r))}{2\Delta u}\right) \leq \exp\left(\frac{\varepsilon}{2}\right) \quad (7.13)$$

で押さえられる。そして、以下の定理が成り立つ。

定理 7.9

指数メカニズム $\mathsf{M}_E(D, u, R)$ は ε-差分プライベートである。

(証明)
$\|D - D'\|_1 = 1$ であるような $D \in \mathbb{N}^m$ と $D' \in \mathbb{N}^m$ の組に指数メカニズムを適用した結果において $r \in R$ が出現する確率の比を計算する。すなわち、

$$\frac{\Pr[\mathsf{M}_E(D, u, R) = r]}{\Pr[\mathsf{M}_E(D', u, R) = r]} = \frac{\left(\dfrac{\exp(\varepsilon \cdot u(D, r)/2\Delta u)}{\sum_{r' \in R} \exp(\varepsilon \cdot u(D, r')/2\Delta u)}\right)}{\left(\dfrac{\exp(\varepsilon \cdot u(D', r)/2\Delta u)}{\sum_{r' \in R} \exp(\varepsilon \cdot u(D', r')/2\Delta u)}\right)}$$

$$= \left(\frac{\exp(\varepsilon \cdot u(D, r)/2\Delta u)}{\exp(\varepsilon \cdot u(D', r)/2\Delta u)}\right) \left(\frac{\sum_{r' \in R} \exp(\varepsilon \cdot u(D', r')/2\Delta u)}{\sum_{r' \in R} \exp(\varepsilon \cdot u(D, r')/2\Delta u)}\right)$$

$$= \exp\left(\frac{\varepsilon(u(D, r) - u(D', r))}{2\Delta u}\right) \left(\frac{\sum_{r' \in R} \exp(\varepsilon \cdot u(D', r')/2\Delta u)}{\sum_{r' \in R} \exp(\varepsilon \cdot u(D, r')/2\Delta u)}\right) *$$

右辺の第 1 項は分母の Δu が定義により分子の $(u(D, r) - u(D', r))$ より大きいことから $\exp(\varepsilon/2)$ より等しいか小さい。

右辺第 2 項は $\sum_{r' \in R}$ の項で最も大きな比となるのは、$u(D, r) - u(D', r) = \Delta u$ の場合で、比は 1, その他の項の比は $u(D, r) - u(D', r) \leq \Delta u$ なので 1 より等しいか小さい。よって、右辺第 2 項は $\exp(\varepsilon/2)$ より等しいか小さい。

これらを合わせると、* は $\exp(\varepsilon/2) \cdot \exp(\varepsilon/2) = \exp(\varepsilon)$ より等しいか小さい。したがって、

$$\frac{\Pr[\mathsf{M}_E(D,u,R)=r]}{\Pr[\mathsf{M}_E(D',u,R)=r]} \leq \exp(\varepsilon) \tag{7.14}$$

さらに D と D' の対称性より、

$$\exp(-\varepsilon) \leq \frac{\Pr[\mathsf{M}_E(D,u,R)=r]}{\Pr[\mathsf{M}_E(D',u,R)=r]} \tag{7.15}$$

以上より、$\mathsf{M}_E(D, f, R)$ は ε-差分は差分プライベートであることが示せた。∎

なお、精度については、以下の定理が成り立つ。

定理 7.10

$OPT_u(D) = \max_{r \in \mathcal{r}} u(D, r)$. また $OPT_u(D)$ を与える r の集合を R_{OPT} とすると、$\mathsf{M}_E(D, u, R)$ の与える効用と $OPT_u(D)$ の間に以下の不等式が成立する。

$$\Pr\left[OPT_u(D) - u(\mathsf{M}_E(D,u,R)) \geq \frac{2\Delta u}{\varepsilon}\left(\ln\left(\frac{|R|}{|R_{OPT}|}\right) + t\right)\right] \leq \exp(-t)$$

(証明)

[Dwork & Roth 2014] の Chapter 3 を参照されたい。∎

7.5 合成定理

後に述べるように時系列データや位置情報のデータベースに対して差分プライバシーを適用する場合は、データベースをいくつかのモジュールに分けることが多い。例えば、時系列データをフーリエ変換して、周波数に異なるデータベースとして、差分プライバシーのメカニズムを適用し、最後に統合するような場合である。このような場合は、最終的に統合されたデータベースにおける差分プライバシーの ε は、例えば、k 個にモジュール分けされたデータベースごとに適当な大きさ ε_i に配分して適用される。ただし、$\sum_{i=1}^{k} \varepsilon_i = \varepsilon$ である。この配分された ε_i と ε の関係を示すのが次に

述べる合成定理[17]である。

まず、記法の準備をする。ヒストグラム N^m を k 個の独立な領域 $R_1, ..., R_k$ に写像するアルゴリズム $A_1, ..., A_k$ を考える。すなわち、$A_1: N^m \to R_1, ..., A_k: N^m \to R_k$ である。また、データベース D にこれらのアルゴリズムを適用した結果を $A_1(D), ..., A_k(D)$ と書く。さらに、$A_1, ..., A_k$ を組み合わせたアルゴリズム $A_{1,k}: N^m \to R_1 \times ... \times R_k$ を D に適用した結果を $A_{1,k}(D) = (A_1(D), ..., A_k(D))$ とする。このとき次の定理が成り立つ。

定理7.11：ε-差分プライバシーの合成定理

A_i が ε_i-差分プライベート $(i=1, ..., k)$ であるとき、$A_{1,k}(D) = (A_1(D), ..., A_k(D))$ は $\left(\sum_{i=1}^{k} \varepsilon_i\right)$-差分プライベートである。

(証明)

まず、$k=2$ の場合を証明する。すなわち、A_1 が ε_1-差分プライベート、A_2 が ε_2-差分プライベートであると、$A_{1,2}$ は $(\varepsilon_1 + \varepsilon_2)$ 差分プライベートであることを証明する。

$\|D-D'\|_1 = 1$ かつ $(r_1, r_2) \in R_1 \times R_2$ とすると、

$$\frac{\Pr[A_{1,2}(D) = (r_1, r_2)]}{\Pr[A_{1,2}(D') = (r_1, r_2)]} = \frac{\Pr[A_1(D) = r_1]\Pr[A_2(D) = r_2]}{\Pr[A_1(D') = r_1]\Pr[A_2(D') = r_2]}$$

$$= \left(\frac{\Pr[A_1(D) = r_1]}{\Pr[A_1(D') = r_1]}\right)\left(\frac{\Pr[A_2(D) = r_2]}{\Pr[A_2(D') = r_2]}\right) *$$

A_1 が ε_1-差分プライベート、A_2 が ε_2-差分プライベートなので

$$* \leq \exp(\varepsilon_1)\exp(\varepsilon_2) = \exp(\varepsilon_1 + \varepsilon_2)$$

対称性より、$\exp(-(\varepsilon_1 + \varepsilon_2)) \leq \dfrac{\Pr[A_{1,2}(D) = (r_1, r_2)]}{\Pr[A_{1,2}(D') = (r_1, r_2)]}$

$k=2$ の場合を繰り返し使えば、$k>2$ の場合についても定理が証明できる。■

---

[17] composition theorem

同様のことが (ε, δ)- 差分プライベートである場合にも言える。

定理 7.12：(ε, δ)- 差分プライバシーの合成定理

A_i が $(\varepsilon_i, \delta_i)$- 差分プライベート $(i=1, ..., k)$ であるとき、$A_{1,k}(D) = (A_1(D), \cdots, A_k(D))$ は $\left(\sum_{i=1}^{k} \varepsilon_i, \sum_{i=1}^{k} \delta_i \right)$- 差分プライベートである。

(証明)

証明は定理 7.11 よりだいぶややこしいが興味がある方は、[Dwork & Roth 2014] の Appendix B を参照されたい[18]。 ∎

7.6　正規分布に従う雑音の加算

メカニズム M において、加算する雑音をラプラス分布に従う乱数の代わりに正規分布[19]に従う乱数を使う方法もあり、これを M_G と記す。正規分布の雑音の場合、$\ell 1$- 感度ではなく $\ell 2$- 感度を用いる。

定義 7.13　$\ell 2$- 感度

攻撃者の操作が $f: \mathbb{N}^m \to \mathbb{R}^K:$ であるとき、ヒストグラム表現のデータベース D と D' の $\ell 2$- 感度 $\Delta_2 f$ は $\ell 2$ ノルム[20]を使って次式で定義される。

$$\Delta_2 f = \max_{\substack{D, D' \in \mathbb{N}^m \\ \|D-D'\|_1 = 1}} \|f(D) - f(D')\|_2 \tag{7.16}$$

したがって、正規分布の雑音を使うメカニズムは、

$$\mathsf{M}_G(D, f, \sigma^2) = f(D) + (Y_1, \cdots, Y_k) \tag{7.17}$$

ただし、Y_i は標準偏差 σ をパラメタとする正規分布 $N(0, \sigma^2)$ にしたがって発生される i.i.d. な乱数である。

---

[18] かなり難度が高い。
[19] ガウス分布と呼ぶこともある。
[20] $\mathbf{x} = (x_1, \cdots, x_k)$ のとき、$\mathbf{x}$ の $\ell 2$ ノルム $\|\mathbf{x}\|_2$ は、$\|\mathbf{x}\|_2 = (x_1^2 + \cdots + x_k^2)^{1/2}$ と定義される。

このメカニズムの差分プライバシーに関しては次の定理7.14がある。

定理 7.14

$\varepsilon \in (0, 1)$ とする。$c^2 > 2\ln(1.25/\delta)$ を満たす c に対して、$\sigma \geq c\Delta_2(f)/\varepsilon$ を満たす σ を用いたメカニズム $M_G(D, f, \sigma^2)$ は (ε, δ)-差分プライベートである。

(証明)

[Dwork & Roth 2014] の Appendix A を参照のこと。　■

ラプラス分布の密度関数は概略 $\exp(-|x|)$ の形であるのに対して正規分布の密度関数は概略 $\exp(-x^2)$ である。x が大きくなると、正規分布のほうが急速に確率密度が減少するため、値の大きな乱数は発生されにくくなるが、期待値（＝0）近辺では雑音の発生確率が大きい。したがって、小さな雑音を多く発生させたく、かつ大きな雑音があまり必要でない場合は正規分布がよいが、大きな雑音が必要な場合はラプラス分布に従う乱数を加算するラプラス・メカニズムのほうが有利であろう。

7.7　系列データへの応用

系列データのひとつである時系列データは、個々のデータに時刻情報が付随している列である。レコードの構造で考えるなら、属性が時刻である長大なレコードと考えることができる。例えば、次の例は時刻30分ごとの血圧である。

属性：時刻	10：00	10：30	11：00	11：30	12：00	12：30	13：00
血圧値	120-70	124-78	130-80	125-75	122-73	130-79	132-83

この例のような血圧などの健康状態の時刻ごとの変動データ、場所の時系列として表される地理的な移動履歴、Webの検索履歴など多くの個人データが時系列データとして表現される。個人の時系列データは上の表の例のように時刻属性に対応する値の長い系列からなるレコードであり、複数の個人のレコードからデータベースが構成される。すると、レコード間の差異は大きく、容易に一意絞り込みができる。雑音を加算して一意絞り込みを避けたければ大きな雑音を加算しなければならず、データの価値は下がる。したがって、データベース全体を公開や配布することは、雑音加算し

てもプライバシー保護の観点からは望ましくない。

表7.3 電車による移動履歴の例

駅名	東京	神田	お茶の水	四谷	新宿
Aさん	1	1	1		
Bさん	1	1	1	1	
Cさん		1	1	1	1
Eさん			1	1	1
計 D	2	3	4	3	2
Bさん削除の計 D'	1	2	3	2	2

別の例として、表7.3に示すような、ある日の電車による移動履歴データベースを考えてみる。ある人が乗車、降車または通過した駅のセルの値が1、それ以外は空白だが、0と解釈することにする。

6行目の「計」の欄はその駅に存在した人の数であり、ヒストグラム表現のデータであり、これをDとする。1レコードだけ違うデータとしてBさんの履歴を削除した駅ごとの人数からなる最下行のデータをD'とする。通常のデータと違うのは、DとD'の差は、複数の属性に現れることである。この例の場合、東京、神田、お茶の水、四谷で1ずつ減っている。DとD'との差つまり$\ell 1$-感度$\Delta f=1$であるが、この例から分かるように、1駅区間で乗降する人が多くはないなどという理由で、属性間には相関がある。属性間相関がある場合の差分プライバシーは複雑であり、研究途上であるといえよう。

この例では、データベースのレコードの属性ごとの値は0か1だったが、一般的な数値の場合が多い。例えば、駅の代わりに高速道路のサービスエリアとし、属性の値がサービスエリアでの滞在時間や食品などの消費金額だと正の整数になるだろう。また、$\ell 1$-感度Δfの計算も面倒である。

そのような場合は、データベース全体を配布や公開するのではなく、質問者[21]にデータベースへ統計量の質問Qをさせる図7.4のようなデータベース利用法を想定する。

この図ではデータベースのレコードDは属性iに対するデータd_iの$(i=1,\cdots,n)$からなる系列であるとする。これを属性ごとに全レコードに対する総和$\sum_{\text{全レコード}} d_i$が属性iの値となるヒストグラム表現にする。①で示すように、右上の□で示された質

---

[21] 攻撃者かもしれない。

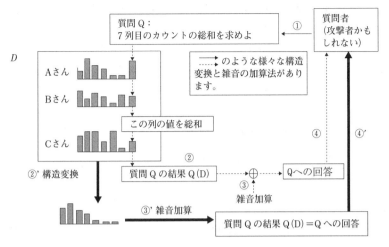

図 7.4 系列データへの質問 Q の回答に雑音加算する差分プライバシー

問者から質問 Q がデータベースに送られる。この質問は- - -▶に沿って②③と進み④で応答が質問者に返される。質問が第 i 属性のレコードに関数を作用させた結果であったとすると、答え②は $Q(f(D)_i)$ となる。関数が単純なレコードの属性の総和ならヒストグラム表現では既に属性ごとの合計値は計算されているので、f は何もしない恒等写像であり、平均をとるなら f は総和をレコードの総数で割る操作となる。質問者に返される応答はラプラス分布に従う乱数である雑音 Y_i を加算した $Q(f(D)_i)+Y_i$ になる。

この方法は 1 個の質問 Q に対して差分プライバシーを実現できるが、種々の属性 i に質問をされるとプライバシー保護能力が下がる。第 i 属性に対する質問 $Q_i (i=1, \cdots, n)$ の各々で ε_i-差分プライベートにするとレコードの全属性 n 個に対して質問されたときは合成定理により $\left(\sum_{i=1}^{n} \varepsilon_i\right)$-差分プライベートとなるため、$n$ が大きければ加算する雑音が大きくなる。

別の手法として、図 7.4 の→① ②' ③' ④' のようにデータベース自体を変換してから質問への回答を作る方法もある。以下では、このタイプの方法を紹介する。

7.7 系列データへの応用

Fourier Perturbation Algorithm（FPAk）[Rastogi & Nath, 2010]

FPAk は図 7.4 の②'の構造変換の部分で離散フーリエ変換[22]を行なう。つまり、$Q(f(D)_i)$ $(i=1, \cdots, n)$ を時系列と見なして離散フーリエ変換し、この結果を $F_i (i=1, \cdots, n)$ とする。F_i は第 i 番目の周波数の成分の強さを表わす。F_1 が周波数が最小の成分であり、以降 F_i は i が増えるにつれて高い周波数の成分となる。F_n は最大周波数の成分である。

全ての F_i に雑音を加算して ε_i-差分プライベートにすると、逆離散フーリエ変換した結果は結局、全ての雑音が総和されたものになるため、$\left(\sum_{i=1}^{n} \varepsilon_i\right)$-差分プライベートとなる。よって、雑音を小さくすることができない。一般的傾向として、時系列データでは変化が短時間で起こる現象は多くない。これを離散フーリエ変換された周波数成分で考えると、高い周波数成分の F_i は小さな値となる。そこで、思い切って、$F_i = 0 (i = k+1, \cdots, n)$ としてしまう。つまり、これらの成分は元々 0 だったと見なすので、雑音を加算する必要はない。雑音加算される成分は $F_1, \cdots, F_k$ である。つまり、高周波成分の削除と低周波成分への差分プライバシーの適用を行なうと、その結果は

$$(F_1, \cdots, F_n) \rightarrow (F_1 + Y_1, \cdots, F_k + Y_k, F_{k+1} = 0, \cdots, F_n = 0) \quad (7.18)$$

となり差分プライバシーによる加算された雑音の影響は $\left(\sum_{i=1}^{n} \varepsilon_i\right)$ から $\left(\sum_{i=1}^{k} \varepsilon_i\right)$ に減っている。こうして得た式(7.18)の結果を逆離散フーリエ変換して $Q(\hat{f}(D)_i)$ $(i=1, ..., n)$ に戻す。この処理をまとめると以下のようになる。

$Q(f(D)_i)$ $(i=1, ..., n)$ →離散フーリエ変換$(F_1, \cdots, F_n)$
→雑音加算と高周波成分削除→$(F_1 + Y_1, \cdots, F_k + Y_k, F_{k+1} = 0, \cdots, F_n = 0)$ (7.19)
→逆離散フーリエ変換→$Q(\hat{f}(D)_i)$ $(i=1, ..., n)$

最終結果 $Q(\hat{f}(D)_i)$ $(i=1, \cdots, n)$ が ε-差分プライベートになるために加算する雑音の大きさは以下のようになる。

D と D' は 1 レコードだけ異なるデータベースである。まず、感度は以下のように

---

[22] 離散フーリエ変換は時系列データを周波数ごとのデータ列に変換する方法である。周波数ごとのデータ列をもう一度、離散フーリエ変換（逆離散フーリエ変換）すると、元の時系列データが復元できる。

定義される。

$$\Delta_p Qf = \max_{\|D-D'\|_1=1} \|Q(f(D)) - Q(f(D'))\|_p \text{ ただし、} p = 1 \text{ か } 2 \quad (7.20)$$

定理 7.15

(i) $F_i (i=1, \cdots, k)$ の $\ell 1$-感度 Δ_1 は $Q(f(D))$ の $\ell 2$-感度 $\Delta_2 Qf$ の $\sqrt{k}$ 倍以下である。

(ii) $F_i (i=1, \cdots, k)$ にラプラス分布 Lap $(\sqrt{k}\Delta_2 Qf/\varepsilon)$ から生成される乱数を加算するメカニズムでは ε-差分プライベートである。

（証明）

[Rastogi & Nath 2010] による。 ∎

高い周波数成分を削除したことによって、加算する雑音の分散が $\sqrt{k/n}$ 倍になっている。例えば、$n=2000, k=20$ だと、加算される雑音の分散は $1/10$ である。
一方、高周波成分の切り捨てで $F_i = 0 (i=k+1, \cdots, n)$ となるので逆離散フーリエ変換して復元したデータの精度は落ちるが、通常この精度低下は低いことが知られている。大規模な時系列データにおいて k が大きくなるにつれて高周波成分切り捨てによるデータの復元誤差は減少し、$k=10$ で 8%、$k=20$ で 4%、$k=50$ で 1% 強程度になる。雑音加算による復元データでの誤差は $k=10$ で最小の 9% で、それ以上は増加する。言い換えれば、データ誤差の主原因は k が 10 以上になると加算される雑音になる [Rastogi & Nath 2010]。したがって、プライバシー保護のレベルである ε を決めるとデータ誤差を最小化する k は実験的に求まる。よってデータ精度とプライバシー保護性能を勘案してシステム設計することになる。離散フーリエ変換の他に wavelet 変換を用いる方法 [Xiao & Gehrke 2011] なども提案されている。

フーリエ変換や wavelet 変換の結果は、隣接する属性間の相関が考慮されたものと考えられる[23]。したがって、この節の前半で提起した属性間相関のあるデータの差分プライバシーに関するひとつの対策を与えていると理解できる。

---

23 例えば、属性ごとの値が全て同一なら、フーリエ変換では周波数 =0 以外の成分は全て 0 になっている。

7.8 位置データへの応用

スマホなどの携帯端末の GPS 機能によって、ある時刻における個人の滞在位置情報を容易にスマホのアプリケーションの提供事業者が収集できる。個人の滞在位置情報は様々なビジネスで有用な情報である。個人単位でみればターゲット広告のための有力な情報源である。個人の滞在位置情報を大量に収集すれば、地域や場所ごとの人の流れを把握することができ、商業施設の展開、公共交通の設計や運用にとって欠くことができないデータとなる。このように多数の事業者が使いたい情報であるので、収集した事業者から第3の事業者への転売も起こりえる。

一方、個人の時刻ごとの滞在位置情報は、個人を一意に絞り込める可能性が高い。さらに公共の場所での行動は他人に観察されやすいため、個人識別の可能性が高い。例えば、EU では滞在位置情報は氏名と同様の個人情報として扱われる。

こういった背景から、個人の滞在場所に代表される位置データのプライバシー保護が重要であるが、この節では位置データに差分プライバシーを適用する方法を紹介する。

多数の人々が対象となる2次元空間内において、それぞれの位置に存在するデータを位置情報データベースとする。位置情報データベースでは、個人1人に対するレコードが位置情報になる。位置情報はX・Y座標、(緯度、経度) などで表現される。場合によってはその位置に滞在した時刻 t も付随する。

このようなデータベースを差分プライバシーが適用されるヒストグラム表現にするために、対象の2次元空間を領域に分割し、分割された領域を属性に対応させる。属性は領域名で表わし、属性ごとの値は領域内部に存在する人数とする。空間における人々の滞在位置情報のデータベースとそれに対応するヒストグラム表現の例を図7.5に示す。

1レコード追加/削除された位置情報データベース D' では、ヒストグラム表現において、どこかの属性の人数が1異なる。これを $\ell 1$-感度とした ε-差分プライバシーは可能である。

位置情報としての属性は人数の他に領域の場所情報が必要である。図 7.5a では領域の縁の線の x 座標は左から 1、3、6、領域の左縁の線の y 座標は左から 1、4、6、右縁は 1、3、6、である。したがって、a 領域は左上が $(1, 1)$、右下が $(3, 4)$ という $(x,$

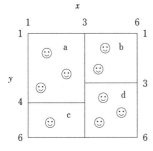

図7.5a 存在位置情報のデータベース D

属性 (領域名)	a	b	c	d
人数	3	2	1	3
領域の 位置	(1,1)-(3,4)	(3,1)-(6,3)	(1,4)-(3,6)	(3,3)-(6,6)

図7.5b D に対応するヒストグラム表現

図7.5 2次元空間における人々の存在のヒストグラム表現

y) 座標で表される。a、b、c、d 領域は左上隅、右下隅の(x, y)座標で表すと図7.5bの表の3行目に書かれたようになる。個人の位置自体を正確な位置座標で表現すると、個人の正確な位置情報が漏洩してしまい、プライバシー保護ができない。そのうえ、ヒストグラム表現ができない。そこで、図7.5のように領域と領域内の人数という形になる。

問題となるのは、領域の分割方法と加算された雑音による誤差の関係である。まず、データの2次元空間における分布に依存した分割法を以下に示す。

分割アルゴリズム

Step 0：分割されるべき領域の初期値を2次元平面全体とする。また、領域内に含まれるデータ数の最大値をKとする。

Step 1：x 軸方向にデータ個数の差が1以下である2領域に分割する。これらの領域を次の Step で分割されるべき領域とする。

Step 2：分割されるべき各領域に対して、y 軸方向にデータ個数の差が1以下である2領域に分割する。これらの領域を次の Step で分割されるべき領域とする。

Step 3：Step1、Step 2 を分割された領域内のデータ数がK以下になるまで繰り返す。

この方法で分割された領域構造を kd-tree と呼ぶ。Step1、Step2 でデータ個数の差を1以下にしているので、$\ell 1$ - 感度 Δf は1以下である。図7.5は左側の分割で上の領域内のデータ数が3、下の領域内のデータ数が1なので、$\ell 1$ - 感度 $\Delta f = 2$ の kd-

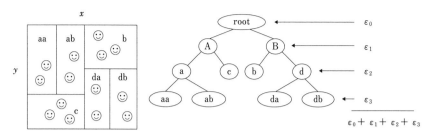

図7.6 kd-treeの例　　図7.7 領域分割を表す木構造

図7.6のaa, abを合わせた領域が図7.7のノードa、
aa, ab, cを合わせた合わせた領域が図7.7のノードA、
da, dbを合わせた領域が図7.7のノードd、
b, da, dbを合わせた領域が図7.7のノードBに各々対応
する。

treeである。しかし、分割線をずらして、上下とも2データずつ含むようにすれば $\ell 1-$ 感度 $\Delta f = 1$ のkd-treeになる。$\ell 1-$ 感度 $\Delta f = 1$ の別のkd-treeの例を図7.6に示す。

この図のkd-treeによる分割を図7.7の木構造で表現することができる。rootは根であり、木全体を表す。

この木は高さ3である。図7.6で表されたデータベース D に1レコードすなわちデータ点1個を追加したデータベースを D' とする。ここで各ノードの深さとは木の根（図のroot）からのそのノードに達するまでのノード数である。ちなみに根の深さは0とする。根は対象の2次元空間全体を表すので、そこに含まれる人数は D 中の人数である。よって、D と D' の差すなわち $\ell 1-$ 感度 $\Delta f = 1$ である。差分プライバシーを実現するために $\mathrm{Lap}(\Delta f/\varepsilon_0) = \mathrm{Lap}(1/\varepsilon_0)$ から生成された乱数を雑音として加算する。根では ε_0- 差分プライベートである。深さ1のA、Bノードでは、ノード内の人数についても D と D' の差すなわち $\ell 1-$ 感度 $\Delta f = 1$ である[24]。そこで、A、B内の人数に $\mathrm{Lap}(\Delta f/\varepsilon_1) = \mathrm{Lap}(1/\varepsilon_1)$ から生成された乱数を加算すると、A、B内の人数に関しては ε_1- 差分プライベートである。深さ2のa、b、c、dノードでもそれぞれの内部の人数の $\ell 1-$ 感度 $\Delta f = 1$ である。そこで、それらの人数に $\mathrm{Lap}(1/\varepsilon_2)$ から生成された乱数を各ノード加えれば、この深さにおいては ε_2- 差分プライベートである。

24　ヒストグラムとしてみると、深さ1のノードのA、Bが横軸、Aノード内の人数、Bノード内の人数が縦軸の値となる。他の深さについても、同じ深さの全ノードが横軸を構成し、各ノード内の人数が縦軸の値となる。

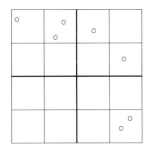
図7.8 quad-tree の分割例

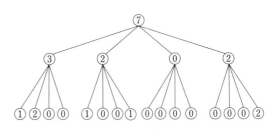
図7.9 quad-tree の木構造の例

深さ3の aa、ab、da、db も $\ell 1$-感度 $\Delta f=1$ なので、$\mathrm{Lap}(1/\varepsilon_3)$ から生成された乱数を各ノード加えれば、この深さにおいては ε_3-差分プライベートである。各深さで雑音加算したノードの人数をヒストグラム表現で公開すると、合成定理により、公開されたデータベースは $\sum_{i=0}^{3}\varepsilon_i$-差分プライベートとなる。

quad-tree における差分プライバシー

上で述べた領域分割方法はデータの分布状況に依存していた。データの分布状況に依存しない分割法もある。例えば、x、y の両方向に2分割して4個に領域分割する quad-tree という方法がある。ただし、分割はデータ数に依存せずに長さを2等分する方法で行う。quad-tree の分割例を図7.8 に示す。

図7.8 の quad-tree の木構造を図7.9 に示す。まず、太い線で4等分し、次に4等分された領域の各々を細い線で4等分している。

図7.9 のノードの○は領域を表す。一番上の深さ1のノード1個は2次元空間全体、その下の深さ2の4個は太い線で4分割された領域、一番下の深さ3の16個は細い線で4分割された一番小さな領域を表す。○内の数は領域内のデータ数を表す。

差分プライバシーでは、この○の中の数そのものではなく、雑音を加算したものを公開する。例えば、2行目の4つは (3, 2, 0, 2) ではなく雑音 (-1, 2, 1, -1) を加算して (2, 5, 1, 1) を公開する。

図7.7 の kd-tree の場合と同じく、木の深さ i ごとに $\mathrm{Lap}(1/\varepsilon_i)$ から生成される乱数を雑音として加算している。1番下の葉ノード[25] の深さを h とすると、雑音加算によ

って $\sum_{i=1}^{h} \varepsilon_i$ - 差分プライベートとなる。

次に木の全ノードに加算した雑音が公開したデータベースに与える誤差［Cormodeほか 2012］について述べる。$\text{Lap}(1/\varepsilon_i)$ は期待値 $=0$、分散 $=2/\varepsilon_i^2$ である。quad-tree に属する全ノードに対して、そこに含まれるデータ数の2乗誤差の総和 Err は、深さ i におけるノード数を n_i と定義[26]すると、$Err = \sum_{i=1}^{h} \frac{2n_i}{\varepsilon_i^2}$ となる。したがって木におけるノード数が重要になるが、まず深さ i におけるノード数 n_i を見積もってみる。quad-tree の場合、$n_i \leq 8 \cdot 2^{h-i}$ であり、木全体のノード数 $n(h) \leq 8 \cdot (2^{h+1} - 1) = O(4^{h/2})$ ［Cormodeほか 2012］である。木全体で ε - 差分プライベートにするために、仮に ε を各深さで均等分配して $\varepsilon_i = \varepsilon/(h+1)$ したとすると、誤差の上界は、

$$Err = \sum_{i=1}^{h} \frac{2n_i}{\varepsilon_i^2} = \frac{2(h+1)^2}{\varepsilon^2} \sum_{i=1}^{h} n_i \leq \frac{16(h+1)^2}{\varepsilon^2}(2^{h+1}-1) \tag{7.21}$$

となる。これは $O(h^2 \cdot 2^h)$ となり、木が深くなるにつれて急激に大きくなるのでうれしくない。そこで、ノードの深さ i によって ε_i を変えることによって、Err を削減することを試みる。これは、次の最適化問題を解くことで達成できる。

$$\begin{aligned}\text{Minimize } & \sum_{i=0}^{h} 2^{h-i}/\varepsilon_i^2 \\ \text{Subject to } & \sum_{i=0}^{h} \varepsilon_i = \varepsilon\end{aligned} \tag{7.22}$$

この最適化問題を解いた場合の Err の上界は次の式で示される。

$$Err \leq \frac{2^{h+7}}{\varepsilon^2} \tag{7.23}$$

Err が上界のときは $\varepsilon_i = \varepsilon \frac{\sqrt[3]{2}-1}{2^{(h+1)/3}-1} \cdot \frac{2^{i/3}}{2^{i/3}} \ (i=0,\cdots,h)$ (7.24)

になる。証明は［Cormodeほか 2012］を参照されたい。

この最適化によって、誤差 Err が h^2 に比例して大きくなることは避けることがで

---

[25] 下のぶら下がっているノードのないノードを葉（leaf）ノードという。
[26] この定義については議論があると思われるが、各ノードにおける誤差の累積値としての意義はある。

きている。ε_i は i が大きくなるにつれて $2^{-i/3}$ に比例して小さくなるという ε_i の傾斜配分になっているが、深さの深いところにある小さな領域ほど、ε_i が小さくなりプライバシー保護が厳重になるということを意味している。式(7.23)で与えられた誤差の上界は木の全ノードでの誤差の総和の上界である。深さ h の木に含まれる全ノード数 $n(h) \leq 8 \cdot (2^{h+1}-1) \doteqdot 2^{h+4}$ だったので、ノードごとに誤差は甘く見積もれば $\dfrac{2^3}{\varepsilon^2}$ 程度となる。

2次元空間内の移動履歴の差分プライバシー

ここまでは1人の滞在場所が2次元空間内の1点だけであった。しかし、移動している場合のデータも多い。ビジネスの観点からみても、駅や商店街での移動履歴は有用な情報である。このような場合の扱いを [Shen-Shyang & Shuhua 2011] に基づいて説明する。

(1) 滞留点：

移動する場合だと、点ではなく移動経路が個人ごとのデータとなる。そこで、quad-tree などで分割された領域の中に、ある個人が予め決められた期間 ΔT 以上滞在し続けた場合を滞留点とする。

(2) 領域分割の閾値：

ある領域中の滞留点の個数が予め決められた閾値 T より小さい場合はその領域は無視する。滞留する人数が少ない領域は、住宅地などで住居などがその領域内にあることが多いと予測される。したがって、住居のようなプライバシー保護を強く必要とする領域のデータは採用しないことを意味する。一方、滞留点の個数が $3T$ より大きい場合は、領域を分割する[27]。$3T$ より小さい場合は分割を進めない。したがって、領域内の滞留点の個数 r は $T < r < 3T$ である。この結果、$\ell 1$- 感度 Δf は領域内の滞留点の最大値である $3T$ となる。この理由を説明しよう。データベース D に1人のデータだけ増えた／減ったデータベース D' における領域内の滞留点の個数の差の最大値が Δf である。ただし、気をつけなければならないのは、1人が領域に出入りを繰り返すことがある場合である。領域内の滞留点の個数の最大値が $3T$ なので、それらすべてを D と D' の差異の1人で占める可能性がある。この

---

27 $3T$ という値は実験的に決めたようである。

可能性を減らすために、$\Delta f = 3T$ とする。

(3) 領域が第 i 回目の分割で作られた場合、つまり quad-tree なら深さのところにあるノードに対応する領域を、ε_i − 差分プライベートにするとしよう。ただし、quad-tree の深さを h とし、quad-tree 全体で ε − 差分プライベートとするなら、$\sum_{i=1}^{h} \varepsilon_i = \varepsilon$ となる。深さ i のノード内のデータ数に加算される雑音は分布 $\mathrm{Lap}(3T/\varepsilon_i)$ にしたがって生成された乱数である。

以上のように移動履歴の場合は領域内の滞留点数に関して注意が必要だが、それ以外の点では前記の quad-tree における差分プライバシーと類似の方法になる。

7.9　サンプリングと差分プライバシー

ここまでは、データベース全部を対象にした差分プライバシーについて説明してきた。しかし、元のデータベースからサンプリングして作ったサンプル・データベースは、特定の個人のレコードが格納されているかどうか分からない、つまり個人レコードのデータベース[28]内での存在が不可知なので、プライバシー保護の観点からは危険性が少ない。例えば、2 章で述べたように、名寄せにおいてもサンプル・データベースでは特定の個人のレコードが含まれているかどうか不可知であるので、名寄せの性能が落ちる。

一方で、サンプル・データベースは個人個人の特徴的なデータ、あるいは稀なデータを取り逃がしてしまう可能性が高い。個人を対象にした行動ターゲット広告などには使えない。また、稀な病気を扱う可能性がある医療情報処理にも不向きである。しかし、統計的な情報を抽出して利用する場合には、十分役立つことが多いだろうし、プライバシー保護能力も高いので、重要な手法である。

この節は、サンプル・データベースが差分プライバシーにどのような影響を与えるかを説明する。

ヒストグラム表現にはなっていない元のデータベース D からサンプリング率 $\beta \in (0, 1)$ でレコードをランダムにサンプルして作ったデータベースにメカニズム M を適

---

[28] 本来は sampled database というべきだが、簡略化のため、ここでは以下、「サンプル・データベース」という。

用いた結果を $M^\beta(D)$ とする。なお、M は例えば式(7.7)のように、ある確率分布に従う雑音を $f(D)$ に加算するものを想定している。ここでサンプル・データベースに対する (ε, δ)-差分プライバシーを次のように定義する。

定義 7.16

$\beta > \delta$ かつ $M^\beta(D)$ が (ε, δ)-差分プライベートであるとき、メカニズム M は $(\beta, \varepsilon, \delta)$-差分プライベートであると定義する。

この定義を使うと、サンプリング率 β と ε, δ の間に次の定理で述べる関係が成り立つ。

定理 7.17

メカニズム M が $(\beta_1, \varepsilon_1, \delta_1)$-差分プライベートであると、$0 < \beta_2 < \beta_1$ である任意の β_2 に対して、$\varepsilon_2 = \ln\left(1 + \dfrac{\beta_2}{\beta_1}(e^{\varepsilon_1} - 1)\right)$ かつ $\delta_2 = \dfrac{\beta_2}{\beta_1}\delta_1$ としたとき、M は $(\beta_2, \varepsilon_2, \delta_2)$-差分プライベートである。

(証明)

直観的には、β_1 より小さい確率 β_2 でサンプリングしたことによって、元の D と D' の差分となるレコードが失われてしまう確率が高くなることで、差分プライバシーの秘匿が容易になるからと考えられる。詳しくは [Ninghui & Dong 2012] の Appendix A.1 を参照されたい[29]。∎

定理7.17の ε_2 と δ_2 に対する条件式を書き直すと $\dfrac{e^{\varepsilon_2} - 1}{e^{\varepsilon_1} - 1} = \dfrac{\beta_2}{\beta_1}$ なので、$\varepsilon_2 < \varepsilon_1$ である。また、δ_2 に対する条件式 $\delta_2 = \dfrac{\beta_2}{\beta_1}\delta_1$ から $\delta_2 < \delta_1$ なので、サンプリング率 β が小さくなり、元のデータベースから取り出す部分が減少すると、ε と δ が小さくなり、プライバシー保護の強度は上がることがわかる。実際の数値例を表7.10に示す。左側は、$\beta = 1$ のとき、$(\ln 11, 10^{-5})$-差分プライベート、右側は $(1, 0)$-差分プライベ

---

[29] [Ninghui & Dong 2012] ではメカニズム M をアルゴリズム A と記している。

表7.10 β、ε、δの数値例

β	$\exp(\varepsilon)$	ε	δ
1	11	≈ 2.40	10^{-5}
0.1	2	≈ 0.69	10^{-6}
0.01	1.1	≈ 0.095	10^{-7}

β	ε
1	1
0.1	0.159
0.01	0.017

ートの状態から、βを0.1, 0.01と減らした場合の数値例である。

このことは、サンプル・データベースは元のデータベースよりもプライバシー保護の能力が高いというこれまでの本書の主張を差分プライバシーによって定量的に評価したことを意味する。

参考文献

Dwork C. (2006). Differential privacy. In Proceedings othe 33rd International Colloquium on Automata,Languages and Programming (ICALP) (2), 1-12.

Dwork C. (2011). A Firm Founadtion of Private Data Analysis. Communication of The ACM 54(1), No.1, 86-95.

Dwork C. and A. Roth (2014). The Algorithmic Foundations of Differential Privacy. Foundations and Trends in Theoretical Computer Science vol. 9 Nos. 3-4, 211-407.

Cormode G. M. Procopiuc, D. Srivastava, E. Shen, and T. YuMagda. (2012). Differentially Private Spatial Decompositions. IEEE ICDE, 20-31.

Ninghui L. W. Qardaji, and S. Dong. (2012). On Sampling, Anonymization, and Differential Privacy: Or,k-Anonymization Meets Differential Privacy. 7th ACM Symposium on Information, Computer and Communications Security (ASIACCS' 12), 32-33.

Shen-Shyang H. and R. Shuhua. (2011). Differential Privacy for Location Pattern Mining. ACM SPRINGL' 11, 17-24.

Rastogi V. and S. Nath. (2010). Differentially private aggregation of distributed time-series with transformation and encryption. ACM SIGMOD, 735-746.

Xiao X. G. Wang, and J. Gehrke. (2011). Differential privacy via wavelet transforms. ACM TKDE, 1200-1214.

8章 質問監査

8.1 複数質問への回答の危険性

質問監査[1]とは、データベースへの質問応答システムにおいて、質問に回答するか拒否するかを選ぶことによって、プライバシー漏洩を避けるための技術である。一例として、個人の年収を記載したデータベースへの連続する質問応答を考えてみる。

質問応答1：太郎、次郎、三郎の年収の合計を質問し、その回答が2000万円だったとする。

質問応答2：太郎、次郎の年収の合計を質問する。その回答が1400万円だったとすると、三郎の年収が600万円であることが質問者に知られてしまう。

仮に氏名が削除されていても、擬似IDなどから氏名が割り出される場合もある。よって、1人のデータ、つまり特定の1レコードの属性の値が複数の質問によって特定されること、すなわち完全開示[2]を避けたい。このために答える質問を監査し回答を制限する方法を質問監査という。概念を図8.1に示す。

回答拒否の危険性

ところで、回答を拒否すれば完全開示を完璧に防げるかというと、そうともいえない。拒否することが逆に質問者に情報を与えてしまうこともある。

Step 1：質問1が「太郎、次郎、三郎の年収の最大値を求む」であり、これに900

---

[1] query audit
[2] full disclosure

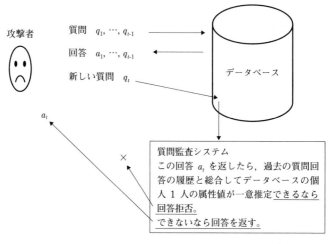

図 8.1 　質問監査の概念

万円という回答が与えられたとする。

Step 2：次の質問 2 が「太郎、次郎の年収の最大値を求む」だったとする。この答えが 900 万円より小さかったとすると、たちどころに質問者は三郎の年収が 900 万円だと知ることになる。そこで、この質問への回答を拒否したとしよう。

Step 3：質問者は、回答が拒否されたことから、もし回答が与えられたら三郎の年収が分かってしまう状態だと推測できる。つまり、質問 2 の回答は 900 万円より小さく、三郎の年収が推定できる状態だと推測できるわけである。したがって、三郎の年収が 900 万円だと知ることになってしまう。

質問監査は、過去の質問回答の履歴を記憶しておき、完全開示になるかどうかを調べる部分が心臓部だが、記憶量、計算量とも非常に大きい。これらの軽減を狙った研究が続いているが、実用性のある技術になるまで研究開発が進展してほしいところである。

以下の節では、回答によって完全開示が起こる場合には回答を拒否するという質問監査の基礎になる数理モデルについて説明する。

以下の 8.2 節、8.3 節は、数学的に難しいので、読み飛ばしていただいて構わない。

8.2 合計、最大値、最小値を求める質問の監査の数理モデル

質問列を $\{q_1, q_2, \cdots, q_t\}$ とし、各々の質問に対する回答列を $\{a_1, a_2, \cdots, a_t\}$ とする。また、質問としてはある属性に関する合計、最大値、最小値、などの統計的処理結果を要求するものとする。

8.2.1 合計質問の監査

データベース D が N レコードからなるとする。質問 q_i は N 次元ベクトル $[q_{i1}, \cdots, q_{iN}]$、ただし、$q_{ij} = 1$ or 0 である。

ここで質問者が予め指定していた属性 x に対して、$q_{i1}=1$ の j のレコードの属性値 x_j の合計値を質問するとしよう。この合計質問の場合は q_i とデータベースにおける属性 x の値からなるベクトル $[x_1, \cdots, x_N]$ の内積が質問の回答の合計値となる。つまり、質問されている属性 x に関する第 k 人目の値を x_k とすると、この質問に対する回答は $a_i = \sum_{k=1}^{N} q_{ik} \cdot x_k$ となる。

例えば、$q_i = [1, \cdots, 1]$ なら回答 a_i はデータベース D における属性 x の値の全員の合計値になる。また、$q_i = [1, 1, 1, 0, \cdots, 0]$ なら、回答 a_i は属性 x の最初の3レコードの合計となる。

当然、q_i の要素に1が1個だけだと、そのレコードの値が単独で質問者に開示されてしまい、完全開示となってしまうので、質問のベクトルに1は2個以上あるとする。

ここで、質問 $q_2 = [1, 1, 0, 0, \cdots, 0]$、$q_3 = [1, 1, 1, 0, \cdots, 0]$ の場合を考えてみよう。この場合、$q_3 - q_2 = [0, 0, 1, 0, \cdots, 0]$ となる。このように複数の回答を適当な加減演算を組み合わせて行に1個だけ1があり残りが0であるような状態になると完全開示になる。このことを一般化して合計質問に対する質問監査法を考えてみる。

現在までに到来した質問集合からなる行列を次の式で表わす。

$$\begin{bmatrix} q_1 \\ \vdots \\ q_t \end{bmatrix} = \begin{bmatrix} q_{11} & \cdots & q_{1N} \\ \vdots & \ddots & \vdots \\ q_{t1} & \cdots & q_{tN} \end{bmatrix} \tag{8.1}$$

ここで新規の質問 $b = [b_1, \cdots, b_N]$ とすると、

$$[0,\cdots,1,\cdots,0] = c_b \cdot b + \sum_{j=1}^{t} c_j \cdot q_i \tag{8.2}$$

ただし、左辺は k 番目 ($k=1, \cdots, N$) だけ 1 であり、他は 0 である単位ベクトルになるような c_b, c_j ($j=1, \cdots, t$) が存在すると第 k レコードの属性が完全開示となる。つまり、これまでの質問 $q_1, q_2, \cdots, q_t$ に対する回答 $a_1, a_2, \cdots, a_t$ と新規の質問に対する回答の適当な重み c_b, c_j ($j=1, \cdots, t$) を乗算して総和した式 (8.2) によって、第 k レコードの属性値だけが残り、それ以外は 0 になる。すなわち、第 k レコードの属性値が完全開示となるので、質問監査は式 (8.2) を満たす k が存在する質問の回答は拒否するという手続きになる。

式 (8.2) を満たす c_b, c_j ($j=1, \cdots, t$) を求めることは、行列 $\begin{bmatrix} q_1 \\ \vdots \\ q_t \\ b \end{bmatrix} = \begin{bmatrix} q_{11} & \cdots & q_{1N} \\ \vdots & \ddots & \vdots \\ q_{t1} & \cdots & q_{tN} \\ b_1 & \cdots & b_N \end{bmatrix}$ を対角化することの一部分であり、数学的には良く知られている。ただし、質問監査においては、以下の点に留意しよう。

まず、$N > t+1$ という条件が暗黙に仮定されている。もし、$N = t+1$ で、質問のベクトルが互いに独立であれば、求める変数の数と連立方程式の数が一致し、式 (8.2) を満たす解は必ず存在してしまう。つまり、質問応答の個数が増えてくると、あるところから先は全て回答拒否をせざるをえない。

次に、N, t とも大きくなり、たとえば 10^4 になると 10^4 次元の連立方程式を解かなければならず、計算の手間が大きい。この計算の時間計算量は $O(N^3)$ [Nabar ほか 2008] であるため、データベースが大きくなると非常に大きくなり、質問応答の速度が劣化して実用に耐えなくなる。

8.2.2 最大値質問の監査

最大値質問[3] においては、計算してほしいのは最大値 max である。これを形式的に表現してみよう。$S = [s_1, \cdots, s_N]$、ただし $s_i = 0$ or 1 とすると、質問 $Max(S) = \max\{s_i \cdot x_i | 1 \leq i \leq N\}$、つまり $s_i = 1$ の場合の x_i の最大値と定義する。ただし、簡単のため、同一の値を持つレコードはないとする。すると、

$$Max(S) = M となる S が単位ベクトル[4] \tag{8.3}$$

---

[3] なお、最小値質問に対しても同様の議論ができるので、以下では最大値の場合だけ説明する。

になったとき、属性xの値がMであるレコードが一意的に決まってしまい、完全開示となる。式(8.3)を満たすSを$S(M)$と書くことにする。したがって、質問監査は、既に行われた質問集合に、新たな質問$Max(T)=M$である質問Tが加わったとき、レコードが一意に決まってしまう$S(M)$が生成できるかどうかをチェックし、生成できる場合は回答を拒否するという手続きになる。

ここで解くべき問題は、$S(M)$を作る方法であるが以下のように考える。

(1) 既存の質問S集合を互いの排他的な質問の集合$\bar{S}$[5]に変換する。以下、$S' \wedge T$が単位ベクトルになるような$S' \in \bar{S}$が存在すれば、$S(M)$が生成できてしまう。

例えば、$S'=[1110]$で$T=[0011]$とすると、$S' \wedge T=[0010]$となる。このようなケースを以下で調べてみる。

a) $Max(S')=M$かつ$Max(T)=M$なら$S' \wedge T=[0010]=S(M)$となり、3番目のレコードの属性xの値がMであることを知られてしまい、完全開示となる。

b) $S'=[1110]$で$T=[0011]$で$S' \wedge T=[0010]$となる場合、$Max(S')<M$かつ$Max(T)=M$だと、3番目のレコードの属性xの値がMより小さいので4番目のレコードの属性xの値がMであることを知られてしまう。

c) $S'=[1010]$で$T=[0111]$で$S' \wedge T=[0010]$となる場合、$Max(S')=M$かつ$Max(T)<M$だと、3番目のレコードの属性xの値がMより小さいので1番目のレコードの属性xの値がMであることを知られてしまう。

b)、c)を一般化すれば、「S_1中の1の個数$=2$」かつ「S_2中の1の個数>2」の場合$Max(S_1)=M$かつ$Max(S_2)<M$であれば、S_1のS_2と共通でない1に対応する1個のレコードの属性xの値がMだと知られる。

(2) そこで、解くべき問題は既存の質問集合を互いの排他的な質問の集合$\bar{S}$に変換する方法である。これは、2つの質問S_1, S_2を別の質問に変換する以下の3つの変換規則T1、T2、T3を用いて行う。ただし、ベクトルの要素0、1を論理値とみたときに、$\wedge$, $\vee$, $\oplus$, $-$は、ベクトルS_1, S_2の同じ位置の要素同士で、論理積、論理和、排他的論理和、差[6]を表す。また、$\{A\} \rightarrow \{B\}$はAをBに置き換えることを意味する。

---

4 1を1個だけ含み、残りは0のベクトル。
5 S_iとS_jが排他的とは$S_i \cap S_j = \phi$ if $i \neq j$.
6 $A - B \equiv A \cap \neg B$

$$T1: \{Max(S_1) = M, Max(S_2) = M'\} \rightarrow$$
$$\text{if } M = M' \text{ then } \{Max(S_1 \wedge S_2) = M, Max(S_1 \oplus S_2) = M'\}$$
$$\text{if } M > M' \text{ then } \{Max(S_1 - S_2) < M, Max(S_2) = M'\}.$$
$$T2: \{Max(S_1) = M, Max(S_2) < M'\} \rightarrow$$
$$\text{if } M \geq M' \text{ then } \{Max(S_1 - S_2) = M, Max(S_2) < M'\}$$
$$\text{if } M < M' \text{ then } \{Max(S_1) = M, Max(S_1 - S_2) < M'\}.$$
$$T3: \{Max(S_1) < M, Max(S_2) < M'\} \rightarrow$$
$$\text{if } M = M' \text{ then } \{Max(S_1 \vee S_2) < M\}$$
$$\text{if } M > M' \text{ then } \{Max(S_1 - S_2) < M, Max(S_2) < M'\}.$$

これらの変換規則は直観的に理解できると思うが、詳細は原文献［Chin 1986］を参照されたい。

最大値、最小値と線形演算を組み合わせた場合についての質問監査の方法もこの文献に記載されている。ただし、この場合の質問監査の計算量は多項式時間では計算できず、NP-困難であることが同じく［Chin 1986］によって示されている。

上で述べた合計質問や最大値／最小値質問が到着したとき、回答の可否を決めるプログラムをシミュレータブル監査[7]という。回答の可否自体を決める部分は合計質問、最大値質問の場合は、上で述べた監査法を用いる。具体的なアルゴリズムは［Kenthapadi ほか 2005］を参照していただきたい。

8.2.3 オンライン・オフライン質問監査

オフライン質問監査

質問集合が与えられている場合に集合中の全質問に対して、回答する質問としない質問を決める方法である。上記のような監査手続きを行うので、計算量は大きい。

オンライン質問監査

質問が到着するたびに、それまでの質問応答の履歴を調査して回答してよいかどうかをチェックする。チェックの基準はこれまでの応答と組み合わせると1レコードに絞り込めるかどうかである。これも組み合わせ計算が必要なので、計算量は大きい。

---

[7] simulatable auditor

8.3 確率的質問監査

以上のような確定的な質問監査は計算量が多いが、プライバシー保護の観点からは問題もある。確定的な質問監査では、攻撃者かもしれない質問者が、複数の質問と回答を総合すると、属性の値が特定であるレコードが一意的に決まってしまうことを回答拒否によって避けることができる。しかし、あるレコードの属性 X の値がある区間 I に入ることも危険なことである。例えば、年収が [800万, 810万] の区間に入ることが知られると、ほぼ確定値として知られたことに匹敵するだろう。

そこで、データベース D に対して新規に到着した質問 q_t への回答においてレコード i の属性 x の値 x_i が $x_i \in I$ となる確率が、既存の質問と回答を使うと使わない場合よりかなり大きくなるというときには回答を拒否するという確率的質問監査という監査方法を用いる。この監査法を以下で数理モデル化してみる。

まず、質問を計算の対象となるレコードのインデックスの集合 q_i [8] と、計算すべき関数 f の組を $Q_j (j=1, \cdots, t)$ として表す。

$a_j = f(q_i, D)$ を Q_j に対する回答とする。区間 $I \subseteq [0, 1]$ とする。また、$\lambda \in [0, 1]$ を予め決めた危険性の範囲を決める定数とする。

これらの記法を用いると、上記の既存の質問と回答を使う場合と使わない場合の確率の比を用いて回答する場合は1、回答拒否する場合は0となる関数 $S_{\lambda,i,I}$ は次式で表される。

$$S_{\lambda,i,I}(q_1, \cdots, q_t, a_1, \cdots, a_t) = \begin{cases} 1 & \text{if } (1-\lambda) \leq \dfrac{\Pr[x_i \in I | \bigwedge_{j=1}^{t} f(q_j, D) = a_j]}{\Pr[x_i \in I]} \leq 1/(1-\lambda) \\ 0 & \text{otherwise} \end{cases} \quad (8.4)$$

つまり、この if の条件の不等式の第2項である確率の比が1であれば過去の質問、回答の履歴を使うことが新規の質問の回答に全く寄与していないので、回答してもよい。質問、回答の履歴の少々の寄与を許すことを表現しているのが $(1-\lambda) \leq * \leq 1/(1-\lambda)$ の意味である。$\lambda = 0$ だと、式(8.4)の if 条件式の第2項の確率の比は1になり、質問の履歴はまったく寄与していないことを保証する。このように λ が小さいほど、

---

[8] q_i は N 次元ベクトル $[q_{i1}, \cdots, q_{iN}]$、ただし $q_{ij} = 1$ or 0 であり、$q_{ij} = 1$ のレコードだけを関数 f の入力とする。

監査の基準は厳しいということになる。

これは1個の区間 I についての監査基準を与えるが、$[0, 1]$ の中に1区間でも式 (8.4) の if 条件を満たさず、$S_{\lambda,i,I}=0$ になってしまうものがあると、その区間の情報が漏洩する。したがって、$[0, 1]$ の中の全区間 $\hat{I} = \left\{ \left[\dfrac{j-1}{\alpha}, \dfrac{j}{\alpha} \right] \middle| j=1, \cdots, \alpha \right\}$ で漏れなく式 (8.4) の $S_{\lambda,i,I}=1$ を満たす必要があるので、それを表すのが次式の S_λ である。

$$S_\lambda(q_1, \cdots, q_t, a_1, \cdots, a_t) = \bigwedge_{i\in[n], I\in\hat{I}} S_{\lambda,i,I}(q_1, \cdots, q_t, a_1, \cdots, a_t) \tag{8.5}$$

式 (8.4)(8.5) を用いて以下のプライバシーゲーム (λ, α, T) - privacy game を定義する。

プライバシーゲーム：(λ, α, T) - privacy game

以下の Step1、2、3 を $t=1, \cdots, T$ まで繰り返す。

Step 1：攻撃者は質問 $Q_t = (q_t, f)$ をデータベース D に送り、回答を要求する。
Step 2：質問監査システムは Q_t に $a_t = f(q_t, D)$ を回答するか、回答拒否かを、攻撃者に伝える。
Step 3：$S_\lambda(q_1, \cdots, q_t, a_1, \cdots, a_t) = 0$ であれば攻撃者の勝ち。

このゲームは攻撃者が Step 3 で1回でも勝てば、ゲーム自体も攻撃者の勝ちとなる。つまり、式 (8.4) の if 条件式がどこか1カ所で破られ、質問履歴が新規質問への回答の精度を許容値以上に向上させてしまったことになっている。

このゲームで攻撃者 A が勝つ確率を用いて、質問監査システムの性能を定義できる。

定義 8.1

質問監査システムが ($\lambda, \delta, \alpha, T$) - プライベートであるとは、任意の攻撃者 A に対して次の不等式が成り立つことである。

$$\Pr[A \text{ が} (\lambda, \alpha, T) - \text{privacy game に勝つ}] \leq \delta \tag{8.6}$$

小さい δ に対して ($\lambda, \delta, \alpha, T$) - プライベートが成立すれば、攻撃者は T 回目までの質問全てで、その質問以前の質問応答履歴を使っても、使わない場合に比べてほと

んど情報が得られない。この質問監査の定式化で計算が面倒なのは式(8.4)の分母、分子の確率である。合計計算であれば、$(\bigcap_{j=1}^{t}(\text{合計値}(Q_j) = a_j)) \cap [0, 1]^N$ で定義される確率空間の超多面体の体積として計算できるが、詳細は［Kenthapadi ほか 2005］を参照されたい。本節の前半で述べた確定的な合計計算や最大値計算に関する監査が監査の漏れがないことに比べると確率的質問監査は監査失敗もある程度の確率で起こるが、属性値が小さな区間に入っていることの漏洩を確率的にせよ防げる点では強力である。

8.4 課題

8.4.1 記憶しておくべき質問

　質問と回答を総合して完全開示を狙う攻撃者が Alice という1名であると考えれば、質問監査の対象にするのは Alice からの新規質問を、Alice のこれまでの質問と回答の履歴を使って監査すればよさそうに思える。質問者のうちの誰が攻撃者か分からないにしても、監査の対象である質問列 $\{q_1, q_2, \cdots, q_t\}$ と回答列 $\{a_1, a_2, \cdots, a_t\}$ を、新規に質問してきた1名の履歴に限定すれば量が少ないので[9]、監査の計算量は大きくない。

　しかし、攻撃者が複数示し合わせて攻撃してくることもある。あるいは、1人の攻撃者が複数の質問者になりすまして攻撃してくることもある。したがって、監査の対象である質問列 $\{q_1, q_2, \cdots, q_t\}$ と回答列 $\{a_1, a_2, \cdots, a_t\}$ は、データベースにこれまで寄せられた全質問を対象にしないと危険である。そこまで用心すると、監査の計算量は、時間的にも質問列、回答列を格納するメモリ容量的にも膨大なものになる。

　この計算量の膨大さを避けるには、対象とする質問を過去に遡る長さを限定することが考えられる。しかし、この遡る長さは極めてクリティカルな情報であり、漏洩は許されないし、攻撃者に推定されることも避けるように工夫する必要がある。

8.4.2 適用範囲の狭さ

　質問監査はデータベースにおける個人データ、具体的には1個のレコードの特定の属性の値を一意的に知られる完全開示や、確率的方法で属性値が狭い範囲にあるのを

---

[9] すなわち、t が小さい。

知られることを防ぐ技術としては優れている。しかし、a）対応できる質問が合計、最大値／最小値を求めるものなどの狭い範囲に限定されること、b）計算量が大きいこと、から大規模データベースへの柔軟な質問に対応できる技術としては未成熟である。応用分野、データベースの性質を利用する方法など、種々の工夫の余地がある技術である。

参考文献

Chin F. (1986). Security Problems on Inference Control for SUM, MAX and MIN Queries. JACM 33(3), 451-464.

Kenthapadi K., N. Mishra, and K. Nissim (2005). Simulatable Auditing. ACM PODS'05, 118-127.

Nabar S. U., K. Kenthapadi, N. Mishra, and R. Motwani. (2008). A survey of query auditing techniques for data privacy. in C. C. Aggarwal, P.S.Yu, Privacy-Preserving Data Mining Models and Algorithms (Chapter 17. 415-431). Springer US.

9章　秘密計算

9.1　秘密計算の概念

　プライバシーを技術的に保護するために、匿名化以外にも様々な方法がある。その一つが秘密計算である。ここで、プライバシー保護が必要になる状況を整理してみる。ある個人：太郎についてのプライベートな情報を組織 A が所有しており、それが別の組織 B に渡されるとしよう。例えば、太郎が患者、A が太郎のカルテ情報を持つ病院であり、B が疫学的調査を行う研究機関の場合が考えられる。このような場合に病院 A は研究機関 B から太郎のプライバシーを保護する必要がある。

　組織 A が太郎を含む多くの個人データを含むデータベース D を個人 ID 削除や場合によっては擬似 ID の変形、削除を行なって匿名化した上で渡すことで、太郎がどのレコードに対応するか分かりにくくするという方法が考えられる。しかし、このような匿名化には個人の再識別リスクや機微情報を推定されるリスクがあることを 5 章で示した。この状況を解決するために、組織 A が組織 B にデータを渡さずに目的を達成できないかどうか考えてみよう。

　組織 B が組織 A からデータをもらう理由は、B は A のもつデータベース D_A を分析しその分析結果を利用したいからである。A が B に D_A を直接渡したくない理由は、仮に B が D_A を他の事業者などに転売したりしないとしても、B が自分の持つデータベース D_B とデータベース D_A を名寄せして用いたり、D_A に B 独自の分析技術を利用して結果を得てしまうといったことを危惧するからである。また、A、B がともに医療機関である場合、D_A、D_B は患者の個人データであるため、通常は共有できない。

　相手方にデータを渡さずにデータ分析を実現できれば、この状況を改善できる。このための方法の一つは、信頼できる第三者機関 T を設置することである。T は情報の秘匿や悪用をしないことが保証された機関であり、データベース保持者は、データ

ベースも、各自の持つデータも分析方法も T に渡し解析を委託する。しかし、このような公正かつ信頼できる第三者機関の設置は現実的には困難であることが多い。

この第三者機関 T を技術的に代替する技術として秘密計算[1]が考案された。秘密計算とは、複数の組織が、各組織の持つデータを他組織に知られることなく、全組織のデータを総合した計算結果を得る手続きのことである。このような計算のイメージを図 9.1 に示す。

データ保持者☺^{A}, …, ☺^{Z} は自分のデータを他人に読めないように変換する。一方、変換されたデータを復元できるのは秘密計算のシステムが指定した最右端☺^{X} だけであるとする。この手続きでは、データ保持者☺^{A}, …, ☺^{Z} は、各々自分のデータ D_A, D_B, …, D_Z を暗号化などによって C_A, C_B, …, C_Z に変換した上で、隣接者から送られてきた計算結果に自分のデータを加えた計算結果を得、反対側の隣接者に送る。この計算は変換されたままで行われるので、途中の計算過程からは自分以外のデータ保持者の誰に対しても自分のデータは漏洩しない。

全員のデータが総合された目的の計算結果は☺^{X} だけが入手する。そこで、☺^{X} は計算の結果が全員に読める形に復元し、それを☺^{A}, …, ☺^{Z} に渡す。計算手続きからは☺^{A}, …, ☺^{Z} は自分のデータと最終的な計算結果以外のいかなる情報も知ることができない。☺^{X} は最終結果しか知り得ない。目的の最終結果は参加者全員に開示される。この開示結果は通常は統計量などのプライベートなデータを明示しないものとなるように設計される[2]。

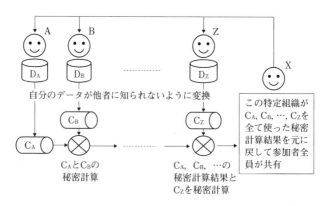

図 9.1　秘密計算のイメージ

1　secure computation

この方法はデータを持ち寄る人数がより多い場合も考えられる。例えば、ある選挙区で各人の投票内容を秘匿しつつそれらの集計値を計算するといったことや、国内の病院のカルテを集約し患者の健康情報を秘匿しつつ国内における疾患に関する統計値を計算するといったことである。

　このような手続きは Secure Multi-Party Computation（略して MPC）と呼ばれる暗号の一分野で研究された技術であり、近年理論及び実装技術が発展し、実用段階に入ってきた比較的若い分野である。日本語では秘密計算と呼ばれることが多い。さまざまなアプローチが提案されており、いずれも入力を暗号化やランダム化することで情報を秘匿[3]する。目的の演算は、暗号化やランダム化されたデータに対して直接行うことで MPC を実現する。図 9.1 における $D_A \to C_A$ などの「自分のデータが他者に知られないようにする変換」が暗号化やランダム化に対応する。したがって、技術的なポイントは、他者には知られないような形に変換されたデータ同士を変換されたデータのままで演算する図 9.1 中の⊗に示す秘密計算の演算である。MPC は上記の他者に知られないようにする変換法、秘密計算の演算、および☺^{X} が行なう復元法とセットになった仕組みである。

　この方法の別の応用例として暗号化した質問を用いた情報検索を紹介する。図 9.1 において☺^{A}、☺^{B}、☺^{X} だけがいるとしよう。☺^{A} は☺^{B} が管理するデータベース D_B に質問 D_A を公開鍵で暗号化した結果 C_A を与える。一方 D_B も同じ公開鍵で暗号化されて C_B となっており、暗号化したままで☺^{B} が検索する。当然、検索結果も暗号化されているが、それを唯一、秘密鍵をもっている☺^{X} が復号化して☺^{A} に返す。ただし、☺^{X} は☺^{A} と同じ個人（あるいは組織）でもよい。その場合は、暗号化された検索結果が☺^{A} に返され、復号化は秘密鍵を持っている☺^{A} 自身が行なう。

　この検索過程で、検索の処理は☺^{B} によって行われるので、☺^{A} は☺^{B} のデータベースの内容を知ることができない。質問は暗号化されているので☺^{B} は☺^{A} の質問を知ることができない。つまり、☺^{A} は自分の質問すなわち検索意図を☺^{B} に知られることなく、検索結果を得ることができる。

　検索における質問秘匿は情報検索の初期の時代から問題とされていたが、秘密計算

---

[2] しかし、そのような開示データからプライバシーが漏洩するリスクを回避することは秘密計算では保証できない。出力のプライバシーを保護するためには、7 章の差分プライバシーや 8 章の質問監査などの技術を用いる必要がある。

[3] 「秘匿」とは、自分以外の他者には自分の情報が解読できないようにすることである。

を使うと原理的には暗号化と同レベルの秘密保持能力を確保したうえで可能であることが分かった。ただし、質問を秘匿するためにデータベース D_B の暗号化は、☺^{A} だけが秘密鍵を持つ公開鍵で☺^{A} 個人の質問に対応して暗号化しなければならない。一般的には質問者毎に暗号化しなければならないため、データベースの量が大きいと計算時間の点で実現性に問題が生じる。

ここまでは、やや抽象的に論じてきたが、MPC のアプローチの代表的なものに次節で説明する準同型性公開鍵暗号を用いた暗号プロトコルがある。

9.2 準同型性公開鍵暗号を用いた暗号プロトコル

> この節は、技術的にはやや難しいので、必要がなければ読み飛ばしていただいて構わない。

9.2.1 データマイニングのための暗号プロトコル

本節では準同型性公開鍵暗号[4]と呼ばれる暗号を構成要素として秘密計算を実現する方法を概観する。準同型性公開鍵暗号とは、暗号文同士の加算や乗算が暗号文のままでできるという特殊な性質(準同型性)をもつ公開鍵暗号である。平文[5] x と y の公開鍵で暗号化した暗号文を各々、$E(x)$, $E(y)$ とするとき、演算 $\otimes \oplus$ のペアに対して

$$E(x) \otimes E(y) = E(x \oplus y) \tag{9.1}$$

が成立する暗号を $\oplus$ 準同型性公開鍵暗号と呼ぶ。現在、$\oplus$ が加算である加法準同型性、$\oplus$ が乗算である乗法準同型性、加法及び乗法について準同型な完全準同型性を持つ公開鍵暗号が存在する。例えば、$\otimes$ は $\oplus$ とペアになる演算であり、$\otimes$ = かけ算、$\oplus$ = 加算である場合が加法準同型性公開鍵暗号である。加法準同型性公開鍵暗号としては Paillier encryption [Paillier 1999] が良く知られている。この準同型性を利用して、複数の参加者が、各々他者に知られたくないデータを暗号化した暗号文を通信および計算して、参加者全員のデータを総合して演算を行うことができる。このような複数

---

4 Homomorphic public key encryption
5 「ひらぶん」と読む。暗号化されていない情報のことを意味する。

人が暗号技術を用いて通信や計算処理を行う手続きを暗号プロトコルと呼ぶ.

簡単な例として，n 店が参加する商店街における顧客 1 名当たりの売り上げの平均値を計算する方法を説明する．ただし，各商店における売り上げ高や顧客数は他の商店には知られたくないとする．商店 i の総売り上げ高[6]を x_i，顧客数を y_i とし，公開鍵による暗号化を $E(\cdot)$ とする．各商店は同じ公開鍵で x_i，y_i を暗号化し，$E(x_i)$，$E(y_i)$ を得たとする．これらをまとめ役が集めて x_i，y_i 毎に乗算すると

$$\prod_{i=1}^{n} E(x_i) = E(\sum_{i=1}^{n} x_i) \tag{9.2}$$

$$\prod_{i=1}^{n} E(y_i) = E(\sum_{i=1}^{n} y_i) \tag{9.3}$$

が得られる．そこで，まとめ役だけが秘密鍵をもっているとすると，式(9.2)，式(9.3)の右辺を秘密鍵で復号して割り算すれば，$\dfrac{\sum_{i=1}^{n} x_i}{\sum_{i=1}^{n} y_i}$ すなわち顧客 1 人当たりの平均売り上げ高が得られる．

しかし，そもそもこのように信頼できるまとめ役が存在するとは限らない．かといって，全員が秘密鍵を持つと，入手した暗号文を復号して別の商店の売り上げ高や顧客数が漏洩してしまう．

まとめ役しか秘密鍵を持たないとし，各商店の売り上げ高と顧客数合計を暗号化してまとめ役に送るとしよう．この場合，まとめ役は受け取った $E(x_i)$，$E(y_i)$ を秘密鍵で復号すれば，各商店の情報を知ることができる．もう少し用心して，図 9.1 のように計算結果の順送りをすれば，まとめ役は式(9.2)，式(9.3)の結果だけしか受け取れないが，全商店の売り上げ高合計や顧客数合計という平均売り上げ高以外の情報を入手できてしまう．

そこで，次のような暗号プロトコルを用いてこのような漏洩を防ぐ．

---

[6] 商店 i における個々の顧客 $k = (k = 1, \cdots, K)$ の売り上げ高 s_{ik} の総和すなわち $\sum_{k=1}^{K} s_{ik} = x_i$.

平均計算のための暗号プロトコル

Step 0：公開鍵は全商店が持ち、秘密鍵は商店 n だけが持つ。

Step 1：商店 1 は乱数 r を発生させる。

Step 2：商店 n は自店の総売り上げ高 x_n と顧客数 y_n に対して、$E(x_n)$ と $E(y_n)$ を計算し、これらを商店 1 に送る。

Step 3：商店 1 は商店 n から受け取った暗号文の r 乗をして $E(x_n)^r = E(r \cdot x_n)$ と $E(y_n)^r = E(r \cdot y_n)$ を計算する。次に自店の売り上げ高 x_1 と顧客数 y_1 に対して、$E(x_1)^r = E(r \cdot x_1)$ と $E(y_1)^r = E(r \cdot y_1)$ を計算する。これらを売り上げ高、顧客数ごとに乗算した結果である $E(x_n)^r \cdot E(x_1)^r = E(r \cdot (x_n + x_1))$ と $E(y_n)^r \cdot E(y_1)^r = E(r \cdot (y_n + y_1))$ と r を商店 2 に送る。

Step 4：商店 2 は、売上高 x_2 と顧客数 y_2 に対し $E(x_2)^r = E(r \cdot x_2)$ と $E(y_2)^r = E(r \cdot y_2)$ を計算し、受け取った暗号文と各々乗算して $E(x_n + x_1)^r \cdot E(x_2)^r = E(r \cdot (x_n + x_1 + x_2))$ と $E(y_n + y_1)^r \cdot E(y_2)^r = E(r \cdot (y_n + y_1 + y_2))$ を得、これらと r を商店 3 に送る。

Step 5：以降では商店 $i = 3, \cdots, n-2$ で順番に Step 3 と同じ操作を自店 i のデータ x_i, y_i に対して行ない、結果を商店 $i+1$ に送る。

Step 6：商店 $n-1$ でも商店 $i = 3, \cdots, n-2$ と同じ計算を行なうが、r は商店 n に送らない。

Step 7：商店 n で受け取ったのは $E(r \cdot (\sum_{i=1}^{n} x_i))$ と $E(r \cdot (\sum_{i=1}^{n} x_i))$ なので、これを保持している秘密鍵で復号し割り算すると、$\dfrac{r \cdot (\sum_{i=1}^{n} x_i)}{r \cdot (\sum_{i=1}^{n} y_i)} = \dfrac{\sum_{i=1}^{n} x_i}{\sum_{i=1}^{n} y_i}$ すなわち顧客ごとの平均売り上げ高が得られるので、これを全商店に配る。

商店 n は乱数 r を持っていないので、最後の割り算における分母 $\sum_{i=1}^{n} y_i$、分子 $\sum_{i=1}^{n} x_i$ の値を知ることはできず、平均売り上げ高しか得られない。その他の商店は秘密鍵を持っていないので、暗号化された他店のデータを知ることはできない。この暗号プロトコルの動きを図 9.2 に図示した。

この方法は最も簡単な暗号プロトコルであるが、より複雑な計算をする暗号プロトコルも可能である。例えば、商店 i における個々の顧客 $k(k=1, \cdots, K)$ の売り上げ高 s_k の 2 乗の総和すなわち $\sum_{k=1}^{K} s_k^2$ を x_i として上記の暗号プロトコルによる計算を行えば、顧客毎の売り上げ高の 2 乗平均 $\overline{x^2}$ が得られる。これから上記の例で計算した売り上げ高の平均値 $\overline{x}$ の 2 乗を減じ $\overline{x^2} - \overline{x}^2$ を計算すれば分散が得られる。平均値と分散

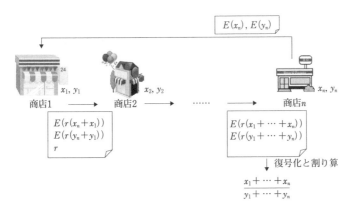

図 9.2　顧客売り上げ高の平均値計算プロトコルの動き

が得られれば、検定などの統計処理もできる。

　ここで、上記の平均計算のための暗号プロトコルの計算の詳細を検討してみる。

計算量：計算量の大きい暗号化は各商店で 1 回だけなので、計算時間的に大きな負担にはならない。乱数 r はあまり大きな値にすると、計算量が増えるだけでなく、値が大きくなりすぎて数値の表現範囲を超えて正しい結果が得られなくなる可能性がある。したがって、r は十分に小さな値にしなければならない。しかし、どのくらい小さければよいかはデータの最大値などに依存するため、システム設計が難しい。

通信：各商店が個別のサーバに自店のデータを持っている場合について考えてみる。この場合、商店 i のサーバから商店 $i+1$ のサーバに通信回線経由で送られる $E(r \cdot (x_n + x_1 + \cdots + x_i))$、$E(r \cdot (y_n + y_1 + \cdots + y_i))$ は暗号化されているので、内容が漏洩する危険はない。しかし、乱数 r は上の計算プロトコルだと暗号化されていない。r は秘密鍵を持っている商店 n に知られるとまずいので、n 以外の商店が別の鍵を共有し、その鍵で r を暗号化して送ることによって、商店 n に漏れないようにしなければならない。

9.2.2　質問を暗号化する情報検索プロトコル

　ここまでは、ある組織が保有しているデータベースに格納されている個人データや組織固有のデータが漏洩しないという制約の下で、平均値や分散などの計算を行う手

法を説明してきた。一方、企業がデータベース検索をする場合、検索質問をデータベース管理者に知られると、その企業の研究開発の狙いなどが知られてしまい、一種の企業情報漏洩になる。そこで質問者は検索質問を秘匿したいが、データベース管理者側もデータベースの全内容を質問者には知られたくない。これは、検索質問とデータベースの双方を準同型性公開鍵暗号で暗号化した上で検索する方法で原理的には解決できることを既に 9.1 節で示した。この方法の問題は、質問者の公開鍵 K で暗号化された質問がやってくると、データベース側ではすぐに K でデータベース全体を暗号化しなければならないことである。データベースのサイズが大きいと、データベースの暗号化にかかる時間が膨大で実用性がない。

以下では、この問題の解決の一例として、化学や薬学などが扱う対象である化合物の検索において、質問の化合物と類似する化合物データがあるかどうかを検索する処理を準同型性公開鍵暗号を用いた秘密計算で行う方式［Shimizu ほか 2015］を紹介する。

化合物は種類数が膨大でデータサイズが大きいため、質問ごとの暗号化がそのままでは困難である。そこで、化合物データを、質問と類似した化合物を検索できるという目的に絞ったデータ表現に変換してから検索する手法が採られる。この目的に合致

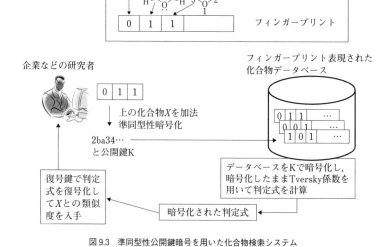

図 9.3　準同型性公開鍵暗号を用いた化合物検索システム

しているのが、個々の化合物をビット列で表現するフィンガープリントと呼ばれるデータ表現である。フィンガープリントではビット毎に、例えばベンゼン環、窒素 N などの特徴的な構造を表す。化合物がその特徴を含めば 1、含まなければ 0 となる。フィンガープリントは化合物の表現として完全ではないが、検索には活用でき、なんといっても短いビット数で表現できる。したがって、データベース全体もあまり大きくならず、かろうじて検索質問が到着してから質問の暗号化に使われたものと同じ公開鍵暗号で暗号化する処理も耐えられる時間に収まる。このシステムの概要を図 9.3 に示し、以下では、この図に沿って説明する。

質問は、目的の化合物のフィンガープリント表現を質問者固有の公開鍵 K で暗号化した暗号文である。この暗号の秘密鍵は質問者しか知らないので、検索結果が暗号化されていれば、データベース側には質問の化合物も結果も漏洩しない。質問と同時に公開鍵 K も送られるので、データベース側では、K でデータベースのフィンガープリント表現を暗号化する。暗号化した質問 X と、暗号化したデータベース中のある化合物 Y のフィンガープリント間で以下の検索操作を実行する。

検索操作は、質問の化合物のフィンガープリントにデータベース中の化合物のフィンガープリントが類似しているかどうかの判定式を計算して行う。判定式はビット列 X と Y の類似度である。類似度は次式に示す Tversky 係数 $S(X,Y)$ を用いる。

$$S(X,Y) = \frac{|X \cap Y|}{|X \cap Y| + \alpha |X-Y| + \beta |X-Y|} \tag{9.4}$$

ここで $|X \cap Y|$ は X と Y のビット毎の論理積が 1 の個数、$|X-Y|$ は X と Y 差、つまり X のビットが 1 かつ Y のビットが 0 である場合のビット数、$|Y-X|$ は Y と X 差のビット数である。式変形により $|X-Y| = |X| - |X \cap Y|$ であることが分かる。簡単に分かるように $X=Y$ なら $S(X,Y) = 1$ であり、X と Y のビットで一致するものが少なくなるほど、つまり類似度が下がるほど $S(X,Y)$ は減少する。

類似性の判定では、予め与えた閾値 θ に対して $S(X,Y) \geq \theta$ ならば、X と Y は類似していると判定する。ただし、$S(X,Y)$ は割り算があるため、加法準同型性暗号で暗号化したままでは計算できない。そこで、次の判定式を用いる。すなわち、判定式 (θ^{-1} 分子 − 分母) が正なら $S(X,Y) > \theta$ であり X と Y は類似しており、負なら $S(X,Y) < \theta$ で類似していないことが分かる。なお、この判定式は次式のように書き直せる。

$$(\theta^{-1}-1+\alpha+\beta)|X\cap Y| - \alpha|X| - \beta|Y| \tag{9.5}$$

式(9.5)は $\theta^{-1}-1+\alpha+\beta$ を予め計算しておけるので、加算と乗算だけで計算できる[7]。よって、加法準同型性暗号であれば、暗号化したままで計算できる。

このような計算をデータベース中の全化合物に対して行い、各々の式(9.5)の判定式の結果の暗号文を質問者に送り返せば、質問者は秘密鍵で復号して、質問の化合物に類似した化合物だけを知ることができる。また、質問も途中の計算もデータベース側に知られることはない。

9.2.3 その他の応用と限界

暗号プロトコルの特徴を活かしたアプリケーションとしては、電子投票も考えられる。電子投票ではネットワークに接続されたコンピューターから電子的に投票を行うことができる。投票においては、投票内容の秘密が守られる匿名性、投票が正しく集計される完全性、選挙の途中結果が利用されない公平性、選挙結果の検証性など様々な要件が満足される必要がある。このような電子投票システムは準同型性暗号を用いて構成することができる。集計センターが各人の票を加法準同型性公開鍵暗号を用いて収集し、準同型性を用いて集計するのである。このような電子投票システムは加法準同型性暗号をベースにしたもの［Baudron ほか 2001］などが提案されている。

次に問題点について述べる。

準同型性公開鍵暗号では比較演算を行う方法は知られていない。比較演算を行うためには秘匿関数計算（Secure Function Evaluation）［Yao 1982］等の他の暗号学的な道具を用いることになるが、計算量は準同型性公開鍵暗号より大きい。

平均値や分散よりも複雑な計算が必要なデータマイニングを行なう暗号プロトコルは［Vaidya & Zhu 2011］に詳しく書かれている。データマイニングにおいては同じデータに対して目的の計算結果が収束するまで繰り返すことが多いので、暗号化計算の回数が非常に多くなり、大規模データの計算時間は莫大、ないしは不可能になるため、まだまだ実用化は難しい状況である。現実的には、暗号化と復号化の回数を必要最小限にする暗号プロトコルの設計が課題である。

また、技術的には参加者の一部が結託した場合にも結託から外されている参加者の

---

[7] X と Y を 0,1 を要素の値とするビット毎のベクトルとして表しておけば、$|X\cap Y|$ は X と Y の内積になるので、加算と乗算で計算できる。

プライバシーが守られる結託耐性が必要である。一番厳しい結託耐性は、自分以外が全員結託しても、自分のデータは保護されるというものであり、重要な研究課題である。

9.3 秘密分散

　秘密分散とは秘匿したい情報を複数に分割し、それらのうち幾つかを集めると元の情報が復元できるという方法である。それぞれの分散した情報からはもとの情報が推測できず、もとの情報はこの意味で秘匿される。このような性質は機密性を持ちつつ鍵を用いずにデータを復号できるという可用性を持つため、データ管理のために利用できる。

　分散した情報を用いて秘密計算が行える方式も提案されている。現在、秘密分散を用いた加算や乗算、さらに徐算や比較、論理演算、ソートなどの秘密計算が可能であるが詳細は省略する。

参考文献

Vaidya J., Y. M. Zhu and C. W. Clifton（嶋田茂，清水将吾訳）．(2011)．プライバシー保護データマイニング．シュプリンガー・ジャパン．

Shimizu K., et. al. (2015). Privacy-preserving search for a chemical compound database. 参照先：biorRxive: http://biorxiv.org/content/early/2015/01/19/013995

Baudron O., P. Fouque, D. Pointcheval, G. Poupard, and J. Stern (2001). Practical multi-candidate election system. Proc. of the ACM Symp. on Principles of Distributed Computing, O. Baudron, P. Fouque, D. Pointcheval, G. Poupard, and J. Stern. 274-283.

Paillier P. (1999). Public-key cryptosystems based on composite degree residuosity classes. Eurocrypt 99, LNCS 1592, 223-238.

Yao C. -C. A. (1982). Protocols for secure computations. 23rd Annu. Symp. Found. Comput. Sci., 160-164.

付章　医療情報、遺伝子情報のプライバシー保護

　1章から9章において、一般的な個人情報に関して、プライバシー保護の法制度と技術について説明してきた。2015年9月に改正案が成立した個人情報保護法では対象を民間の一般的な個人情報とした行政法になっている。独立行政法人、地方自治体などでは別個の個人情報保護の法律、法令になっており、統一的な扱いができないという問題がある。この問題は自治体数などが約2000であることから2000個問題と呼ばれている。東日本大震災の折に、被災者の医療データが個人情報保護の法令の差異や形式不揃いなどによって、隣接地域の医療機関で利用できないという問題が顕在化した。この例から分かるように、医療データを複数の医療機関で共同利用する制度や技術的枠組みは喫緊の課題である。

　一方、遺伝子情報に関しても、検査が比較的安価で容易にできるようになったことから、遺伝子検査サービスを安価に提供する事業者も現れてきている。個人から収集した遺伝子情報は研究データとしての製薬会社への情報提供も含めビジネス的な重要度が高い。しかし、遺伝子情報の場合、その影響は個人に限定されず、血縁親族、子孫にまで影響が及ぶ。しかも、特定の疾病にかかりやすいなどというクリティカルな情報である。

　医療情報や遺伝子情報は、個人に与える影響の大きさから見てもプライバシー保護の本丸と言っても過言ではない。しかし、上で述べた背景があるため、それら以外の個人情報とは別建ての法制度が望ましいという意見がある。また、医療情報や遺伝子情報に対してはプライバシー保護の技術としての特殊性も存在する。これらの問題は多岐にわたるうえに、医療という分野の固有性、あるいは独自の発展を続けている遺伝子情報処理の分野ということを考えると、どちらも短い紙数でカバーできるものではない。そこで、この付章では、制度的、技術的詳細に立ち入ることは避け、分野の概略を紹介するにとどめる。

A.1 米国における医療情報の保護の制度の発展

医療情報には医師が作成するカルテと、患者自身も知っている既往歴や生活習慣等の情報、保険請求に係わるレセプト（医療報酬の明細書）が含まれる。これらの情報は医療分野のサービスや研究にとって重要であり、それらを複数医療機関で共有したいという要望も強い。プライバシーを適切に保護しつつ、これらの情報を利活用するための制度や情報処理の仕組みがこれまで様々議論されてきた。事例を幾つか紹介する [佐藤智晶 2013]。

まず医療情報の運用に関し、制度制定が進んでいる米国の事例を紹介する。米国では 1996 年制定の医療保険の相互運用と説明責任に関する法律 Health Insurance Portability and Accountability Act（HIPAA 法）中においてカルテ等の医療情報についてのセキュリティ及びプライバシー保護のための規定が定められ、医療情報を利用するための匿名化は 2000 年に以下のように規定された。

「個人が特定可能な保険情報を使用または開示する際に以下の 2 つの方法いずれかで匿名化する。1 つは個人特定リスクが最小であると専門家により判断される匿名化方法、もう 1 つは氏名、住所、生年月日等の 18 種類からなる所定の情報を除去する方法である。」

しかし、規定制定以降、IT 技術の発展や電子カルテの普及、利用などもあいまって、5 章で述べたリンク攻撃が可能になり、プライバシー保護が不十分であるとの批判が出始めた。HIPAA 法のプライバシー規定を順守していても、プライバシー侵害があると捉える人もいる。一方、プライバシー保護を強化し過ぎるとデータの精度低下、情報の貧弱化が起こるであろう。

このような状況下で 2009 年に成立した米国再生・再投資法の一部 Health Information technology for Economic and Clinical Health Act（HITEC 法）では、医療 IT の促進、実証等に関する取り組みの推進とプライバシー条項の適用範囲の拡大や罰則強化が盛り込まれた。

日本でもいくつかの試験プロジェクトとして、医療情報の機関間の流通が行なわれているが、医療分野全体においては医療情報流通のコンセンサスには至っていない。医療情報ではないが、個人の健康状態を表わす重要な情報として、母子手帳とお薬手帳がある。

母子手帳は生まれてからの健康状態の履歴、予防接種など重要な情報が含まれている。母子手帳の情報は誕生当初は母親の所有のように考えられるが、成長にしたがって子供本人の所有になるはずである。このような所有権の変更は従来の紙媒体の場合は意識されにくかったが、今後、電子母子手帳が普及することになると、電子的なアクセスの権利を明確にしなければならず、法制度としての整備が必要になるだろう。

お薬手帳は医師の処方した薬の履歴が分かるため、医療関係者であれば、その人の病歴や健康状態に関してかなりの情報が得られる。そのため、その人の他の医療履歴が入手できない救急の場合に役立つ。これも電子化が進むと重要なプライバシー情報となる。

このようなIT化を中心とする時代の変化、人々や医療従事者の意識の変化に応じた法制度の整備、プライバシー保護技術の発展が望まれる。

A.2 遺伝子情報の保護の事例

遺伝子情報は個人ごとに固有のパターンを持ち、科学捜査における本人照合などに利用されている[1]。しかし、疾患リスクや体質、家系や人種などの機微情報も含まれている。このように遺伝子情報は個人識別性と機微性を併せ持つため、そのプライバシー保護は重要な問題として認識されている。

A.2.1 ゲノムワイド相関解析

遺伝子においては、特定の病気を発症に関与するATCGの4種類の塩基を要素とする塩基配列があるからといって必ずその病気を発症するわけではない。生活習慣などの環境要因との組み合わせによって発症リスクが高まる。したがって、個人の遺伝子情報は、その人の疾患、病歴、生活習慣などと突き合わせることによって、遺伝子研究、疫学研究や個別化医療等に利用される。そのような理由により、1人を対象にして調べても遺伝子の影響が分かるわけではない。そこで、多数の個人の遺伝子情報と疾患情報を用い遺伝的な疾患因子を探索するゲノムワイド相関解析（GWAS）[2]が行なわれる。そこでは、人種など生物学的に類似するグループすなわちコホート[3]か

---

1 真犯人が、これを悪用して、無関係な人の頭髪や血液などを現場にわざと残すことも考えられる。
2 Genome-wide association study
3 cohort

ら目的の疾患の患者及び疾患にかかっていない者の遺伝子や健康情報を収集し分析する。原則としてコホートのデータは研究者のみがアクセスでき、分析結果の統計量だけが論文等で公開される。遺伝子を用いたコホート研究では遺伝子情報を提供する研究協力者から利用目的に関する同意（インフォームド・コンセント）を得ることにより、同意を得た範囲の研究で匿名化されたデータを使用し、データの守秘義務を守らなければならない。ちなみに日本ではEUからプライバシー保護法制が十分であるという認定を受けていないため、EU居住者の遺伝子情報を輸入することができず、遺伝子創薬においては不利な立場にいる。

　一方で、遺伝子研究の推進のために研究者間における遺伝子データの公開・共有が推進されてきた。匿名化された遺伝子情報データベースの公開がその取組の一つである。国際HapMap計画では遺伝子研究のために匿名化したうえで、遺伝子の特徴であるSNP[4]情報を公開した。匿名化とは氏名などの個人識別情報を排除する処理である[5]。

　研究者間で予め合意したアクセス管理の元で限定公開される場合もある。米国の国立衛生研究所（NIH）やWellcome Trust Case Control Consortiumでは研究目的での使用を認めた研究者に対して個人レベルのヒト遺伝子データを共有している。さらに、1000ゲノムプロジェクトや国際がんゲノムコンソーシアム（ICGC）などでも遺伝子情報が匿名化されたうえで公開されている。研究成果発表の際にこのような公共リポジトリへのデータ提供が義務付けられている場合もあるが、これは米国が国をあげて遺伝子創薬産業を支援しようという政策の一環である可能性がある。

　遺伝子情報だけを見ても個人識別できるわけではないので、伝統的に研究成果の統計情報や匿名化された遺伝子情報は個人情報ではないとされてきた[6]。そのため、開示しても問題無いと考えられていたため、上記のような情報公開の流れが続いた。しかし、病歴等の健康情報が付随している場合には、健康情報と個人識別できる情報が入っている別の情報源があると、突き合わせによって個人と遺伝子情報がリンクする可能性がある。

4　single nucleotide mutation.　ある生物集団内で遺伝子のある場所（座位）における塩基（ATCG）の変異が高い確率（1%以上）で出現すること。一塩基多形という。病気に罹りやすいかどうかの情報を与えると期待される。
5　5章で述べたリンク攻撃までは考えていないと思われる。
6　もっとも、知り合いの個人の頭髪から抜け落ちていた髪の毛などを入手すれば、その個人と遺伝子情報が完全に繋がってしまう。

さらに、統計情報からも間接的に個人の情報が推定できることが報告されている。例えば 2008 年に Homer らがある GWAS 研究における遺伝子の頻度と攻撃対象者の遺伝子情報から、攻撃対象者が疾患を持つグループに属するか否かを統計的に推測できることを示した［Homer ほか 2008］。この報告を受け、アメリカ国立衛生研究所は公開データのプライバシー漏洩の危険性の認識を変更し、公開していた GWAS 研究における SNP の頻度表を非公開にした。

A.2.2　遺伝子名寄せ

近年のゲノムシーケンス技術の普及により、遺伝子情報による個人照合が容易になってきたといえる。例えば 23andMe などの遺伝子検査サービスを用いると献体さえあれば数万円でその人物の遺伝子情報を手に入れることができる。遺伝子同士の照合は遺伝情報のごく一部であっても高い精度で可能であるため［Pakstis ほか 2010］、匿名化されていても、遺伝子情報の照合リスクは無視できないと考えられる。つまり、遺伝子同士の照合は図 A.1 のような状態を引き起こす。

左側のデータベースの個人レコードと右側のデータベースの個人レコードがレコードの 1 番上の属性に記載された　ATCGGATCC…　という遺伝子情報が同一ないし非常に類似していることによって同一人物だと判明すると、この遺伝子情報をキーにした左のレコードと右のレコードの名寄せができる。この名寄せによって年齢、性別、職業、住所、既往症（A 型肝炎、糖尿病）という機微情報が結びつき、場合によっては個人識別までできてしまうおそれがある。ちなみに、異なる 2 人が判別不可能な

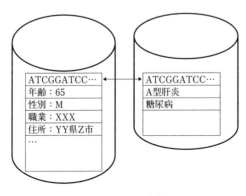

図 A.1　遺伝子の名寄せ

遺伝子配列を持つ可能性はほとんどゼロ[7]であり、図 A.1 の名寄せの精度は非常に高いと言わざるを得ない。左側のデータベースにおける遺伝子情報を粗いものして k-匿名化することも考えられるが、遺伝子として重要な情報は激減する可能性がある。

遺伝子情報と個人が結びついてしまうと、1) 雇用、保険などでの不利益な扱い、2) 個人の犯罪傾向の分析、3) 犯罪者が個人の遺伝子情報に相当する DNA を合成し、自らの犯罪を隠蔽するために犯罪現場に残す、などの悪用も考えられる。1)、2)のような遺伝子による差別も好ましくない。

米国では 2.3 節で述べた遺伝情報差別禁止法 GINA によって保険での不利益な扱い、連邦職員の雇用差別が禁止されているが、日本ではそのような法律はない。保険で不利益な扱いを受けた者が情報開示を求めても、それに応ずる義務規定がない。遺伝子情報が個人情報であると明確に書かれていないと、自己情報開示請求権が及ばない可能性が高い。法律でそのような行為を禁止することは当然必要だが、技術的な保護策も併せて実施しておくことが重要である。

このような背景があるため、近年はゲノムプロジェクトにおいても個人遺伝子のプライバシー保護を無視できなくなってきている。その一方で、ゲノムシーケンスや遺伝子検査サービスが広く喧伝され行き渡り始めていることによって個人の遺伝子情報を用いた SNS やリポジトリが現れている。例えば個人遺伝子情報を集約するクラウドソーシングサービス OpenSNP (https://opensnp.org/) では個人の遺伝子情報及び身体的情報を公開することができる。また、Ancestry.com (www.ancestry.com) では遺伝子情報及家系情報をシェアできる。このようなサービスでは膨大な情報を収集することができ、遺伝子研究への利用が期待される。一方で、OpenSNP と Facebook の情報から血縁者を推定するなどの新たな脅威も現れてきている。

A.3 遺伝子情報保護技術

遺伝子解析で最も基本となるのは、ある SNP の場所(座位と呼ぶ)における 2 種類の対立遺伝子 A, a のペアからなる表 A.2 の分割表による検定である。

分割表を用いると χ^2 検定によって、対立遺伝子 AA、Aa と目的の症例の間に関連

---

[7] 親子鑑定や犯罪捜査において DNA 鑑定が決定的な証拠になるのは、この確率の低さによっている。

表 A.2　分割表

	対立遺伝子 AA、Aa	対立遺伝子 aa	計
症例	a	b	$a+b$
非症例（統制群）	c	d	$c+d$
計	$a+c$	$b+d$	$a+b+c+d$

があることを有意水準 α で示せる。すなわち、$T = \dfrac{(a+b+c+d)(bc-ad)^2}{(a+b)(a+c)(b+d)(c+d)}$ を計算して、それが有意水準 α から導かれた閾値より大きければ有意水準 α で関連ありと判断される。このような判定は疫学調査や創薬に寄与するものだが、データベースに収集された遺伝子情報と提供者個人が結びつくリスクは避けなければならない。また、業者に遺伝子検査を依頼した場合、自分の遺伝子がどのように利用されるかを明確に把握し、遺伝子情報による差別などを被らないようにしなければならない。このような観点から、遺伝子情報データベースにおけるプライバシー保護技術の重要性が理解いただけるであろう。遺伝子情報のプライバシー保護に本書で説明してきたプライバシー保護技術を使うことは有力である。

A.3.1　差分プライバシーの応用

表 A.2 の分割表による遺伝子と疾患の関連性を分析する場合、まず分割表の各欄の頻度 a、b、c、d や有意水準 α などに雑音加算することで差分プライバシーを適用する方法が考えられる。ただし、遺伝子の性質から各欄の値は独立とは限らないことが知られており、相関のあるデータにおける差分プライバシーを考えなければならない。また、膨大な遺伝子情報のうち、疾患に関連する部分だけ限定して差分プライバシーを適用して公開する方法も検討されている。

A.3.2　秘密計算の応用

まず考えられるのは、遺伝子情報データベースの管理者が、遺伝子情報を準同型性公開鍵暗号で暗号化して分析者に渡す方法である。ただし、秘密鍵はデータベース管理者だけが持ち、分析者は秘密鍵を持たないようにする。よって分析者は遺伝子情報を直接知ることはできない。分析者は目的の計算を暗号化されたまま行なう秘密計算によって実行する。その結果は暗号化されているので、結果を秘密鍵を持つデータベース管理者に送り返して復号してもらい復号された結果を返送してもらって計算結果のみを入手することは可能である。ただし、a）データベース管理者と分析者がお互

いに相手を完全に信頼できない場合、b）データベース管理者が複数おり、互いに自分のデータベースは相手に知らせたくない場合は、複雑な暗号プロトコルが必要になる。

この枠組みで問題になるのは、塩基配列の長大な文字列に対する検索などの演算を暗号化したままで効率良く行なうアルゴリズムである。比較演算は準同型性公開鍵暗号化されたデータに対してはできないので、直接には Yao の手法［Yao 1982］で比較演算するのだが効率が悪い。文字列の演算を効率良くできる秘密計算の暗号プロトコルの開発が鍵である。

以上のような差分プライバシー、秘密計算を応用した遺伝子情報保護の技術に関しては優れた解説記事［佐久間淳 2014］があるので、参考にしていただきたい。

参考文献

Homer N., S. Szelinger, M. Redman, D. Duggan. W. Tembe, J. Muehling, J. V. Pearson, D. A. Stephan, S. F. Nelson, and D. W. Craig. (2008). Resolving individuals contribut-ing trace amounts of dna to highly complex mixtures using high-density snp genotyping microarrays. PLoS genetics, 4(8): e1000167.

Pakstis A. J., W. C. Speed, R. Fang, F. C. Hyland, M. R. Furtado, J. R. Kidd, and K. K. Kidd. (2010). Snps for a universal individual identification panel. Human genetics, 127(3): 315-324.

Yao C. -C. A. (1982). Protocols for secure computations. 23rd Annu. Symp. Found. Comput. Sci., 160-164.

佐久間淳．(2014)．ゲノムとプライバシー．電子情報通信学会　基礎・境界ソサイエティ Fundamental Review 7(4), 348-364.

佐藤智晶．(2013)．米国と欧州における医療情報法制をめぐる議論．東京大学政策ビジョン研究センター・ワーキングペーパー　PARI-WP No.9, 1-15.

事項索引

記号

(ε, δ)-差分プライバシー 205
(ε, δ)-差分プライバシーの合成定理 192
(ε, δ)-差分プライベート 181
ε-差分プライバシーの合成定理 191
ε-差分プライベート 182, 185
(θ, ω)-脱匿名化 124
(λ, α, T)-privacy game 214
$(\lambda, \delta, \alpha, T)$-プライベート 214
(τ, κ)-tail 130
χ^2検定 234

アルファベット

Anatomy 160
CRM 102
Customer Relationship Management 102
Data Protection Directive 66
Data Protection Regulation 66
de-anonymize 124
Do Not Track 65
Earth Mover Distance 163
EU 司法裁判所 4
Facebook 8, 33
Fourier Perturbation Algorithm 196
FTC 9, 91
FTC3 条件 63
FTC 第 5 条 63
GINA 35, 234
Google 4
Google 検索エンジン 4
GWAS 231
Health Informa-tion technology for Economic and Clinical Health Act 230
Health Insurance Portability and Accountability Act 230
HIPAA 35
HIPAA 法 230
HITEC 法 230
homogeneity 攻撃 158
identify 35
ID 連携 106
IMDb 119
Incognito 153
IP アドレス 32
kd-tree 200
$k+\alpha$-匿名化 171
k-匿名化 53, 135, 171
k-匿名化が誘発した濡れ衣 167
k-匿名性 53, 135
l-多様性 158

$\ell 1$-感度　　**183, 198**
$\ell 1$ ノルム　　**181**
$\ell 2$-感度　　**192**
Mondorian　　**156**
MPC　　**219**
Netflix　　**118**
NP-困難　　**149**
OASIS　　**95, 106**
OECD プライバシーガイドライン　　**28, 38, 59, 87**
OpenID Connect　　**107**
OpenID Connect プロトコル　　**107**
Paillier encryption　　**220**
PbD　　**61, 99**
PDE　　**93, 96, 99, 103**
PDS　　**94**
PDV　　**94**
Personal Data Store　　**94**
Personal Data Vault　　**94**
privacy breach　　**124**
quad-tree　　**201**
Range（M）　　**181**
SAM　　**106**
Secure Function Evaluation　　**226**
Secure Multi-Party Computation　　**219**
sensitive　　**36**
SNP　　**35, 232**
Suica　　**1**
Tversky 係数　　**225**
Twitter　　**8**
t-近接性　　**164**

Vendor Relationship Management　　**103**
VRM　　**103, 105**
XDI　　**95**

ア　行

アイデンティティ連携　　**106**
アクシオム　　**9, 12**
集めないビッグデータコンソーシアム　　**111**
暗号化　　**54**
暗号プロトコル　　**221, 226**
暗黙的同意取得　　**92**
暗黙的不同意取得　　**92**
域外適用　　**68**
一意絞り込み　　**115, 193**
一塩基多型　　**35**
一般化　　**135**
一般化の単調性　　**150**
遺伝子検査サービス　　**229**
遺伝子情報　　**13, 35, 69, 78, 229**
遺伝情報差別禁止法　　**35, 234**
移動確率　　**173**
移動履歴　　**172**
移動履歴の差分プライバシー　　**203**
従兄弟一般化　　**142**
異表記　　**10**
意味的データ交換　　**95**
意味的データ交換プロトコル　　**95**
医療情報　　**229**
インターネット・アイデンティティ　　**106**

越境　60
越境移転　70
越境移転の制限　67
越境データ移転　71
閲覧履歴　29
オープン・データ・ポリシー　85
お薬手帳　231
オプトアウト　37
オプトイン　37, 38, 99
オフライン質問監査　212
オンライン質問監査　212

カ　行

開示請求　60
開示請求権　69, 84
開示要求　16, 84, 91, 170
回答列　209
顔画像認識　15
確率的質問監査　213, 215
化合物　224
化合物検索システム　224
可知　41
カブキアン　61, 93, 103
仮名　45
仮名化　45, 81, 99
監査基準　214
完全開示　207, 211
監督機関　70, 90
機械学習　5, 10, 80
企業情報漏洩　224
疑似 ID　42, 118, 135

機微　36
機微情報　36, 42, 69, 78
機微性　15
協調フィルタリング　14
極小匿名化　148
局所的一般化　142
クラスアクション　65
クラスタリング　80, 156
クラスタリング型アルゴリズム　156
クリック・トレーニング　89
グルーピング（リコーディング）　83
計算プロトコル　56
計算量　149
契約文書　89
ゲノムワイド相関解析　231
検索意図　219
公開鍵暗号　55, 220
合計質問　209
攻撃者　41
合成定理　191
拘束的企業準則　74
行動ターゲティング広告　30
行動履歴　172
購買履歴　30
国際 HapMap 計画　232
個人 ID　41
個人識別　115
個人識別情報　28, 35, 68
個人識別番号　21
個人情報　21, 80
個人情報の保護に関する法律　2, 76

事項索引　239

個人情報保護委員会　85, 90
個人情報保護法　75, 229
個人データ　23
個人特定　36
個人紐付け　40
個票データ　82
コホート　231

サ　行

再識別　44
再識別化　63
最大値質問　210
最適匿名化　148, 149
削除権　69
削除要求　5
雑音加算　177
差分プライバシー　177, 235
差分プライベート　181
散在情報　23
参照　98
サンプリング　204
サンプル・データベース　204
識別　115
事業者の説明責任　90
時系列データ　193
自己情報コントロール　28, 99
自己情報コントロール権　28, 65, 85, 105
指数メカニズム　188
自然言語処理　10
質問応答システム　207
質問監査　187, 207

質問者　194
質問秘匿　219
質問列　209
シミュレータブル監査　212
シャッフル　120
十分性　67
十分性認定　70, 84
準同型性公開鍵暗号　56, 220
消去要求　171
消費者プライバシー権利章典　64
情報銀行　111
情報検索　219
ショーンベルガー　89
所有者データ契約　105
処理情報　23
シングル・サインオン　106
信頼できる第三者機関　217
推定データ　8, 16
スニペット　5
スワッピング　83
セーフハーバー協定　66
セクトラル方式　63, 81
摂動　52
センシティブ　36
全領域一般化　141
ソーシャル・ネットワーキング・サービス　8, 33
属性攻撃　158

タ　行

ターゲット広告　13

第 108 号条約　　67
大域的一般化　　141
滞在位置情報　　198
滞在場所　　15
対立遺伝子　　234
第三者機関 T　　218
第三者提供　　84
第四者　　104
多重仮名化　　46, 81
脱匿名化　　124
束　　150
追跡拒否　　65
通知と同意　　59, 90, 109
突き合わせ　　7
提供先基準　　44
提供元基準　　44
訂正権　　69
訂正要求　　16, 171
データ移転の権利　　69
データ越境　　84
データ管理者　　68, 70
データ事業者　　22, 63, 70
データ主体　　21, 90, 107
データブローカー　　9
データポータビリティ　　69, 97
データ保護影響評価　　70
データ保護規則　　66, 68, 82
データ保護指令　　21, 66
電子メールアドレス　　33
同意　　38
同意の取り下げ要求　　91

統計情報　　80, 82
統計法　　82
到達可能性　　81
ドク・サールズ　　103
特定　　115
匿名化　　28, 43
匿名加工情報　　79, 82, 166
匿名データ　　82
突合　　7, 9
トップコーディング　　54, 121
トップダウン型のアルゴリズム　　154
トップ（ボトム）・コーディング　　83
トラストフレームワーク　　38, 96
トレーサビリティ　　83

ナ　行

名寄せ　　7, 8, 23, 41, 79, 110, 233
2000 個問題　　229
認証エージェント　　107
認定個人情報保護団体　　102
濡れ衣　　17
濡れ衣現象　　166

ハ　行

パーソナルクラウド　　94, 97, 98
パーソナル・データ・エコシステム　　93
背景知識を用いた攻撃　　159
ハッシュ関数　　50
葉ノード　　201
比較演算　　226

非識別化　63
ヒストグラム　181
ヒストグラム表現　183, 194, 198
秘匿　219
秘匿関数計算　226
秘密計算　56, 217, 218
秘密分散　227
評価指標　143
標準契約条項　74
フィルターバブル　15, 33
フィンガープリント　225
不可知　41, 204
付合契約　38, 89
部分木一般化　141
プライバシー　25
プライバシーガイドラインの8原則　59
プライバシーゲーム　214
プライバシー侵害　124
プライバシー・バイ・デザイン　61, 70, 93, 99
プライバシー保護　90
プライバシー保護・バイ・デフォルト　70
プライバシー・ポリシー　89
プロファイリング　70
プロファイル　13, 80
分割表　234
母子手帳　231
ボトムアップ型アルゴリズム　152
保有個人データ　23

マ　行
疎　128
マルコフ連鎖　174
無名化　49, 50
明示的同意取得　91
明示的不同意取得　92
名簿業者　7, 11
メカニズム　181
メカニズムM　181, 192
モデル契約条項　74

ヤ　行
闇名簿業者対策　84
有意水準α　235
ユーザ・エージェント　107
要配慮個人情報　78
要配慮情報　36

ラ　行
ラプラス分布　184
ラプラス・メカニズム　183, 184
乱数加算　121
離散フーリエ変換　196
リサンプリング　83
利用者中心型トラストフレームワーク　97
利用目的変更　38
リンク攻撃　4, 135
リンクコントラクト　95, 98
リンクコントラクトテンプレート　95
レコード　41
レコード削除　135

連結匿名性　45
連結不可能匿名性　46
連邦取引委員会　9, 91
ロングテール　130

ワ　行
忘れられる権利　5, 69

謝　辞

　プライバシー保護の技術に関しては、セキュリティ分野で質問監査や紛失通信、ゼロ知識証明のような基礎技術が醸成していたが、プライバシーそのものを対象に研究が盛んになったのは 2000 年以降である。欧米では多数の学会論文が発表され、［El Eman & Arbuckle 2015］［Vaidya ほか 2011］［Aggarwal & Yu 2008］などの書籍も刊行されてきた。日本ではプライバシー保護の法制度に関しては熱心な法制度系の研究者、実務者も多く出版物が多い。だが、技術系の研究者は少なく、研究成果も多いとは言えない。さらに残念なことに、プライバシー保護の技術についての入門的な書籍がなく、興味を持たれている方がいてもいきなり専門論文を読まざるをえない状況であった。プライバシー保護の法制度と技術を磨いていくことが現在、産業、制度、国際競争力といった多くの分野で重要になっていることを鑑みると、日本においてもプライバシー保護の法制度と技術に関する入門書が必要な時期だと考えていた。

　筆者は技術系に属するが、法律の専門家の新潟大学の鈴木正朝教授の紹介でこの書籍の刊行の話が始まった。鈴木先生にはまずもって最大の謝意を表したい。本書は法律と技術の双方に目配りしつつプライバシー保護というテーマの概要をお伝えしたいと考えたが、筆者は法律の専門家ではないし、制度についても不案内な点が多かった。このため、多くの方々からいただいた知識、知見に支えられてやっとまとまった内容に辿り着いた。

　1 章、2 章の内容は鈴木正朝先生、産総研の高木浩光氏らとの議論、彼らが山本一郎氏と共に主催したプライバシーフリークのセミナーによるところが多い。4 章の内容に関しては、東京大学の橋田浩一教授が主導する「集めないビッグデータ・プロジェクト」の研究会での議論を参考にさせていただいた。このプロジェクトの中心メンバーである NEC の佐古和恵氏には多くのコメントをいただき感謝している。また、インターネット・アイデンティティに関しては野村総研の崎村夏彦氏にいただいたコメントが非常に役立ったので、謝意を表する。

　後半の技術関係の章に関しては、東京大学の荒井ひろみ助教にお世話になった。特に質問監査、秘密計算については多くのことをご示唆いただいた。また、筆者が不案

内な医療情報、遺伝子情報のプライバシー保護に関しては全面的に荒井先生の知識に依存しつつなんとかまとめたところであり、深く感謝する。

　筆者がプライバシー保護の分野に興味を持つきっかけになったのは、約10年前、当時、私の研究室の大学院生だった佐藤一誠氏（現在は東京大学・新領域創成科学研究科・講師）がこの分野の第一人者である筑波大学の佐久間淳准教授を招いてプライバシー保護の講演を開催し、この分野の技術動向を拝聴できたことである。その後、両氏にはいろいろな場面で啓発されることが多かった。改めて謝意を表したい。

　勁草書房の山田政弘氏はプライバシー保護の分野をご理解くださり、本書の企画に御尽力された。また遅れがちな筆者の執筆をよいタイミングで促進していただいた。本書の刊行にはなくてはならない方であった。深々の謝意をお送りしたい。

参考文献

El Eman, K., L. Arbuckle (笹井崇司訳). (2015). データ匿名化手法. オライリー・ジャパン.

Vaidya J., Y. M. Zhu and C. W. Clifton (嶋田茂, 清水将吾訳). (2011). プライバシー保護データマイニング. シュプリンガー・ジャパン.

Aggarwal C., P. S. Yu, (2008). Privacy-Preserving Data Mining Models and Algorithms. Springer US.

著者略歴

1975年3月　東京大学工学部電気工学科卒業
1980年3月　東京大学大学院工学系研究科博士課程修了(工学博士)
1980年4月以降　横浜国立大学工学部講師，助教授，教授
1999年8月以降　東京大学情報基盤センター教授(情報理工学系研究科数理情報学専攻兼担)，現在に至る．
人工知能，自然言語処理，情報検索，機械学習，プライバシー保護の研究を行なう．

[主著]
朝倉電気・電子工学講座 17 電子計算機工学，朝倉書店，1984（1996改訂新版）　単著
岩波講座「言語の科学」第8巻（言語の数理），長尾真著編：第1章　数理言語学，岩波書店，1999　共著
情報法，宇賀克也・長谷部恭男編：第8章　データベースサービスとコンテンツ，有斐閣，2012　共著

プライバシー保護入門　法制度と数理的基礎

2016年2月20日　第1版第1刷発行

著者　中川　裕志
　　　なかがわ　ひろし

発行者　井　村　寿　人

発行所　株式会社　勁草書房
　　　　　　　　　けいそう

112-0005 東京都文京区水道2-1-1　振替 00150-2-175253
（編集）電話 03-3815-5277／FAX 03-3814-6968
（営業）電話 03-3814-6861／FAX 03-3814-6854
本文組版 プログレス・三秀舎・中永製本

©NAKAGAWA Hiroshi　2016

ISBN978-4-326-40315-8　Printed in Japan

<JCOPY> <(社)出版者著作権管理機構 委託出版物>
本書の無断複写は著作権法上での例外を除き禁じられています．
複写される場合は，そのつど事前に，(社)出版者著作権管理機構
(電話 03-3513-6969, FAX 03-3513-6979, e-mail: info@jcopy.or.jp)
の許諾を得てください．

＊落丁本・乱丁本はお取替いたします．
http://www.keisoshobo.co.jp

石井夏生利 著
個人情報保護法の現在と未来
世界的潮流と日本の将来像

A5判　7,000円
40295-3

高口鉄平 著
パーソナルデータの経済分析

A5判　3,400円
50415-2

生貝直人 著
情報社会と共同規制
インターネット政策の国際比較制度研究

A5判　3,600円
40270-0

永松博志 著
情報生成倫理
「考える倫理」の実践にむけて

A5判　5,400円
60282-7

林紘一郎 編著
著作権の法と経済学

A5判　3,900円
50253-0

林紘一郎ほか 著
セキュリティ経営
ポスト3・11の復元力

四六判　2,700円
55068-5

小山昌宏 著
情報セキュリティの思想
インターネットにおける社会的信頼の創造

A5判　3,600円
60236-0

―――― 勁草書房刊

＊表示価格は、2016年2月現在。消費税は含まれておりません。